大数据环境下军民融合度研究

刘　樑　著

科学出版社
北　京

内 容 简 介

本书构建以大数据技术为基础评估军民融合深度发展程度的综合性指标体系，完善军民融合深度发展效果有效评价体系；从宏观和微观层面体现当前军民融合的发展状况，预测未来军民融合发展的趋势，为政府和相关企事业单位决策提供新的视角和思路，也为军民融合科技服务、战略分析和国防协同创新提供数据支撑，促进军民融合深度发展。

本书强调理论与实践并重，积极探讨新时代中国特色军民融合深度发展的体制、机制和政策等方面的关键科学问题，可供公共管理和军民融合等研究方向的本科生、研究生、教师及政府决策部门的工作人员等阅读和参考。

图书在版编目（CIP）数据

大数据环境下军民融合度研究/刘檪著. —北京：科学出版社，2020.6
ISBN 978-7-03-063594-5

Ⅰ. ①大… Ⅱ. ①刘… Ⅲ. ①数据处理-应用-军民关系-研究-中国 Ⅳ. ①E225-39

中国版本图书馆 CIP 数据核字（2019）第 273230 号

责任编辑：张海娜 赵微微 / 责任校对：王萌萌
责任印制：吴兆东 / 封面设计：蓝正设计

科学出版社 出版
北京东黄城根北街 16 号
邮政编码：100717
http://www.sciencep.com

北京九州迅驰传媒文化有限公司印刷
科学出版社发行 各地新华书店经销
*
2020 年 6 月第 一 版 开本：720 × 1000 B5
2024 年 1 月第五次印刷 印张：13 1/4
字数：269 000

定价：108.00 元
（如有印装质量问题，我社负责调换）

前　言

军民融合是国家发展的一项重要战略。党的十八大以来，以习近平总书记为核心的党中央坚持从国际、国内两个大局出发，适时提出军民深度融合的发展战略，并从国家安全和经济发展的高度做出符合时代发展要求的重大决策，把军民融合上升为国家发展战略，要求“实施军民融合发展战略，形成全要素、多领域、高效益的军民深度融合发展格局”。2016 年，中共中央、国务院、中央军委印发的《关于经济建设和国防建设融合发展的意见》提出，建立健全规划、项目、投资、绩效评估体系，强化规划刚性约束和执行力。2017 年，习近平总书记在中央军民融合发展委员会第一次全体会议上指出，要在“统”字上下功夫，在“融”字上做文章，在“新”字上求突破，在“深”字上见实效，把军民融合搞得更好一些、更快一些；同时强调，要着眼于提高军民融合发展整体质量效益，强化督导评估，形成军民融合发展的鲜明导向和评价标准规范。

我国军民融合发展刚进入由初步融合向深度融合的过渡阶段，从投入产出的视角来看，军民融合投入的“全要素”，是否能够或已经在军民融合科技创新、产业发展、国防动员、军队社会化保障、军民两用人才培养、应急应战与公共安全等“多领域”体现“高效益”的军民融合“深度”发展水平，迫切需要应用经济学、管理学相关理论，研究军民融合深度发展水平评价的目标、评价指标体系、评价方法和评价结果应用及统计体系等关键科学问题，从而使军民融合的发展态势评估从模糊走向清晰，发展水平的评价由定性向定性与定量相结合转换。面向多层次的政府机构开展军民融合深度发展水平的评估研究，是评价各级政府部门支持推动军民融合深度发展的绩效反馈；评价不同行业、多类型企业的军民融合深度发展水平，是“军转民”“民参军”“军民协同创新”经济效益的显性反映。

大数据分析为军民融合研究提供了新手段。近年来大数据分析、数据挖掘技术的飞速发展为军民融合相关研究带来了新的视角。军民融合度指数是反映军民融合的一个综合性指标，其研究可以采用大数据技术采集涉及的军民融合全量数据，建立数学模型，通过大数据计算方法对有价值的数据加以分析和计算，可以很直观地从宏观和微观层面体现出当前军民融合的发展状况，为政府和相关企事业单位决策提供新的视角和思路。

本书是作者近年来有关新时代中国特色军民融合发展体制、机制和政策研究的一些成果，聚焦军民融合发展的多层次评价研究，遵循了军民融合发展指标化、指标数据化、数据模型化和模型应用化的理论与实践相结合的原则，以构建全方位多层次的军民融合发展评价指标体系并开展科学评价为目标，从提升军民融合发展绩效角度出发，结合决策评价的理论与方法，对军民融合发展的成效进行深度剖析。整个研究过程考虑全要素、多领域和高效益的军民融合发展主体，适应性改造构建军民融合发展评价的理论模型，以评估军民融合成效目标为导向开展评测分析，最终形成多目标、多维度、多层次、多领域的军民融合发展的评价体系，系统构建起基于 Hadoop 存储模式的军民融合发展的数据库和典型案例库，为国家军民融合政策制定和督导军民融合深度发展提供理论支撑和决策参考。

本书基于大数据环境下军民融合度研究展开，并以国家、区域、行业、企业这四个维度为主要考察对象进行案例分析，遵循有限目标、重点突破的原则，聚焦军民融合度研究这一核心问题，以军民融合深度发展的效果为基础和出发点，研究构建军民融合度评价指标体系，并通过线上、线下途径广泛收集和获取大量数据，运用多样化的方法和技术，形成不同区域的军民融合度指数。本书主要从省(区、市)维度开展一般性的军民融合度研究，再具体以四川省为例开展军民融合度分析研究；从区域地市州和改革试验区维度开展军民融合度分析研究，再具体以成德绵(成都-德阳-绵阳)区域和绵阳市的军民融合度为例进行分析研究；从行业维度开展军民融合度的分析研究，再聚焦到电子信息产业开展深入研究；从企业维度开展军民融合度的分析研究，对绵阳市首批认定的 238 家军民融合企业中龙头企业开展军民融合度深入分析，研究结果旨在客观展示不同层面或对象军民融合深度发展的成效，并进一步推动军民融合深度发展。同时，为将评价结果有效落地，本书系统性地提出军民融合态势分析、军民融合新道路和军民融合新举措，这是提升军民融合发展绩效的重要手段，可为相关部门制度设计与宏观调控提供参考。

本书相关的研究工作得到了中国工程物理研究院、军事科学院、国防科技大学、四川省军民融合研究院、西南科技大学、四川轻化工大学等科研院所和高校的领导和专家学者的指导和帮助，其中，西南科技大学任冬林博士、四川轻化工大学吴亚东教授以及西南科技大学硕士研究生刘指意等参与本书部分章节的撰写和校对工作，在此表示感谢。本书的出版还要感谢国家自然科学基金委应急管理项目(71841037)、四川省科技厅软科学研究计划项目(18RKX0994)、四川省军民融合研究院基金项目(18sxb033)以及四川信息管理与服务研究中心项目(SCXF2018ZD01)的资助。同时，本书参考了大量国内外文献资料和数据，在此向文献资料的作者表示感谢。

限于作者水平，本书难免存在不妥之处，敬请广大读者批评指正。

刘　樑

2019 年 9 月于四川绵阳

目　录

第1章 绪 论

军民融合是我国强军卫国的一项重要战略，只有把军队建设做好，才能保障我国的国家安全，捍卫我国的国际地位，因此，我们要关注军民融合，研究军民融合，更好地推进军民融合建设。本书从大数据与军民融合、国内外军民融合发展经验与借鉴、军民融合度指标体系构建研究、军民融合度评价研究、军民融合发展态势分析、军民融合发展新道路、军民融合发展新举措七个方面来研究我国的军民融合现状。

1.1 研究的背景和意义

进入21世纪以来，全球经济飞速发展，我国也取得了令人骄傲的成就，但这一片繁华的盛世，却是暗流涌动。在科技和经济高速发展的今天，各国之间的斗争已经发生了转变，想要屹立于世界而不被打倒，军事实力是至关重要的保障，在新的形势和背景下，我们需要特别关注军事、研究军事、发展军事。

1.1.1 研究的背景

从军民融合的国家战略层面来看，军民融合是国家发展的一项重要战略，不仅关系到国家安全，还与人民息息相关。党的十八大以来，深入实施军民融合发展战略成为国家重要战略，要进一步推进实施，努力实现中国强军梦，在新时代里，更要努力做好强军和富国的统一，不断提升我国的综合国力。2015年10月，在党的十八届五中全会上，审议通过了《中共中央关于制定国民经济和社会发展第十三个五年规划的建议》，在此建议中，对我国的“十三五”时期的军民融合发展做出了重要的战略部署，要求我们要做到“坚持发展和安全兼顾、富国和强军统一，实施军民融合发展战略，形成全要素、多领域、高效益的军民深度融合发展格局”，并强调要健全军民融合发展组织管理体系、工作运行体系、政策制度体系，推进军民融合发展立法，同时要以国家安全和发展全局为基本点，辩证地分析和处理国防建设和经济建设发展的关系。随着社会的不断进步和时代的不断发展，军民融合的战略思想也经过了不断的发展，从最初的“军民两用”到“军民结合”，再到“寓军于民”，最终形成“军民融合”的战略思想。在党的十八大中，又进一步提出“坚持走中国特色军民融合式发展路子，坚持富国和强军相统一”的战略思想，也进一步肯定了建立“五位一体”的军民融合机制、完善军民融合“四大体系”的中国特色军民融合发展的新思路，真正把军民融合作为强国强军的重要战略，纳入中国社会主义现代化建设的新格局中。

在国防大学公布的《中国军民融合发展报告 2015》中，我们可以清晰地看到信息技术引导军民融合建设存在巨大潜力，而大数据在科学研究领域的广泛运用凸显出巨大的优点。在现有的科学生产生活中，军民融合的大数据主要来自三个方面，一是基础数据，涉及空间地理信息、海洋及战场环境信息(如航海导航、海洋探测、水文气象等领域信息)、交通战备信息(如水路、铁路、公路的运行情况，战斗物资的运输情况)等方面；二是军工资源与民用资源及两用资源的整体运行数据，如军民两用产品的数据、军工企业产业发展数据、军工和民营在建项目的追踪数据、民营企业发展情况数据等；三是在全球大数据环境下，引用具有决策影响力的其他方面的参考数据，如国家整体经济发展数据、工商业经济情况总体数据、军工企业盈利数据等。要牢牢把握信息技术变革发展的趋势，全面有效地在全国范围内推进大数据格局的构建，加快实现全国数据共享，为生产生活提供更多的便利。从军民融合大数据研究角度来看，在军民融合的发展体系中，包含了武器装备科研生产体系、军队人才培养体系、后勤保障体系、国防动员体系等多个体系。而大数据时代的到来，也推动了军民融合发展的新趋势，数据共享、资源共享等多方面一体化的实现，能更好地促进健全和完善军民融合体系，加快军民融合的实现。

1.1.2 研究的意义

军民融合是国家发展的重要战略之一，深入研究我国军民融合的现状，能为我国军民融合提供更好的发展思路和建议。在走中国特色社会主义道路上，军民融合是极具中国特色的强军模式，其核心本质是“融合”，军民融合度评估是反映我国军民融合发展水平的重要衡量标准，它能反映出国防军队现代化建设在国家整体建设中的融入广度和深度。以军民融合度为参考，发挥我国政府在军民融合建设中的主导作用，健全和完善决策机制、提高军民协调配合能力、加强各级人员对军民融合的了解，促进军民融合的进一步发展。众所周知，国防和军队是国家垄断的公共物品，不会直接产生经济效益，但是在国防和军队建设中，国家投入了大量的人力、物力、财力，消耗了大量社会产生的经济价值，在物资采购、工程建设、人员招纳等方面，国防和军队又在一定程度上参与到了市场经济中，因此，政府必须发挥积极的宏观调控作用，对资源进行合理的配置和利用，在两者之间做好调控者的工作，积极发挥两者之间的市场价值，促进国防军队建设和社会经济发展双赢。

军民融合度研究是了解军民融合现状、评估军民融合发展水平、掌握军民融合发展广度、深度、融合度的重要手段。广度即军民融合发展涉及的领域。在国防军队建设中，其特殊性限制了它与经济社会建设的融入，换句话说，国防和国防军队建设具有特殊性，不可能与社会经济建设融为一体，我们必须用与研究经济社会不同的方式来探索国防军队建设的发展。正是这种特殊性，使得国防建设在军民融合推进下，产生了特定的重点领域，也促使中国必须走中国特色的军民融合发展道路。目前，军民融合已经扩展到了科技、教育、经济等多个领域，随着军民融合的进一步推进，其是否会扩展到其他领域就有待我们去研究发现。深度即军民融合发展水平、效益和成果。在军民融合已经涉及的各个领域，如基础设施建设、物资储备、交通运输等领域，特别是重点经济区域、重大基础设施、重大产业链、重要军用物资、重要军事基地等领域已经取得了不少的成果。促进军民融合发展、提高军民融合程度与经济效益最大化依旧需要我们付出努力。融合度是指军民融合在军用和民用两者之间的结合程度。融合度是最能反映军民融合成果的衡量标准，如在基础设施建设方面，交通运输道路既可军用也可民用，在某些特殊环境下，民用的工厂可以立即投入军事化生产等。军民融合度越高，国家的应战水平也就越高，所以促进军民融合发展是实现我国强军强国战略的必由之路。

正是因为军民融合度研究可以准确地反映军民融合的发展现状，所以军民融合度的研究结果可以为国家制定军民融合政策提供可靠的依据。军民融合度研究，一方面可以使我们了解到已经取得的成果，例如，我国目前已经形成以“四个体系”(即武器装备科研生产体系、军队人才培养体系、军队保障体系和国防动员体系)为核心的军民融合发展理论框架，培养了一大批具有军事才能的社会工作者，发展了许多军民融合领域的企业，极大地提高了我国军民融合水平，同时“民参军”步伐不断加快，军民融合发展环境不断改善，军民结合产业链不断拓宽，军民融合发展已经进入了较好的状态。但另一方面，我们也会看到军民融合发展下的决策失误、制度体系不够健全、许多行业依旧存在行业壁垒、军民融合下的法律制度不完善、军民融合创新动力不足等问题。在军民融合度研究中，我们可以寻找和发现军民融合的趋势和规律，为国家制订军民融合推进计划提供可靠有效的科学依据。

我们所做的军民融合度研究，在实际操作中对各个不同层面的军民融合度进行了比较分析，但我们的研究目的不是针对各个层面军民融合度的比较，而更重要的是寻找和发现军民融合发展的优势与不足，为更好地推进军民融合发展寻找研究方向和切入点，从而促进国家国防建设的提高，更好地维护我国的国家安全和国际地位，实现国家和经济的协调可持续发展。根据不同层面所考察的范围不同，建立不同的指标体系，也是准确发现军民融合薄弱点的重要环节，这样，可以为更好地推进军民融合提供有力的支撑。

因此，本书选择研究大数据环境下军民融合度，不仅综合了军民融合的国家战略和大数据在军民融合领域的应用，也能更好地研究我国军民融合度现状。大数据时代的到来为我们的研究打开了新的一扇大门，大数据与军民融合研究相结合，有利于深入了解各层面研究对象的军民融合度，及时发现在管理体制、发展道路、决策思路、发展方式等方面存在的问题，准确引导军民融合的未来发展方向，制定正确的发展目标，采取有力的发展措施，对推进军民融合的进一步实现具有重要的理论意义和现实价值。

1.2 研究思路和内容

本书以大数据环境下军民融合度研究为题展开，总体思路是按照提出问题和解决问题的模式进行研究。随着军民融合发展上升为国家战略，军民融合的热度在不断上升，不论是线上信息还是线下活动都较为活跃。然而，在军民融合过程中，军愿不愿转民，民能不能参军，军民融合深度发展程度如何，在军民融合深度发展过程中存在哪些问题，这些都直接影响着军民融合深度发展的成效。涉及军民融合的相关科研院所、高校和企事业单位存在大量数据，但通过线下手段获取这些数据的效果不佳，于是运用大数据的相关理论和方法，把线上和线下收集、处理和分析的数据相结合，从而提出军民融合度的概念。对军民融合度进行研究，通过有效评价军民融合深度发展的成效，为军民融合深度发展提供了全过程全方位的动态评价指导，及时发现问题、解决问题，为军民融合的国家战略能够较好的推进和推动提供借鉴和支持。本书具体内容如下所示。

第 1 章，绪论。从军民融合上升为国家战略后，有关军民融合深度发展的相关科学问题受到国内外相关学者和专家的重视，并积极地开展了研究，为国家战略真正落地做出贡献。军民融合深度发展涉及两大类型主体，即“军”——军工科研院所、高校和企业，“民”——民营企业等。研究军愿不愿转民、民能不能参军的军民融合度，为决策主体如何有效地根据军民融合度开展工作提供指导，以此引出本书的研究背景，并在此基础上提出本书的研究意义，同时确定本书的研究思路、内容和方法。

第 2 章，大数据与军民融合概述。第 2 章主要包括大数据相关概念的界定和概述，从大数据的定义和大数据的特征等角度展开；军民融合概述，即从军民融合的概念、军民融合的特征、军民融合的意义和作用、军民融合的体系架构、军民融合的法律法规、军民融合制度变迁规律等方面进行论述；我国军民融合深度发展的进程，从我国军民融合深度发展的内涵和历史演进两个方面展开；大数据应用与军民融合研究现状，提出本书运用大数据技术解决军民融合深度发展成效的原因。

第 3 章，国内外军民融合发展经验与借鉴。第 3 章主要分析概括如美国、日本、俄罗斯、英国、以色列等国家在与军民融合类似的国防军队建设方面的做法和经验；梳理国内相关省(区、市)、城市和企业在军民融合深度发展中的主要做法和经验，包括湖南、湖北、陕西、河北、重庆等地区。在以上对国内外做法经验分析梳理的基础上，对军民融合深度的发展经验进行总结和归纳。

第 4 章，军民融合度指标体系构建研究。第 4 章主要包括对军民融合度提出定义，分析军民融合度在衡量军民融合发展深度中的作用，指出用军民融合度衡量军民融合发展深度的重要性；提出军民融合度指标体系构建的基本原则与方法，并确定初始指标体系；军民融合度指标体系构建，分维度进行全方位的指标体系构建，主要从国家层面(涉及各个省(区、市))、区域层面(试验改革区、地市州)、行业层面(“4+3”战略性新兴产业)和企业层面(通过军民融合资格认定的企业)展开军民融合度指标体系构建。

第 5 章，军民融合度评价研究。基于第 4 章所构建的军民融合度指标体系，第 5 章开展军民融合度评价研究，主要包括国家层面的军民融合度评价研究，从省(区、市)维度开展一般性的军民融合度研究，再聚焦到四川省，以四川省为例开展军民融合度分析研究；区域层面的军民融合度评价研究，从区域地市州和改革试验区维度开展军民融合度分析研究，并聚焦到成德绵区域和绵阳市的军民融合度的分析研究；行业层面的军民融合度评价研究，从行业维度开展军民融合度的分析研究，再聚焦到电子信息产业开展深入研究；企业层面的军民融合度评价研究，从企业维度开展军民融合的分析研究，再聚焦绵阳市首批认定的 238 家军民融合企业中龙头企业开展军民融合度深入分析。

第 6 章，军民融合发展态势分析。基于第 5 章军民融合度评价研究的结果，第 6 章从国家、四川省和绵阳市三个角度，按照现状、问题和原因的基本思路开展军民融合深度发展状态和趋势分析。

第 7 章，军民融合发展新道路。在第 6 章的基础上，第 7 章分别从不同的维度对我国军民融合深度发展现状进行分析，有针对地从国家层面、省级层面、行业层面和城市层面提出开展军民融合研究的新思路、新方法。

第 8 章，军民融合发展新举措。基于第 7 章的研究，第 8 章从决策主体的角度出发，针对相应政策、对策建议进行研究，主要包括完善优化军民融合协同创新体制机制、积极营造军民科技资源共享生态系统、建设夯实军民融合基础设施体系、建立健全军民融合组织管理体系、不断完善军民融合工作运行体系、积极构建军民融合政策制度体系、完善巩固军民融合后勤保障机制和提升巩固军民融合监管考核机制。

第 9 章，结论与展望。第 9 章主要总结本书整体的研究结果，并就本书研究过程中所发现的不足之处，提出未来军民融合研究的聚焦点、新思路及新方法。

1.3 研究方法

本书中采用的军民融合度研究方法主要有以下几种。

1. 文献研究与专家咨询

本书通过 Web of Science 外文数据库、中国期刊全文数据库(CNKI)等文献库对相关文献资料进行发掘、整理和分析，来获取相关的、有价值的研究资料，全面、准确地了解并掌握所要研究问题的理论依据和现实状况，通过对国内外研究概况进行分析总结，为进一步的研究奠定基础。

2. 专家访谈法

为进一步确定研究内容的针对性及研究思路是否可行，本书撰写团队对中国工程物理研究院、四川省国防科学技术工业办公室、四川省统计局、四川省军民融合研究院、四川省具有代表性的高校等机构相关领域内的多名专家进行了访谈，深入了解了目前大数据与军民融合发展成效评价研究的现状及问题，并为接下来的研究提供了相关建议与研究思路。

3. 实地调研与问卷调查

本书在针对影响军民融合成效评价的指标库构建及评价不同层面军民融合程度的问题上进行具体化分析研究时，对主要参与军民融合的国家各级管理机构、具有军民融合代表性的国防工业相关研究院所及高校的主要负责人进行访谈调查，利用大数据研究手段对目前军民融合发展的现状进行深度调查；经过文献查阅、问卷调查、专家访谈等方式，初步构建军民融合度指标体系原始指标库，分别从“军转民”“民参军”“军民融合”原始指标库归纳描述。同时，从不同研究层面选取代表性机构的管理人员及负责人进行问卷调查，收集数据信息，获取相关研究指标的分布态势，使整个研究更加具体化，更具有针对性。

4. 统计分析法

本书利用线上搜集大数据和线下实证问卷收集数据的方法，采取层次分析与模糊综合评价法相结合的方式，通过 yaahp 软件计算指标权重；通过网络数据搜索热度值统计，对搜集的原始数据进行标准化处理，然后根据标准化处理后的数值与指标对应的权重值相结合考量，获取各个指标值的融合度，最后借助 Tableau 软件绘制军民融合度图，进而对不同层面的研究对象进行评价，获得排序值。

第 2 章　大数据与军民融合

2.1　大数据概述

数据是可以获取和存储的信息。近年来，云计算、物联网和移动互联网的迅猛发展，产生了巨大数据，而大数据技术通过捕捉、管理、处理数据解决了大规模数据的问题，人们对大数据的研究逐渐加深，技术处理手段不断创新，大数据研究取得了瞩目的研究成果。目前大数据是每个产业的新引擎，它的各大优势涉及人类生活方方面面，促进人类发展。

2.1.1　大数据的定义

大数据，也称为巨量资料、海量资料，是一个比较抽象的概念。大数据有多种概念定义，被普遍接受的定义方式主要有以下两种：一是研究机构 Gartner 给出的定义，大数据即无法在一定时间范围内用常规一般软件工具对数据库进行捕捉、管理和处理的数据集合，是需要新处理模式才能具有更强的决策力、洞察发现力和流程优化能力的海量、高增长率和多样化的信息资产；二是麦肯锡全球研究所给出的定义，大数据即一种规模大到在捕捉、存储、管理与分析方面大大超出了传统数据处理软件工具能力范围的数据集合，具有数据规模巨大、数据流转快、数据种类多样和价值密度低四大特征。当下的大数据技术主要包括大规模并行处理(MPP)数据库、数据挖掘电网、分布式文件系统、分布式数据库、云计算平台、互联网和可扩展的存储系统。

运用大数据技术处理分析数据正成为新一代信息技术融合、应用、发展的节点。新一代信息技术的应用包括移动互联网、物联网、社交网络、数字家庭、电子商务等。这些应用通过不断运作而产生大数据，而为云计算提供存储和运算平台，通过对不同来源获取的海量的、多样的数据进行管理、处理、分析与优化，将所得结果反馈到信息技术的应用中。经过新一代信息技术的一系列处理，巨大的经济和社会价值将被创造出来。

信息时代数据瞬息万变，大数据为信息化产业保驾护航使其能够持续高速地发展。在大数据市场，各种新兴事物应运而生。在集成设备与硬件的生产行业，大数据不仅对芯片、存储等产业有重要影响，也将拓宽一体化数据存储处理服务器、内存计算等市场。在软件与服务领域，大数据对数据挖掘技术的更新换代、数据处理分析方法的层出不穷及软件产品的创新起着至关重要的作用。

产业合理有效地运用大数据必将是今后提升自身竞争力的大趋势。在各个行业从“业务驱动”转向“数据驱动”的过程中，通过对大数据的分析，企业或个人可以实时掌握供求情况及市场动向，这为商家准确制定有效的营销策略提供了决策上的支持，同时消费者具有了享受量身定制和及时服务的更多选择。

大数据会冲击科学研究的传统方法手段，催生出更高效、更全面、更便捷的方式。例如，在传统调查方法上，对于数量庞大的群体，普查的成本高且精确度不高，因此抽样调查成为普遍采用的基本研究方法。然而大数据技术可以通过多种方式采集来自互联网源源不断的庞大行为数据，以全面深入地研究并分析研究对象，从而发现、总结规律，发现事物实质。

2.1.2 大数据的特征

大数据的特征，即大量化(volume)、多样化(variety)、价值密度化(value)和快速化(velocity)，这四个特征可简单概括为 4V，特征图如图 2-1 所示。

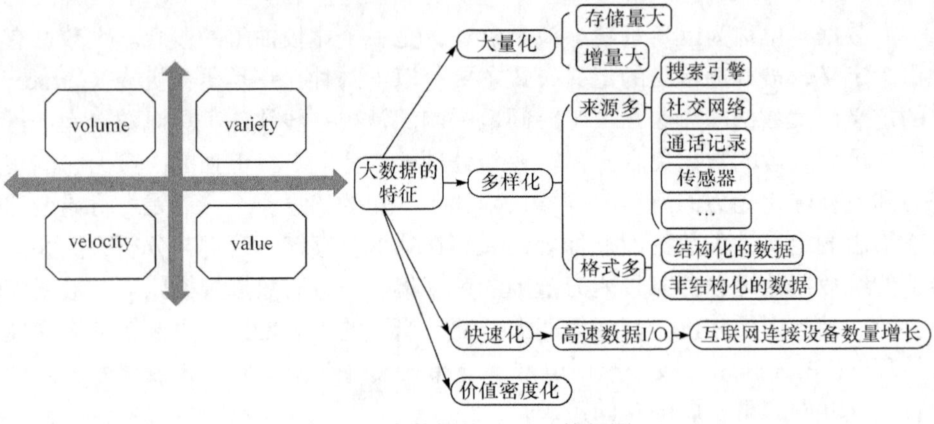

图 2-1 大数据的“4V”特征图

大量化指数据量巨大，是大数据最基本的属性。引起数据规模增大的原因有很多。随着互联网、移动网络的普遍应用，应用网络的人、机构、企业增多，数据获取、传播变得更加容易；由于传感器日新月异的捕捉数据能力，人们也越来越能感受到事物被高度还原，描述同一事物的数据也如雨后春笋般快速增加；人们处理数据的方法和理念发生了巨大改变，大数据时代下可以直接处理所有数据，而不是只能处理采样数据，使用所有的数据可从更多的细节来解释事物属性，以提高结果的精准度。

多样化指数据格式多样化和来源多样化。其中数据格式多样化使数据被分为结构化数据与非结构化数据。结构化数据是通过便于人类和计算机存储、处理、查询的方式将事物抽象的结果。结构化在抽象的过程中，忽略了部分在特定的应用情况下可不进行考虑的细节，只抽取实用的信息数据。处理结构化数据，只需事先明确分析数据的目的及意义，而数据间的相关属性只需通过构造表结构就可表示出来。结构化数据都以统一的表格形式保存在数据库中，因此不管产生多少数据，都将根据其属性存储在合适的位置，这样就可以方便处理、分析、查询。一般情况下，不需要特意为新增的数据更改数据聚集、处理、查询方式，限制数据处理能力的只有运算速度和存储空间。相对于以文本为主的结构化数据，非结构化数据不存在统一的结构属性，而且它的每个字段记录不具有规律性。如今，非结构化数据在如新媒体、音频、视频、图片、地理位置信息等领域的应用越来越广泛。正是由于针对数据处理的需求日益多样化，对数据的处理、分析能力也提出了更高要求，因此在记录数据数值的同时还需要存储数据的结构，这就增加了数据存储、处理手段的难度。

价值密度化是指大数据中不相关数据的存在导致无法体现其分析的价值。价值密度的高低与数据总量的大小呈负相关关系。大数据一般不对部分样品数据进行处理，而是直接覆盖整体数据，呈现所有数据的细节信息，虽然信息量足够丰富，但正因信息丰富繁杂才引入了大量无关甚至错误的信息，从而导致大数据的应用普遍存在价值密度偏低的问题。

快速化主要表现在数据的快速产生、快速搜集、快速分析与快速呈现。与传统数据相比较，大数据最明显的优势就是时效性强，能够快速呈现。随着互联网获取、传播、实时共享信息的速度越来越快，数据的来源逐渐增多、传递的途径也越来越容易，这就使得数据呈爆炸的形式涌现。为了有效地利用快速增长的数据，需相应提升数据的处理速度，使解决问题过程中的负担转变为优势。

2.2　军民融合概述

军民融合是世界军事变革的重大举措。要想在国防建设和社会经济之间架起坚实的桥梁，实现富国与强军目标，就要积极推动军民融合实践的深入。军民融合的核心是资源的配置，要打破军民分离的结构，将“军”与“民”结合到一起，就需搭建一个开放的平台，使国防与军队的现代化建设和经济社会的建设互惠互利，使军民资源得到优化配置。

2.2.1　军民融合的概念

军民融合的定义在学术界仍存在争议，因此尚不能总结出一个全面的概念。尽管如此，军民融合大致可以从以下两个层面来理解：一是“军转民”，即将军队技术投入到民间环境运用；二是“民参军”，即民营的生产、研发等主体参与到军工设备制造中。军民融合中的“军”主要是指军品、军工、军事及国防建设，“民”主要包括民品、民用科技工业、民口及国民经济，“军”与“民”的融合简单来说就是突破军、民自成体系之间的封闭系统界限，实现两大产业的结合与融入，因此可以说军民融合的过程就是实现国防军队建设与经济建设均衡结合、资源共享的过程，最终实现经济和社会资源配置最优化。然而由于体制机制的不同，“军”与“民”很难在运作上产生联系，进而也就无法使有效利用资源的构想实现，达到扩大社会生产的目的，所以提出军民融合发展模式的本质就是要打破军民两家在资源利用上的界限与隔阂，从国家层面出发，整合军地资源，联系民用资源，从全局上优化资源配置。

在大数据时代下，军民融合也必须乘上信息化的快车。国家在《中华人民共和国国民经济和社会发展第十三个五年规划纲要》(2016—2020 年)中提出，要牢牢把握信息技术变革趋势。实施国家大数据战略就是“十三五”规划中的重点方向之一，加快政府对数据开放共享，正好满足了军民融合发展所要求的内需：要建立健全领导决策、资源共享、军地协调和需求对接等机制，并加强对大数据的搜集和应用。

2.2.2 军民融合的特征

军民融合为各国的发展进步做了铺垫，是诸多国家一致的政策走向，同时也是我国主动顺应国际范围内瞬息万变的科技革命和新军事革命变化趋势的一大重要举措。军民融合的特征包括一般特征及时代特征。

1. 军民融合的一般特征

军民融合的一般特征也是所有军民融合国家在采取和推进这项策略时展现出的共同特征。军民融合的一般特征包括军民系统开放互动、军民市场有效对接及军民资源成果共享。

军民系统开放互动。国家建设系统包含国防建设与经济社会建设这两个子系统。但由于它们长时间处于相互独立以及自然形成一套体系的状态，现如今，要使军民融合得到长足的发展，拉近“军”与“民”在各个领域内的相互促进和相互交融，就需要清理连接两个子系统的通道，以此作为先行条件来实现良性互动，最终使两个子系统相互开放的局面得以形成。

军民市场有效对接。国防军工市场和民用民营市场这两个细分市场处于相互分离的局面，要实现国防与民用两大市场的有效对接，就要利用市场这只“看不见的手”进行引导和驱动。一是在国防军工建设方面，要加快引进市场竞争机制，让越来越多各方面实力都较强的民营企业迈进国防领域，同时以民营化市场为组带，将社会优势资源逐渐应用到国防市场中去，而保留涉及高级保密及机密性专用技术的领域。二是社会经济建设方面，积极鼓励民用企业全方面地参加国防建设，这不单涉及民用产品的生产，更是加快民用产品转向军工产品、技术、设备的步伐，有效满足国防建设的需求。加强国防市场与民用市场之间的有效对接，实质性做到"融"与"合"，是扩大国防产品与民用产品市场机制范围的有效途径。

军民资源成果共享。在产品科研生产方面，军民资源的共享即车间、劳动力、生产线、设施设备等多方面的共享，也就是说能够做到武器装备等军用产品的生产和相应民用产品的生产双管齐下。在人才培养方面，"军"与"民"共享教育资源，要力求通过专门的人才培养系统全方面培养研发和技术人才。军民资源既要研发也要合理使用，国防建设和经济社会建设要力争科研成果能够通过多用的产品和科技来拓宽通用标准体系的使用范围。

2. 军民融合信息的时代特征

在信息海量时代，数据之大难以衡量，在经济、科技和社会等方面离不开信息化，军民融合十分依赖信息化建设，具有明显的时代特征。在信息时代军民融合的新特征主要表现在如下方面。

1) 核心信息化

在以前的冷兵器时代，国家发展依托于物资力量，与物资力量相适应的国防建设以武器装备打造、生产的资源投入和产出为主导。在信息化时代，两用技术的发展建立在网络化、智能化的基础上，国防建设与经济社会建设也都依赖以信息和网络资源为主导的投入和产出，因此军民融合的核心就是信息化，具体表现如下：

(1) 信息基础设施的融合。将社会资源优化利用，将民用信息基础设施资源通过配合军事需要来达到资源最大化利用，从而解决军队存在的执行繁多复杂的军事任务时所遇到高速数据、宽带业务、远距通信等方面的问题。通过信息基础设施的共享，使之不仅能满足地方通信、区域经济的发展，还能满足军队需求，以实现运营服务效益的最大化。

(2) 信息资源的融合。目前众多的信息资源多是由国家统一筹划，建立信息交换渠道，军地协作分工，统一数据指标，满足军地信息资源共享的需求。信息资源的融合包含专用资源与公用资源，主要运用在作战保障、军事物流、应急动员信息等专用资源及社会人文、地理空间、导航定位、应急动员信息等公用资源。

(3) 信息技术的融合。信息技术的融合重点是对部队资源的科学研究、应用观测、产品设计等方面进行梳理与组合，创新军民融合信息科技的体系，来实现军民信息技术的实时共享、相互转化及相互交融。

(4) 信息动员的融合。国防动员的体系建设需要信息化动员建设的加强来推进，其关键是突出能力，要落实科技成果转化和技术装备动员及推进应急研制生产等方面人才资源的多方向综合发展。

2) 范围全域化

信息时代的渗透力，国防领域涉及的海、陆、空的空间多维化，使军事需求扩展到我们生活的方方面面。国防建设涉及安全、经济、文化等各个领域，呈现出全域化的广泛特点。一方面，要将军民一体化放在重点位置，并对军民两用技术的应用和创新进行积极开发，同时针对军用技术的空白不足，要利用民用技术的优势进行填充，即利用民间力量来完成装备维修保障等途径的搭建，将国防科技工业范畴拓展到民用范畴；另一方面，军民融合是一个面向整个社会开放的系统，并随着国防需求及军队使命任务的变化不断涉及更多领域，包括军队国防动员体系、人才培养体系、军队保障体系等多方面的非传统领域。在国民经济对国防建设的牵引力下，通过不断增强新活力，注入新内容，必将加强国防科技工业传统与非传统领域的全方位拓展。

3) 层次高端化

军民融合是国家战略，是从宏观规划出发，实质解决问题并且有战略性指导、稳定全面促进发展、全民参与的顶层系统工程。传统意义的协作式军民融合只是一种为某个具体问题而进行的非全面的、短暂的合作，只能暂且对技术层面表象问题解燃眉之急，不能够站在国家角度解决根本问题。尽管如此，国防和军队建设已被纳入国家经济社会发展的总体规划之中，经济建设与国防建设的当前与长远、军需与民用等问题也将在国家战略上深入推进。

4) 程度一体化

信息时代的军民融合，打破肤浅的、板块式的行业领域间的拼接，是跨越行业障碍、打破军民格局、消除平战界限的一体融合。在军民市场，国家为军民的良性互动逐步建立起新型投资体制，从资本、技术、资源等要素对企业进行重新塑造，为的是持续推进国防科技工业与社会化在各领域的融合发展中建立大协作体系，使市场配置的基本作用得到极大的利用。该体制替换以往企业旧模式，通过在企业体制机制上的“化合”和“分解”，形成战斗力和生产力诸要素的有机融合。

5) 对象全球化

在全球经济一体化的大背景下，军民融合全球化战略对国际市场的作用进行了很好的把控，让各种资源和生产要素在国际范围内的流动更快，国际范围内的科技也不断扩张以促进全球范围内落后领域或行业的发展。

2.2.3　军民融合的意义和作用

目前，军民融合上升到国家战略实为长远之计，社会经济发展反哺军队建设。通过民营企业与军队的合作，可促进“军”与“民”双方的加速创新，这不仅加快了武器装备的升级换代，推动民营企业的生产模式转变，还很好地解决了原有军工资产的效率问题。分析以往各国军民融合的历程，我们要走出一条具有中国特色的军民融合建设之路。

1. 军民融合的意义

(1) 军民融合的最根本在于富国强军。在未来世界，面对战争，关键词是军民融合。因此，在当下的和平时期，发展军民融合的脚步越快、程度越深，就越能赢得先机、夺取制高点，以及获得更高的国际地位。我国明确指出，军民融合发展是我国的国家战略，说明对其高度的重视和肯定，这是对富国强军总体格局长期思索的体现。我们需要深入了解军民融合的关键性、历史必然性和现实紧迫性，并进一步贯彻落实军民融合国家战略。

(2) 军民融合是将国防建设建立在社会经济建设上的，将国防与经济相结合是基于长期探索发展规律的重大成果。准确认识和正确处理经济建设和国防建设的关系是实现社会主义现代化建设的关键。中华人民共和国成立至今，我党对推动经济建设和国防建设协同发展规律的认识越来越深刻，得益于我党对其始终保持高度的关注和坚持不懈的探索。从毛泽东指出中国有两件大事，一是必须建立强大的国防军，二是必须建立强大的经济力量，到邓小平提出要走“军民结合，平战结合，军品优先，以民养军”的道路，坚持实行国防建设与经济建设并轨发展的方针，以及通过经济发展带动国防和军队现代化发展，是我国现代化建设的一条重要经验，再到胡锦涛提出要“走出一条中国特色军民融合式发展路子”，我国对军民融合的理解越来越深入。党的十八大以来，党中央把焦点放在实现中国梦、强军梦，科学统筹经济建设和国防建设，提出深入实施军民融合发展战略的下一步，是要推动两者协作发展、均衡发展、兼容发展，两者的发展要兼备，不可厚此薄彼。这一重要的战略思想，将我党领导社会主义现代化建设的实践经验进行了深入浅出的总结，我党治国理政思想的新发展正是科学把握经济建设和国防建设协作发展规律，经过深入理解、艰苦探索后我们对富国和强军相统一的认识也提升到了新的高度。

(3) 军民融合是站在国家安全和发展战略的整体布局上做出的决策——富国强军。富国和强军是一个国家前进的动力所在，需要维持两者之间均衡，若对任何一个失之偏颇，国家都会瘫痪。中华人民共和国成立至今，尤其是改革开放以来，国民经济取得了巨大进步，综合国力显著增强，国力的增强为军队和国防建设奠定坚实的物质基础。我们要在三个“更”的范畴使军民融合发展战略得以进行，即更广、更高、更深，三个“更”的军民融合有利于推动经济结构调整及经济发展方式转变，有助于国防实力和国家战争潜力的增强。除此之外，目前是将我国之大转化为我国之强的实质国力的关键时期，伴随着我国经济总量在世界的地位上升及国力等综合实力的增强，我国的国际地位上升伴随的是国际的更多关注，这都意味着我国将要面对更多的机遇和挑战。面对经济体量的增大，我们需要转型到另一种既能适应现状，又能承受外部压力，还能解决内部矛盾的模式。我国必须要坚持发展和安全并驾齐驱的国家总体战略，找到国防建设和经济建设均衡发展的最佳状态，以经济社会发展规律、国防经济规律和信息化条件下战斗力建设规律为前提，推动经济发展与国防建设各个方面百花齐放。

(4) 协调推进“四个全面”战略布局的重大举措。以坚持和发展中国特色社会主义全局为前提，习近平总书记在2014年12月提出“四个全面”的战略布局，即全面建成小康社会、全面深化改革、全面依法治国、全面从严治党。国防和军队建设既是“四个全面”战略布局的重要构成部分，又是协作调整推进“四个全面”战略布局的力量保证。因此，我国实施和推进军民融合发展战略，是贯彻落实“四个全面”战略部署，实现富国强军的战略决策。军民融合发展融入“四个全面”战略部署中，对国防和军队建设与经济社会发展深度融合是极为有利的，有助于提升国家现代化建设的整体水平。总之，要想更好地将“四个全面”的协调推进任务落实下来，我们需要在国防与经济建设之间搭建一个稳固的桥梁，使国防军队建设与国家经济社会发展体系有机结合起来。

2. 军民融合的作用

军民融合深度发展是对一系列重大问题系统的阐述，我国的军民融合在国家建设中的地位是与我国的国情密切相关的。

(1) 军民融合深度发展明确了国防的性质。国防和军队建设是全国范围内全面建设不可或缺的一环，而全民国防更是社会主义国家的本质体现，是和平时期全民对战争新认识新理解的表现、反应及应用的创新。显而易见，推动全国全面建设的重要因素就是国防和军队建设，因此只有将兴办国防寄托于人民及整个社会的力量，让国家经济社会发展体系把国防和军队建设纳入其中，才能真正形成战无不胜的强大力量。

(2) 军民融合深度发展的内容和范围得以确定。习近平总书记在十二届全国人大五次会议解放军代表团全体会议时强调，立足经济社会发展和科技进步的深厚土壤，顺势而为、乘势而上，深入实施军民融合发展战略，开展军民协同创新，推动军民科技基础要素融合，加快建立军民融合创新体系，下更大气力推动科技兴军，坚持向科技创新要战斗力，为我军建设提供强大科技支撑。国防科技和武器装备领域是军民融合发展的重点，也是衡量军民融合发展水平的重要标志，要主动发现、培育、运用可服务于国防和军队建设的前沿尖端技术，捕捉军事能力发展的潜在增长点，强化军事需求牵引，最大限度实现民为军用，做好国防科技民用转化这篇大文章，发挥国防科技转化运用最大效益，形成多维一体、协同推进、跨越发展的新兴领域融合发展布局。

(3) 明确以“需求牵引、国家主导”为指导的原则。习近平总书记在十二届全国人大二次会议解放军代表团全体会议强调指出，实现强军目标，必须同心协力做好军民融合深度发展这篇大文章，既要发挥国家主导作用，又要发挥市场的作用，努力形成全要素、多领域、高效益的军民融合深度发展格局。国防和军队始终处在全球复杂环境下的最前面，又面临着世界顶级对手的压力，对世界新军事革命和军事科技创新的敏感度高、有强烈的紧迫感和危机感，需要迅速精准地察觉到国际上的风吹草动，提出制胜的策略，策略具体内容包含：国防和军队建设的发展需求，将成为全国上下创新的巨大驱动力。同时，国防和军队建设具有特殊性和保密性，不能一窝蜂，一哄而起，更不能各地自行其是，应在国家统一规划下有计划、有组织、有秩序地实行。

(4) 点明了军民融合深度发展的实现路径。在以社会主义市场经济为条件的背景下，要同时发挥国家主导和市场机制的作用来推动军民融合发展。国防和军队建设的特殊性决定着国家主导下市场机制能够发挥多大作用，这并不是单一依靠市场这个主体就能够控制的。因此，我们需要国家为主导并与市场机制相结合的举措，来实现军民融合的长足发展。全面发挥国家的计划性及市场的主观能动性，利用国际和市场的影响来调动各方力量，积极参与军民融合这个兴国强军的伟大实践。

2.2.4　军民融合的体系框架

国家“十二五”规划将军民融合式发展列入国民经济和社会发展规划纲要，这直接影响到国家经济建设、国防建设和社会发展等各个范畴。推进军民融合，难免会触动相关体制、机制、法制等制度，并且牵涉到当局、军队、企业、中介机构等各个主体。因此，政府需要对军民融合的相关制度在更广领域、更高水平、更深程度上进行健全和构建，从而协调各利益主体关系、解决发展中遇到的疑难。

虽然各国的安全环境和国情、军情千差万别，国防工业发展的状况以及特点也存在一定的差异，但各国都出台了或正在研讨相应的体制机制规划和法制法律约束，从而推动国防工业军民融合式发展。在分析国内外军民融合式发展中的制度建设时，主要从军民融合式发展的体制、机制、法制三个方面纵向分析，这就是现代应急管理中的“三制”理论。

“三制”理论具体内容可概括为：体制以权限分配为主题，以各机构设置、人员安排等划分为主要内容，在一定的理论指导下所建立起一套领导、管理、保障、监督等活动的组织建制，解决的是宏观利益格局问题；机制以运行为主题，以发展机制、约束机制、保障机制这三大机制为主要内容，是各组成部分之间相互作用的方式和规律，解决的是微观动力等问题；法制以规范管理为主题，以法律法规的制定和完善为主要内容，解决的是相关措施能够有效执行的法律依据及保障问题。

三者之间的关系如图 2-2 所示，即机制的基础是体制，体制决定着机制的具体内容；机制是体制内容的进一步具体化运作方式，且反作用于体制的具体内容；法制对体制和机制起文本化和规范化的作用，使各主体有章可循。在军民融合研究中，通过创新体制、机制和法制，效果在于使得三者有机互动，达到动态平衡，高效地促进军民融合的可持续发展。

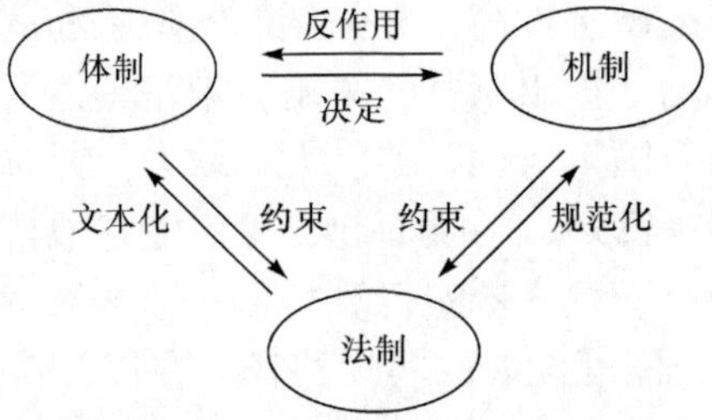

图 2-2　体制、法制、机制关系图

2.2.5　军民融合的法律法规

法律法规涉及方方面面，军民融合建设涉及教育、经济、政府等领域，要坚持以法治思维和法治方式来推动军民融合的逐渐深入，将法律法规的规范、引导及保障作用充分发挥出来，优化军民建设，加强考察督导，加大规划实施，为我国军民建设保驾护航。

1. 现存军民融合法律

这些年来，随着我国军民融合理论的不断发展、实践的逐步深入，军民融合政策法律规定也随之得到完善。尤其是在党和中央领导大力支持军民结合、寓军于民的大背景下，以促进军民良性互动、协调发展的新时期军民融合战略为指导思想的大前提下，一系列有关于国防动员、市场准入和监管、固定资产投资管理、军民两用技术转移转化、保密管理、国防知识产权、税收、人才培养等方面的政策陆续出台，为我国国防与军队现代化建设提供了较好的外部环境支持。与军民融合相关的政策法规相继出台，包括国务院各部委层面出台的规章、全国人民代表大会制定的法律、国务院及中央军委联合发布的法规条例及地方人大制定颁布的法规和地方政府制定的规章。

已经出台的与军民融合相关的法律文件包括《中华人民共和国促进科技成果

转化法》《中华人民共和国产品质量法》《中华人民共和国中小企业促进法》《中华人民共和国招标投标法》《中华人民共和国国防法》《中华人民共和国保密法》《中华人民共和国保守国家秘密法》《中华人民共和国公司法》《中华人民共和国专利法》《中华人民共和国国防动员法》《中华人民共和国政府采购法》等。在法规方面，国务院及中央军委发布了《国务院关于加快振兴装备制造业的若干意见》《国务院关于鼓励和引导民间投资健康发展的若干意见》《国防专利条例》《武器装备质量管理条例》《武器装备科研生产许可管理条例》《国防科技工业产业政策纲要》《国务院对确需保留的行政审批项目设定行政许可的决定》，以及影响较大的《国务院中央军委关于建立和完善军民结合寓军于民武器装备科研生产体系的若干意见》等法规条例。此外，相关部委、地方政府也针对采购、装备管理、市场准入、知识产权、税收、科技、人才建设、投资、资源共享、土地等方面陆续出台了一系列政策规章，主要法规不再一一列出。

2. 军民融合发展法律制度现状

富国强军相统一战略是以经济发展和国家安全为前提而进行的两点一线的建设，即经济建设和国防建设。因此，军民融合为满足其自身要求就需要突破军民分离体制机制的局限。而一直以来军民制度之间的壁垒成了打破军民之间藩篱的阻碍。政府主导部门寻找探求的法律路径是通过一步一步地出台规定甚至是修订法律来扫清军民制度之间的障碍。

1) 相关法律法规之间存在冲突现象

《中华人民共和国公司法》作为商事制度最重要的一部法律，无论是在形式要件还是在实质要件上，都对国防科技工业领域各方主体的商业行为起着规范、制约的作用。《中华人民共和国公司法》在 1993 年制定完成并且于 2004 年、2005 年先后进行了第二次、第三次的修正。在 2004 年 8 月的修正中，该法仍保留了第 64 条规定：国务院确定的生产特殊产品的公司或者属于特定行业的公司，应当采取国有独资公司形式。在 2005 年 10 月，全国人民代表大会常务委员会对《中华人民共和国公司法》修正时删除了该条规定。2005 年 2 月，国务院颁布《国务院关于鼓励支持和引导个体私营等非公有制经济发展的若干意见》（简称为“非公经济 36 条”），允许非公有资本进入国防科技工业建设领域。坚持军民结合、寓军于民的方针，发挥市场机制的作用，允许非公有制企业按有关规定参与军工科研生产任务的竞争以及军工企业的改组改制。鼓励非公有制企业参与军民两用高技术开发及其产业化。显而易见，上述规定的出台与《中华人民共和国公司法》修订是有时间差的。即便有法律的明文规定，但在以法治为内在要求的市场经济中，民营企业要进入国防科技工业领域仍然举步维艰。至今并未明确失效的《中华人民共和国私营企业暂行条例》第 12 条就规定，私营企业不得从事军工、金融业的生产经营。这明显与《中华人民共和国公司法》有冲突之嫌。虽然从法律位阶的角度来说，全国人民代表大会常务委员会通过的《中华人民共和国公司法》优先适用于国务院在1988年公布的条例，但从法律体系的功能来说，需要对军民融合发展法律法规予以认真编纂，从而消除它们之间的冲突。

2) 政策需求不能替代法律法规需求

如前所述，2005年2月国务院颁布了《关于鼓励支持和引导个体私营等非公有制经济发展的若干意见》；2010年5月，国务院再次颁布了《国务院关于鼓励和引导民间投资健康发展的若干意见》，允许“民参军”。事实上，1999年国防科学技术工业委员会出台了《武器装备科研生产许可证暂行管理办法》，其对申请许可证的企业和单位的性质并没有做任何制约。随后出台的《国务院对确需保留的行政审批项目设定行政许可的决定》《武器装备科研生产许可专业(产品)目录》《武器装备科研生产许可实施办法》《武器装备科研生产许可现场审查规则》《武器装备科研生产许可管理条例》等法规文件，也没有把国有经济和民营经济成分区分开。国家多次发布、推出关于军民融合发展的政策，但民营企业仍然有“玻璃门”“弹簧门”竖立在前的感觉，这在很大程度上是由于政策的需求与法律法规的需求不平衡。毋庸置疑，在我国现今国情的大前提下，政策确实有其独有的作用，但是政策的作用不应该被过度放大，也不能完全寄希望于政策能完美地发挥作用。政策实则很难综合全面地把体制、机制、市场主体及相关的金融、工商税务、监督等方面的问题处理妥当，尤其是在法律法规规定不一致时。

3) 发展理念与制度创新不相匹配

在市场经济中，竞争是企业的本质。国防科技工业要想与整个国民经济体系相适应，就必须与市场中的其他企业一样去角逐资源。但我国国防科技工业在探索军民融合发展的过程中，会遇到有关法律法规互相冲突、政策需求掩盖法律法规需求、制度创新滞后于发展理念等问题。当前，为推动国防科技工业军民融合更深层次的发展，在立法上应该尽快构建国防科技工业军民融合发展法律体系，在司法上构建军民纠纷处理协调机制。

3. 军民融合的法律对策

就我国军民融合发展相关法律制度的制定而言，一方面要使军民制度一体的思想得以明确，不能出现人为制造军民制度分离的状态；另一方面要制定相应的法律法规，以逐渐体系化的制度来全面促进军民融合。

1) 在立法层面建立健全国防科技工业军民融合发展法律体系

(1) 修订《中华人民共和国国防法》的基础上制定军民融合基本法律《军民融合促进法》。

《中华人民共和国国防法》作为最重要的国防基本法律，在1997年颁布实施。

由于受当时历史条件的限制，该法的第五章“国防科研生产和军事订货”，规定了国防科技工业实行军民结合、平战结合、军品优先、以民养军的方针，并强调“国家对国防科研生产实行统一领导和计划调控”。

目前，国防科技工业明确了军民融合的发展之路，我国可以在修订《中华人民共和国国防法》时，增加一章，将促进军民融合发展的基本制度、方针和原则进行合理合法的规定。仅在国防基本法律中规定“军民融合发展”显然是不够的，还要单独再制定一部《促进军民融合发展法》，对军民融合的顶层设计进行详细的规范，统筹经济建设与国防建设协调发展。上述两部法律如果能够一齐贯彻下来使之相辅相成，便可以扫清一些“军”“民”在立法层面上的障碍。以此作为前提,还可以专门针对国防科技工业在军民融合发展期间拟定或颁布一些特别法，如《国防科技工业军民融合发展法》，该法可用于总结我国到目前为止的“军转民”“民参军”方面的经验教训和方式方法，并从法律层面回应实践中遇到的问题和疑难，从而做出权威的规定。纵观全球军民一体化的早期，美国就已经制定了《国防工业技术转轨、再投资和过渡法》，该法也因此成为推进美国军民一体化的基本法，该法明确提出要依法推进军民一体化。2003 年，美国国防部深入调研了 24 家国防供应商，并在总结伊拉克“持久自由行动”经验的基础上，提出了《国防工业基础转型路线图》，并取得了不错的效果。

(2) 面对立法层次不高且有较多法律空当的现实问题，需制定《国防生产法》《军事订货法》等相关法律。

目前，国家主管部局和军队出台了一些相关的条例和办法，如《武器装备科研生产许可证实施办法》《中国人民解放军装备采购条例》等，与军民融合涉及部门众多、分类繁多的状况并不相符，从而使得“民参军”企业常常遭遇“玻璃门”事件。现亟须更高层次的相关各部门相互协调合作，抓住制定《国防生产法》《军事订货法》的好时机，系统地解决“军转民”“民参军”企业在进入门槛、原材料采购、保密、信息发布、标准统一、质量监督、税收优惠等多方面遇到的问题，做到有法可依、有法必依，而不至于遭遇“弹簧门”。

(3) 处理好军地法律法规的衔接，建立统一的实体法平台。

要想把军地法律法规的衔接工作做好，就要擦亮眼睛观察到军地双方更多的共性及共同要求，要尽量使用统一的法律法规去约束和规范军地双方，而不是一味强调军方的特殊性和双方的差异性。在产品标准体系上，我国一向采用一物双标准，即民用标准和军用标准，实际上，有些产品在民用和军用上要求是无差别的都属于“货架产品”。另外，有些产品的民用标准和军用标准是可以对接的，因此要鼓励采用成熟的军民两用“货架产品”和民用标准。在 1993 年颁布实施的《中华人民共和国产品质量法》中明确规定，军工产品质量监督管理办法，由国务院、中央军事委员会另行制定。类似的规定在我国的法律法规中也较为常见。因此，在军民融合发展中，应该对这些法律法规进行恰当的清理，可以在同一部法律法规中合用的就不必再另作规定。

2) 在司法层面建构军民纠纷处理协调机制

在过去的军民分离体制下，采用行政手段处理军民企业之间的纠纷是最常见的，国防知识产权纠纷就是其中一个比较具有代表性的事例。军民融合的发展加快了“军转民”“民参军”的进程，国防建设也逐渐与经济建设相互融合在一起。在市场经济条件下，涉及两边利益的纠纷难免会增加，单单靠行政手段解决所有矛盾和纷争不足以满足公平、公正和有效率的要求。以实体法为统一平台基础，把解决纠纷机制依赖的程序法也建立在统一平台上；又或者建立协调机制，从而及时沟通信息，合理合法地处理军民之间的纠纷或许也不失为解决军民纠纷的好方法。

2.2.6 军民融合制度变迁规律

制度变迁是社会发展从非均衡到均衡转变而引起的制度结构的演变。在历史的潮流中，由于所处历史时期、社会、经济、政治等环境的不同，国家常需要给自己定位，构建适合于当时条件的社会制度，使国家发展达到均衡，以最佳状态发展。但是，制度的均衡未必是永久性。由于人类的活动，制度的成本和收益被用来进行对比，且很可能不再能满足社会生产的需要，因此制度的均衡很容易被打破。目前，我国正处于经济转型时期，军民融合的发展不仅涉及政治，还有军事、经济和生活等方面，说明它是极易受外部环境影响的，尤其是制度的影响。环境如果有了变化，制度供求平衡也会发生一系列变化，具体表现为制度的不均衡。以历史时间为线索，自中华人民共和国成立以来，军民融合的变迁具有鲜明历史途径依赖性。由于军民融合受制度环境的影响，军民融合体制的变迁基本上属于政府主导下的强制性制度变迁的例子不少，但其中也有诱致性制度需求作用下所形成的变迁。从制度环境的变化来看，可以将军民融合的制度变迁划分为以下四个阶段。

(1) 以“军民分离”为特征的形成和发展阶段(1949～1978 年)。中华人民共和国成立初期，我国国防工业的基础十分薄弱，发展起点低，党中央审时度势，明确提出了要统筹兼顾经济建设和国防建设的思想。然而这一时期，国家仍面临着严重的安全威胁不能够放松警惕，特别是 20 世纪 60 年代以后，发生中苏矛盾激化、美国扩大侵略战争，在这样特殊的外部政治环境下，为了应对战争需求，国防科技工业在体制上全盘否定了市场的作用，只能由政府干预、调节军工科研生产和资源配置，行政手段和指令性计划成为国防科技工业管理的主要手段。特定体制在特定环境下对我国国防工业发展具有一定的积极意义，在此期间，我国用较短的时间建立起较完备的国防工业体系，军工生产能力也获得了迅速提升，武器装备的研制生产实现了质的飞跃，有力地带动了我国高新技术产业和经济的发展。政府作为唯一投资者，显然承担了全部国防工业发展的重担和风险。因为单纯的军事导向，这一时期的国防工业也只能发挥服务军事的单一功能，而不能体现其服务经济的功能。一方面军工管理体制使军工内部不同行业之间和科研生产之间缺乏有效的分工协作关系；另一方面军工企业缺乏应有的经济利益压力和动力导致军工生产效率和效益低下，资源的重复配置和浪费现象比较突出，社会资源未能得到有效配置。

(2) 以“军转民”为典型特征调整转型的阶段(1978～1998 年)。改革开放后，党和国家的工作重点转向了经济建设。1982 年 1 月，邓小平提出了“军民融合，平战结合，军品优先，以民养军”的十六字方针，这短短的十六字精确地总结了国内外国防科技工业发展的经验。围绕这一方针，国家大幅度地减少国防投入，进行“保军转民”战略调整。这一时期，以“军转民”为典型特征发展的国防科技工业核心，要求国防科技工业由单纯为国防服务转变为同时为工业、农业和国防现代化服务。此时，军工企事业单位的市场微观主体地位得到初步确立，其开始借助市场机制，对国防工业的运行进行干预，军工部门的投资主体不再只是政府。然而这一时期的市场机制作用是有限的、间接的，国防科技工业改革明显滞后于社会主义市场经济体制改革，军工各行业“躲进小楼成一统”的局面并未得到根本改善。军委建制下的国防科学技术工业委员会是军队武器装备的主管部门，它的工作侧重于军队武器装备的发展，却较少关注军用企业的民用发展，也较少对改革、调整中暴露出来的问题和困难予以解决，此时的国防科技工业迫切需要深化改革。

(3) 以“军民结合，寓军于民”为特征的深化改革阶段(1998～2007 年)。在这一阶段，国家提出国防科技工业要建立和完善“寓军于民”新体制的思想，并且《中华人民共和国国民经济和社会发展第十个五年计划纲要》明确规定，要通过加速调整、改革和发展，坚持军民结合，寓军于民，大力协同，自主创新，建立适应国防建设和市场经济要求的新型国防科技工业体制。发展高新技术武器装备，努力提高现代化水平。发展军民两用技术，促进军工技术的和平利用。以这一战略为指导思想，国防科技工业着眼于产业结构的优化和资源的配置，加快体制机制的创新，建立了精干、高效的科研生产体系。国防科学技术工业委员会作为国防科技工业的管理部门，其目的是把军队和军工企业之间的关系转变为订货关系，使军品的供求方和需求方分离，真正培养出军品采办市场相互独立的交易主体。经过改革，军工主体大幅精简，军品任务逐步转移到重点保军企业，形成规模相对合理、重点突出、供需大体平衡的军工结构，“小核心、大协作”的“哑铃型”寓军于民的军品科研生产新体系基本形成，“军转民”进入了“军民结合、寓军于民”的新阶段，我国军民结合事业也被推向了新的发展阶段。

(4) 实行大部制以来的“军民融合”阶段(2007年至今)。为了与社会主义市场经济体制的要求相适应，党的十七大报告提出国防科技工业要走中国特色军民融合式发展道路的重要思想。2008年，党中央聚焦保障和改善民生问题，加强和改善宏观调控，对一些功能类似的部门进行整合、合并。国防科技工业借新的体制改革进一步与国家的工业体系和科技体系进行融合。国防科技工业根据供需分开、政企分开的原则，遵循适度竞争的要求对自身的宏观管理体制有了进一步调整，借此契机成立了工业和信息化部领导下的国家国防科技工业局。该部门不仅承担了原国防科学技术工业委员会管理国防工业的职能，其管理对象也从主要面向国防工业转变为面向全社会对武器装备进行科研生产的所有企事业单位。从工业和信息化部的内设机构充分体现了国家把军民结合作为新时期国防科技工业发展的战略定位，这有助于打破军民分离体制，逐步建立“军民融合”型体制。

2.3 我国军民融合发展的进程

借鉴各国以往军民融合发展的历程，我国推行具有中国特色的军民融合，经历了以军为主、军转民、军民结合、快速发展和全面发展几个阶段。当前我国军民融合进入全面高速发展阶段，军民两用技术随时更新、发展是极为重要的举措。通过国防军工企业和民用军工企业共同生产军用产品、军民两用产品、民用产品，推动国防与经济建设，让战场与市场共同发展。

2.3.1 我国军民融合发展的内涵

国家统筹经济建设与国防建设之重大战略，即军民融合式发展，而加快推进军民融合式发展的前提和基础是要全面准确地理解和把握军民融合式发展的科学内涵。党的十七大、党的十八大、党的十八届三中全会对军民融合式发展均做出了明确的战略部署。党和中央强调指出，通过坚持需求牵引、国家主导，努力形成基础设施和重要领域军民深度融合的发展格局，这将有助于军民融合式的深入发展。在此背景下，全国上下、政府和军队各机关单位都开始大胆创新，以园区建设为载体，以需求牵引力为着重点，以军地需求对接为抓手，探索军民融合式发展的新模式。我国军民融合发展的内涵可从如下几个方面理解。

(1) 军民融合发展的核心。军民融合不是“军”与“民”的简单合并或结合，而是通过科学的机制来体现“你中有我、我中有你”的局面。首先，军民融合是经济社会建设发展体系与国防建设的本质关系的体现。在宏观上，两者联系紧密、互为表里；在运行上，要素之间融会贯通，建设成果能够共享，具有相互促进的作用。其次，军民融合是实现国防建设有机融入经济社会发展体系的实践过程。

这个过程有三个层面：一是由“分”到“合”的转型过程；二是由“浅”入“深”的渐进过程；三是由“破”转“立”的跃升过程。

(2) 军民融合发展的目标。国家发展的两大战略目标是安全与发展，实现民族强盛的两大战略基石是富国和强军，国家建设的两大根本任务是国防建设和经济社会建设，这两大建设是国家和民族生存与发展的根本保证。站在国家安全与发展战略全局的高度上统筹兼顾国防建设和社会经济建设，即推动具有中国特色的军民融合式发展，以确保国家安全和发展利益相得益彰，从而实现强军富国的目标。

(3) 军民融合发展的根基。因为各个国家的国情不同，军民融合发展没有固定的模式和统一的标准，也没有完全相同的法律法规、实施方法和实现路径。现今，应把中国的国情和军情作为根本对军民融合式发展的模式进行探索，明确战略任务和设定战略目标等，采取与中国国情和军情相适应的、相符合的相关政策、实施方案等，来推动具有中国特色的军民融合式发展。

(4) 军民融合发展的举措。推动中国特色的军民融合继续深入、发展的领域，需要正确处理国防建设与经济建设之间的关系，使之能对有关制度建设起到促进作用，让军民融合式发展得到坚实的支持，举措的焦点便是加强军民融合战略规划与计划、建立健全体制机制和加快建设相关政策法规等。

(5) 军民融合发展的方式。从战略方针、法律、体制机制等层面对国防建设与社会经济建设进行有机整合，融会贯通法律法规、政策、战略，进而推动国防建设与经济社会建设相融合的常态发展。

(6) 军民融合发展的基点。资源稀缺所带来的负面影响日益严重，资源环境给经济社会建设和国防建设带来的压力只增不减。推动军民融合发展目的在于最优化分配资源，让有限的资源尽可能解决建设中所面临的需求与供给的矛盾，以此来减轻资源环境压力，共创国防建设与经济社会建设高效、全面、和谐的发展。

2.3.2　我国军民融合发展的历史演进

军民融合发展战略是在国家安全、经济发展及技术发展的实际背景下，由党和国家在长期历史中，探索和开拓中国特色的经济建设与国防建设的实践升华。通过对经济和国防建设协调发展规律的探寻，将军民融合发展上升为国家层面的战略是实践中的重大成果，是兼顾国家和社会发展战略做出的全方面重大决策。

中华人民共和国成立后，党和中央就在我国国防科技工业的建设发展中加入了“军民两用”的新要素，国防工业要注重生产军民两用产品，同时掌握军用和民用生产技术核心，达到日常为民生产，出现紧急情况可以迅速变身为军用生产的效果。实际建设国防工业时坚持“军民两用”的原则，依托国防工业的技术、设备和人员等资源，建设起平战结合的国防科技工业产业结构，提高国防科技工业的灵活性。

党的十一届三中全会后，在从国际视角详细分析国际战略形势和国家安全环境的基础上，国家提出了国防科技工业的十六字方针，对我国国防科技工业发展历程进行了全面总结反省，也为当时的国防科技工业发展指明了方向。"军转民"的有效推进是军民融合发展探索的第一步，军工领域通过军民结合、平战结合的实施拓宽到了军事设施的军民合用、军队支援国家大型工程建设、大力培养国防高科技人才和军地两用人才等领域。

20 世纪 90 年代，国际战略格局由两极发展到多极，全球经济进程加快已经显现出了高技术下的新军事变革。经济建设与国防建设的壮大是我国现代化建设两大战略性任务。在此背景下，"寓军于民，是能够将两项任务有机结合起来的有效途径"，"要建立在国家工业基础上，不要自立门户"。军工生产行列添加了民用工业和民用经济，"民参军"打破了军工行业的界限，改变了军、民相互分离的状况。同时，"寓军于民"结合了军事与地方基础设施建设，建立军民兼容的后勤保障体系，借助国民教育在提升军队人才培养和增强平战转换能力等方面实现了创新发展，为军民融合发展打下了坚实的理论和实践基础。

自 21 世纪以来，我国社会主义市场经济体制一直在完善的进程中，同时中国特色军事变革的深入工作不断突破，国防军队建设也日趋社会化，与社会经济体系相接轨，渐渐融合。党的十七大报告明确指出"建立和完善军民结合，寓军于民的武器装备科研生产体系、军队人才培养体系和军队保障体系，坚持勤俭建军，走出一条中国特色军民融合式发展路子"。军民融合发展工作建立在"军民两用""军民结合""寓军于民"的思想基础和重大拓展点，是党在新时期所指出的重大理论和实践工作，军民融合对我国国防建设和经济建设协作发展具有重大意义。

党的十八大以来，党和国家在对国、民、军的领导实践中，仔细总结历史经验，跟随时代发展的号召，多次针对如何做好军民融合深度发展工作发表了重要论述，深刻揭示了在现代化形势下经济建设和国防建设的特点规律，最终落实到实现中国梦、强军梦的战略途径。2015 年 3 月 12 日，习近平在十二届全国人大三次会议解放军代表团会议明确提出把军民融合发展上升为国家战略。这一重大成果是我们党在长期探索经济建设和国防建设协调发展规律历程中所得到的实践成果，显然也是从国家安全和发展战略大局出发作出的重大决策。

2016 年 3 月 25 日，《关于经济建设和国防建设融合发展的意见》在中共中央政治局会议上审议通过，会议指出，把军民融合发展上升为国家战略，是党中央从国家安全和发展战略全局出发作出的重大决策，是在全面建成小康社会进程中实现富国和强军相统一的必由之路。2017 年 1 月 22 日，中共中央政治局召开会议，决定设立中央军民融合发展委员会，由习近平任主任。中央军民融合发展委员会是中央层面军民融合发展重大问题的决策和议事协调机构，统一领导军民融合深度发展，向中央政治局、中央政治局常务委员会负责。2017 年 3 月 12 日，在十二届全国人大五次会议解放军代表团全体会议上，习近平总书记指出，党中央决定成立中央军民融合发展委员会，在中央层面加强对军民融合发展集中统一领导。要以机制和政策制度改革为抓手，坚决拆壁垒、破坚冰、去门槛，破除制度藩篱和利益羁绊，构建系统完备的科技军民融合政策制度体系。

2.4　大数据应用与军民融合研究现状

随着科学技术的飞速发展，网络技术应运而生。在过去的几十年中，网络技术得到全面的推广和使用，大数据时代在网络技术的广泛应用中产生。在大数据时代中，我们的生产生活都发生了变化，包括科研领域，都在适应时代的进步。军民融合研究与大数据相结合，更好地分析我国目前的军民融合现状，得到更准确的研究结果，为进一步促进军民融合，提高军民融合度提出具有建设性的意见。

2.4.1　大数据应用研究现状

大数据的研讨可基本分为主要研究计算模型的基础理论和大数据的复杂程度及对大数据的认知、内容表述及语句段意的理解。针对大数据的复杂性，很多学者对数据进行定性定量分析，例如，MapReduce 模型证明人类行为中的通信、娱乐和学习模式并不遵循泊松过程，而是基于决策排队过程的结果，是通过对大批电子邮件数据的汇总分析[1]。而从另一个角度来说，人类很早之前就已经认识到了大数据的重要特性，即动态性、时效性。数据流(date stream)[2]和时间序列(time series)[3]是处理以上两种特性的核心技术分析，要系统地认知大数据，就需要从理论、技术、实践全面而细致地分解它。今天，我们处于快速发展的社会，科技不断进步，获取信息的途径增多，人与人之间的交流越来越紧密，大数据就是在今天这个科技高速发展时代的产物。阿里巴巴集团的开创者马云在其演讲中也提到，将来的时代不再是 IT 时代，取而代之的将是 DT 的时代。DT 就是 Data Technology。大数据的价值体现在于“用”，而不是“大”，实际应用到解决人的生活问题，目前国内外都有对大数据的研究及应用。

2015 年 9 月，贵州省正式启动我国第一个大数据综合试验区的建设工作，力争通过 3～5 年的努力，将贵州大数据综合试验区打造成为全国数据汇聚应用新高地、创业创新首选地、产业发展聚集区、综合治理示范区、政策创新先行区。

2016 年 3 月，《中华人民共和国国民经济和社会发展第十三个五年规划纲要》(2016—2010 年)发布，其中第二十七章“实施国家大数据战略”提出，把大数据作为基础性战略资源，全面实施促进大数据发展行动，加快推动数据资源共享开放和开发应用，助力产业转型升级和社会治理创新。具体包括：加快政府数据开放共享，促进大数据产业健康发展。

当前，中国在全球大数据应用方面处于优势地位。尤其是在互联网金融以及快速发展的信用高体系产品的服务业领域；在物流领域，利用大数据智慧降本增效，为物流衔接点匹配实时信息数据。与此同时，随着国家大数据战略配套政策措施的制定和实施，我国大数据产业的发展环境不断优化。大数据为产业和服务打开新的大门，开启爆发式增长的模式，大数据下产业链会日趋走向完美。国内企业也在探索将大数据实际应用到企业内部建设中。中国邮政建成新一代寄递业务信息平台、集中式呼叫中心和指挥调度中心，全面应用大数据、云计算优势推进企业资源计划、客户关系管理，以科技创新推动业务发展。2015 年 9 月，国务院印发《促进大数据发展行动纲要》[4]，系统部署大数据发展工作。

大数据在多领域的应用层见叠出，引领着产业升级。另外，跟随着云计算的普及和应用，大数据也扩张到更多层次领域。专家指出，当前很多企业正在积极布局新一代人工智能前沿技术，以便在语音识别、图像理解、文本挖掘等方面处于领先位置，抢占全球大数据技术的制高点。前沿技术的创新应用成了我国智能产业转型升级的重要支撑。

物联网本质上是器物层面的技术，从大数据的角度出发，是采集数据的终端。云计算本质上是 IT 服务交付手段的变革引发的一系列技术基础架构的革新。物联网和云计算两者作为信息技术发展自然延伸的阶段成果，依然属于信息技术范畴。然而，大数据可视为是数据产生并积累到一定规模后所引发的质变产物。大数据超越信息技术，让人们重新认识到现代国家竞争的主场已经改变，也意识到科研、科技创新的新方式和重新审视了现代化企业产业转化变迁的驱动力因素及重新确定投资的决策依据，引发对公司的战略和组织的全新定义[5]。

目前的一个热点研究课题是电力设备状态监测大数据分析，这一研究对保障电力设备的安全稳定运行具有重要意义。联机分析处理(on-line analytical processing，OLAP)可以多角度、快速存取与分析数据，是实现电力设备状态监测大数据分析的一种重要技术手段。通过分析大数据环境下的 OLAP 技术，设计一种电力设备状态监测大数据分析平台，给出三种分布式数据分析方案，包括基于 Hive 的关系型联机分析、基于 Impala 的关系型联机分析和基于 HBase 的多维联机分析[6]。

借助搜集并利用美国科学引文索引库 SCI/SSCI 中的大数据研究文献，通过运用计量和社会网络分析方法对大数据进行描述统计及可视化分析。数据表明，在国外，大数据研究呈现不断扩张的现状，涉及信息与计算科学、工程、商业、经济管理等多个领域，具有多学科门类配合发展的态势，但在其研究内部来看，各领域的交融还有待加强[7]。

大数据思维对现代金融学研究范式的影响甚至是改变也越来越大，金融学也借助大数据拓展到了新的研究领域。一方面，金融学借助大数据的大容量解决了数据样本的问题。西方金融学学者对海量数据的大样本，甚至全样本的研究日益达成共识，并且这些数据来源和类型的多样化也推动着现代金融学研究的日益多元化。另一方面，得益于数据处理技术及运算能力的不断进步，在一些非传统领域中，金融学者可以拓展出新的研究视角，如媒体效应分析、网络数据分析等。此外，在数据样本日益扩充和数据类型不断丰富的现实情况下，西方金融学学者关注的重点也开始转移到更为精准的量化分析[8]。

2010 年，全球数据量正式跨入了 ZB(10 万亿亿字节)时代，据互联网数据中心(IDC)预测，至 2020 年全球将拥有 35ZB 的数据量。大数据时代已经到来，它时刻影响着我们的日常生活，并关乎国家经济、社会发展。大数据表现为数据巨大、类型繁多、高速处理和价值密度低的特征，大数据技术的出现为现代社会解决问题的方式打开了新的大门，大数据研究备受关注[9]。

大数据信息化也暗含着信息爆炸的现象，而大数据超大体量、离散性和非(半)结构化的特点已经不是以传统落后的方式所能管理的，这对传统的数据处理架构和技术提出了新的要求，以此来满足超大数据的存储、快速传输和信息提取。应对大数据，云计算技术应时而生。云计算的出现不仅为大数据的存储和处理提供了可能，还为大数据时代数据处理系统的成长提供了示范和保障[10]。

借助于 Map Reduce 模型、NoSQL 和 key-value 存储等相关理论的分析，陶雪娇等[11]设计出大数据副本服务器的 Hashmap 分布方案，针对精准化营销等特定应用，解决数据一致性检索的追溯性问题。研究认为：①大数据的 key-value 形式弱化了数据间的本来关系，所以有必要建立追溯性索引的弥补机制；②Hashmap 索引能够通过(key，value)映射关系对精准化营销产生重要影响；③精准化营销可以拉动客户价值的提升，创新因子与限定因子的辩证关系，对维持网络生态系统的平衡产生重大影响。

大数据分析与云计算的发展关系紧密，大数据处理的基础是云计算，而云计算的延伸是大数据技术，云计算的分布式存储和计算架构为大数据的快速处理和智能分析提供了一种适当的解决方案[12]。

对大数据规划编制，目前表现出从小样本分析到海量呈现，从滞后化到实时性，从人工化到智能化，从专家领衔到公众参与，从分散化到协同化等多维转变；对于规划实施评价，大数据指明了从以空间为本到以人为本，从粗放化到精细化，从静态、蓝图式到动态、过程式的转变方向[13]。

张焰和李杨[14]介绍了一种快速完成大数据处理的报表系统和方法。这种方法包括：选择报表模板，并设置报表查询的参数；根据所选择的报表模板和参数信息，形成预编译数据结构；从数据库中查询原始结果集，并根据过滤表达式进行原始结果集处理；数据处理模块对过滤后的结果集进行排序和分组，并根据模板信息进行格式化处理；数据处理模块将报表结果结构封装为查询结果集，并返回给客户端进行展示。

叶宇等[15]通过对大数据的产生过程及其特征、大数据相关技术的演进和应用实践及数据科学的发展进行阐述，详细分析了科研方法的历史演变过程和科研新方法形成的环境以及内部影响因素，提出了由此产生的四种科研新方法，即大数据相关分析法、大数据挖掘法、大数据可视化分析法、新型预测法；结合大数据自身的突出特征，描述了科研新方法的特征，并从提高科学发现概率、拓宽科学研究视野、转变知识生产模式、聚拢科学共同体等角度对科研新方法在科研活动中的影响进行了分析。

大数据处理的相关理论和技术逐渐被工业领域和学术界关注。一方面，在科学研究过程中不可避免会产生大量的数据，对数据分析过程是推进科学研究的一个必要过程。另一方面，信息技术是处于更新中的，企业在信息化过程中堆积了大量的结构化和非结构化数据。这些数据是企业的核心信息资产，与企业管理等多领域相关，决定着企业的业务模式，为企业决策、组织和业务流程提供数据依据和保障[16]。

张迪[17]将多种大数据处理技术应用于交互设计来解决经典问题，包括用户调研、产品迭代和产品测试，首先调查研究了交叉学科和交互设计的研究现状，然后提出将大数据处理技术放在交互设计的研究框架内，进一步研究了基于大数据处理技术的用户调研方法、基于 A/B 测试的版本更新方法和基于模式识别的用户体验优化方法。研究结果表明，将大数据处理技术应用于交互设计的可行性，大数据处理技术为设计学中的一般传统用户调研和测试方法奠定了坚实的理论基础并提供了数据支持。

李贞强等[18]在单一的大数据处理系统中结合“融合思想”来解决问题，在云计算的基础上对大数据进行了新的研究，着重研究综合了多种交叉因素的网络处理模型对大数据的影响度，并提出了一种建立在混合架构、融合处理、分散处理的云环境背景下大数据处理的系统部署策略。

2017 全球大数据产业报告表明，各国有许多优秀企业在大数据下有重大的突破，聚焦在三大领域。第一是大数据分析。大数据已日趋简单化和易用化，用其来分析企业的整体情况，具体是指对数据处理、分析、可视化可一体化处理。例如，Fractal Analytics 不仅能够分析数据，还能提供数据清理自动化及验证服务，最后将数据还原到标准的结构化；Voyager Labs 能够对遍布世界各地的数十亿个数据点，实时性采集、分析，通过最新数据分析帮助用户进行预测、推测。第二是可视化技术。逐步实现了自动化、智能化的可视化技术已经不再局限于传统的分析结果展现，而是能够直接转换文本、图片等非结构化的数据并进行直观展示。例如，Quid 利用机器智能读取文本数据，然后将该数据转换为交互式视觉地图，可以直接便利地查看数据信息，节约大量过去阅读检索的时间；Origami 针对营销行业，将客户关系管理(CRM)、社交媒体、邮件营销和调查报告等跨平台的数据合并整理，使其简单化、直观化、视觉化。第三是技术摆脱"鸡肋"，普惠政企效率提升。典型企业，如 Alteryx 是一个选择一站式数据分析平台的初创公司，目的是在同一个平台上就能完成数据输入、建模及数据图形化等操作，巧妙结合数据运算与精美的图像，能如 SAS、R 语言一样进行数据的分析整合。

在快速发展、变化复杂的智能硬件时代，存在的问题是应用开发者无法找到一个在功率、覆盖范围、传输速率和成本之间的一个微妙的平衡点。企业组织通过挖掘数据富含的信息，以助于本身降低成本、提高效率、研发新产品、决策判断等。实时性发现和解决故障、问题，一个企业可能会节省数十亿美元；设计物流快递行车规划，以便有效保障交通运输的畅通；分析所有 SKU(库存量单位)，以解决定价和库存问题来实现利润最大化；根据客户的购买数据，为其推送他们可能感兴趣的优惠信息；从大量客户中准确快速地识别出金牌客户，使用点击流分析和数据挖掘来规避欺诈行为。一方面，大数据及大数据技术的发展丰富了宏观经济分析的数据基础，同时填充了分析手段；另一方面，利用大数据进行宏观经济分析仍将面临数据清洗、数据安全、人才培养和平台开发等多方面的挑战[19]。大数据时代将会给人类社会带来巨大变化，它是一个好的工具，就像计算机一样，帮助人们认识客观规律。重要的大数据可以帮助政府和企业提升社会生产效率，了解事物真相，认识客观学决策，降低决策风险，加快进入智慧社会。

2.4.2　军民融合研究现状

赵澄谋等[20]将各国在推进军民融合时采用的模式主要归结为四种，分别是俄罗斯"先军后民"模式、美国"军民一体"模式、日本"以民掩军"模式和以色列"以军带民"模式。我国初始阶段依循军民结合、寓军于民的模式，逐渐发展后调整为军民融合模式。

严剑峰[21]讨论了在军民融合创新体系中企业的成长计划，帮助企业成功树立好技术创新中的支柱角色。他十分认可推行可实施项目，对军民融合型企业创新主体进行塑造，具体项目包括中小型科技创新企业扶持计划，军民结合型重点企业高管人员及其普通职员创新能力学习项目，通用专项技术和军民两用技术的军地协同科技攻关联合作战项目，高科技成果的规模化、商品化和产业化扶持计划，传统企业柔性化改造计划，国外军民两用技术或关键技术引进、消化、吸收和再创新项目，重大创新成果奖励基金资助项目，民用企业积极参与军品研发的专项资助项目，军民融合科研基地与科技园区建设，对于属于企业的重点实验室、工程技术中心的军地联合资助计划。这些项目或计划均具有较强的操作性和实用性。

张晓天[22]认为，如何走出一条具有中国特色的军民融合式发展道路，对于在经济社会发展探索实践中已取得巨大成就的当代中国来说，是一个崭新的课题。我们有四个“如何”的问题要必须解决：如何整合军民融合式发展的思路，如何改革军民融合式发展的体制，如何建立和完善军民融合式发展的机制，如何制定和优化军民融合式发展的政策和措施等。

伍青和强雁[23]主要将军民融合战略体系的角度置于航天企业中，探究航天军民融合的发展及采取的措施，具体思路包括：构建战略协议联盟，加强外围合作；加大力度推进组织体制的转型；积极探究产权模式创新；及时调整优化内部产业结构；优化企业空间区域布局等。

侯光明[24]具体研究了科技政策的产生、发展及其对经济社会发展的影响，阐述了组织的改革、革新和政策法规在国防科技工业发展中至关重要的作用，分析并得出以下结论：尽管各国科技政策在不同历史时期有不同重点和导向，但21世纪各国科技政策的发展趋势和主旋律仍是加大科技投入、促进科技成果产业化、重视发展国防科技以及鼓励企业自主创新；国防科技工业军民融合式发展的前提是要充分考虑本国国情和军情，需要高度重视和发挥政府的主导作用，注重推动高层决策机构整合。

卞冀[25]从国家战略发展高度研究和探讨了军民融合的理论性和实践性，坚持理论性、指导性和前瞻性相统一，构建了军民融合战略发展的分析框架和理论体系，拓宽了军民融合研究的理论视野。

高红卫[26]的研究表明，国家层面经过分析所做出的军民融合战略安排，同时也为航天科技类工业企业提供了客观发展环境。因此，要以思想引领行动。军工企业要走融合式革新之路，需要的不仅是解放军思想、保持军民融合观念，还要在分化产品上细心研究做出合理规划。中国航天科工集团公司的产业结构就是以航天防务业、装备制造产业、信息技术产业及现代服务产业相融合的“3+1”格局。

王慧岚和郭源[27]认为，目标中心战准确定点于作战速达目的，在做好信息化工作条件下对作战体系的要害和关节而进行的决策、组织作战行动、调节控制作战进程的作战安排。加强战略指导，搞好顶层设计的目的是推进目标中心战理论指导下的军民融合装备保障；借鉴外军成果，深入理论研究；完善体制机制，明确协同关系；制定相关政策，完善配套法规；加强人才培养，组建保障专业人才队伍。

杨忠民[28]研究指出，军工企业需要从方式、结构上进行转换工作，实质性地把军民融到企业中。而为使转方式和调结构的战略任务达到标准化目标，应该做到五点：解放思想、适应转变；同时关注市场效益和战场效益，兼顾两者均衡发展；提高产业、产品的集成度和关联度；聚焦研究与开发创新产品，在军民产品产业转换点下功夫；加强制定合作机制和协调机制的规范性，树立良好的市场竞争标准。

孙延东[29]指出，虽然我国军民融合有一定发展，但仍存在许多问题亟待解决，具体表现有：政策法规不够全面，存在空白之处没有制度规范，管理体制并不是非常完善，运行机制部分下各组织的协调性依然不足。在军民融合式发展的过程中，建设重心主要集中在科技、人才和资金、物资的融合工作。因此，要快速健全细节化军民融合的政策法规，完善军民融合的体制机制，提高军民融合的技术创新度。

游光荣和赵林榜[30]把国家创新体系理论分析框架作为基础，着重强调国防科技创新全过程，其内容包括军事需求生成、预先研究、装备购置、型号研制及军民两用技术产业化等，系统地分析了各创新主体要素，即政府和军队有关管理部门、军队科研机构、高校及地方科研机构、军工科研院所、军工企业和民营企业、中介机构等在国防科技创新体系中的职能定位、作用发挥、存在问题及成因，如北斗卫星导航系统，并将其作为典型案例探讨了军民融合战略产业发展的束缚，研究指明推进军民科技融合发展将要走的改革之路。

任胜君[31]认为军民融合方面存在的问题主要是顶层设计不完备、机制体制缺陷、转化渠道不畅通和国际竞争力不强。可以从提高互动性技术、完善体制机制、拓展管理模式和国际化领域四个方面采取措施，提升军工企业军民融合方面的实力。

武剑等[32]以建设军民融合发展和创新驱动战略为背景，紧扣国防和军队体制改革实践，在论证提出转移国防专利技术是一个面向社会、自组织系统的前提条件下，围绕国防专利技术转移的现状、动力源、自组织运行规律、动力机理、定密机制、解密机制、中介服务体系建设、转移模式策略及转移效用评价等问题，对转移过程进行详细的统计分析，为今后国防专利技术在向民用领域转移过程中可能面临的困境做好参考和方案准备。

董晓辉[33]认为，军民融合走进大学科技是大学科技园下一个需要探索的发展模式。在我国全面推进军民融合的环境下，创建具有科技创新服务的综合优势的国家大学科技园发展模式和运行机制，更高要求地满足国防安全和经济社会发展是推动重大战略的必然。

刘明等[34]严格围绕装备建设军民融合评价与优化的重大现实问题，开展了装备建设军民融合现状、装备建设军民融合模式、装备建设军民融合管理机制、民参军态势、装备建设军民融合发展指数、装备建设军民融合动力机制等方面的评价与优化研究。

魏岗等[35]指出，全面完成军民融合，要通过以下举措：深入宣传军民融合法规政策，率先引领思想、观念上的贯彻；提升市场下的采购武器和装备改革速度，大力支持民营企业；大力支持与鼓励民企两用技术的创新，扩张民品生产，以获得规模性经济效益；辅助社会资本投入于国防科技工业领域；借助跨国公司在国际的探索，学习和反省技术水平和国际化的经营能力；加强对人才专业性培养，通过创建军民融合型产业园区和示范基地的途径来提升国防科技工业资源效益。

张纪海和乔静杰[36]指出军民融合已然成为国家战略的另一大核心，对其发展模式的研究是在全国范围内为推进军民融合深度发展打下良好的基础工作。在对军民融合发展思想变迁分析的基础上，范围性圈定了军民融合的内涵。发展目标、发展原则被明确提出，并从根本性概念出发，以如何分配资源的问题，设计了军民融合深度发展模式。对军民融合思想探究的演化，暗含着一个国家对经济与国防统筹建设认识的逐步加深的进程，最根本在于优化配置资源，目标直指形成军民深度融合全要素、广领域、高效益的发展格局。融合深度发展模式构成要素包括军民融合体制融合、机制融合、法制融合和资源融合。体制、机制和法制三大体系的融合助攻政府在对军民融合发展中占据主导地位，同时也有助于发挥市场最基本作用配置资源，有利于达到对资源合理配置，促进军民深度融合发展格局的形成。

吕海军和甘志霞[37]着重指出，要对“寓军于民”创新体制深入研究，尝试建立军民两用高技术创新计划、政府采购、官民合作创新机制，设计军民两用高技术创新计划技术转移机制，加快技术在军民之间的流通速度，更高效率地作用于军民融合技术创新。

姜大立等[38]指出军民融合的物流模式是把握中国特色军事变革本质特征新型军事物流模式，它的作用在于应对多样化的军事任务。该模式满足了保障需求以及建设与发展的现代后勤。实施军民融合物流发展战略既是顺应时代的号召，更是使命所需，是有利于国家、军队、民族的先进举措。

郭坚[39]的研究表明，军民两用技术产业要突破体制和机制因素的圈子，要让军民两用技术产业链不断扩张，就要从突出发展重点、实施项目扶持策略、树立军民一体化理论、军民融合观念创新入手，并以改革国防采购体制、科研与生产匹配、搭建转化平台和优化技术创新环境为切入点。

董晓辉和夏磊[40]强调，在军民融合的环境下，国家要使军队发展战略目标与战略性新兴产业发展齐头并进，不能只以一个为主。为加快转变经济发展方式速度和提升军队实际战斗力，必须要注重完善政策法制和加快新兴产业与新兴科技深度融合，更要重视规划管理，并建立技术创新体系基础的建设。

2.4.3　大数据应用于军民融合的研究现状

随着社会的快速发展，我们进入了大数据时代，我们的生活有了飞跃的进步。合理有效地挖掘并利用大数据，能为我们的工作、学习、生活、研究等方面带来很多好处。在军民融合研究中，运用大数据的研究方法，能更好地分析军民融合现状，促进军民融合的进一步发展。

范文洁等[41]认为大数据是基于云计算、物联网的另一大信息热点。创新引领发展，融合成就未来。军民融合大数据应用研究，将空军装备数据保障模式转变为立体的、动态的、可及时分析的保障模式，加快了空军装备保障信息化的发展，实现由数据优势向决策优势的转化。

冯林生和张惠民[42]指出，随着信息技术的飞速突破，各领域都不同程度地受益于信息技术的应用，装备保障的方式也发生了巨大变化，保障效益得到提高。大量类型不一的装备保障数据是在日常的装备保障和装备保障信息系统的运用过程中产生的。而对着快节奏、巨大化的信息时代，必须使装备保障更加智能、精确和快速，以达到新要求。大数据技术影响着信息技术发展，也为信息技术发展动向点明方向，管理者在装备保障决策中要对大数据的应用进行探讨，让大数据为装备保障决策提供支持。

张慧和郭伟[43]认为目前全球处于“互联网+”的时代环境中，军民融合深度发展既面临跨界问题，也遇到认知、制度和技术等层面的新挑战。推进“互联网+”时代的军民融合深度发展应建立新型风险管控机制，搭建以价值创造为核心的全过程信息互动平台、打造资源生态系统、构建基于大数据分析的军品从业资质认证体系，并联合开发出新的“互联网+”概念军品。

栾大龙[44]指出军民融合是建立在国防工业基础上的。2008～2014 年，国防科技工业值呈每年逐步增长的状况，有非常显著的经济效益。统计数据表明，国防科技工业值的增速要高于国民经济年均增速约 6 个百分点。2014 年，达到 8.3%的全国规模以上工业的增速。只有注重工业发展，促进发展速度，才能更好地促进军民融合。

谢峰等[45]以多样性及异构性的装备保障数据来源为起点，为数据处理保障和决策提供理论支持。他们提出了装备保障数据仓库的体系布局，并分析了系统功能需求，借助统一建模语言(UML)的用例图描述，构建宏观功能需求模型，为未来高效管理与利用装备保障数据奠定了基础。

知识经济社会和大数据时代的到来使得国防科技情报的分析和管理系统更加多样化、个性化和智能化。江红玲[46]围绕着知识管理，综合了大数据相关技术，针对国防科技情报知识的获取和挖掘、知识存储、扩散、利用与创新，分别构建了国防科技情报知识挖掘、存储、扩散、知识、利用和创新系统，以达到国防科技情报知识的高成效和利用的期望值。

对情报研究局来说，和大数据时代一起来的既是机遇，也是挑战，因此情报研究局原本领域单一向的研究就会逐渐转向全领域，着重向解决相关技术问题、综合性分析并合理利用多种数据源、看重新型信息资源的分析、强调情报研究的严谨性和智能化等方面发展，并且对某些技术问题进行革新，如可视化分析、数据挖掘等[47]。

随着科学技术的不断发展，大数据在科研领域的应用越来越广泛，虽然大数据还存在一些问题，但其目前在科研项目上的优越性还是十分明显的。将军民融合的研究与大数据相结合，能更好地享受网络技术为我们带来的方便，同时提高军民融合研究的广度与深度，正如上面的研究一样，军民融合与大数据完美结合，不仅在科研领域会有很大的提升，在实际的军民融合发展中，也会取得更大的突破。

2.5 本章小结

本章主要从大数据概述、军民融合概述、我国军民融合发展的进程和大数据应用于军民融合研究现状等几个方面展开研究。军民融合是国家发展的一项重要战略，同时大数据也已成为重要的国家资源，大数据技术为开展军民融合研究提供新方法与新手段。利用大数据技术采集涉及军民融合的全量数据，在后续章节中将详细阐述。

第 3 章　国内外军民融合发展经验与借鉴

本章主要介绍国外军民融合发展经验与我国的借鉴，列举世界上主要实施军民融合的几个国家并对其进行分析。通过对国外军民融合的科技创新体制与我国现在的军民融合现状进行比较，找到其中的共同点和差异。对我国现阶段的军民融合近况进行分析总结，找到其中的优点和不足，这对后期的深入发展具有很大的指导意义。

3.1　国外军民融合发展经验与借鉴

本节主要研究国外军民融合的科技创新体制。通过研究国外发达国家的先进融合理念，促进我国军民融合的进一步深度发展。本节主要研究美国、俄罗斯、日本等国家军民融合科技创新体制，从中找到其异同点，总结其成功的经验，并借鉴符合我国现阶段国情的优秀做法和经验，从而使我国对军民融合体制改革有新的认识，有更全面、更加科学的规划。

3.1.1　国外军民融合的科技创新体制做法与经验

欧美等发达国家由于发展起步早，对军民融合有更为全面的认知，它们在新的国际环境下看清了发展前景并在军民融合方面取得了很大的进展。美国、俄罗斯、日本等国都形成了属于自己的特征鲜明的军民融合模式，现分析它们在军民融合发展进程中采取的措施，以及对我国军民融合发展的借鉴意义。

1. 俄罗斯——“寓军于民”模式

苏联尚未解体前，苏联的军民技术处于严重分离的状态。“吃一堑长一智”，解体后俄罗斯避免了同样的错误，对“军转民”政策给予了高度的重视，并将之作为国民经济结构改造的加速器、国民经济转型助推器、脱离困难经济的绳索、增强经济实力的基础。俄罗斯的国防工业采取的是“寓军于民”的政策，主要表现在：通过扶持政策，使基础的军民两用工业的融合处于良好的发展环境中；将目光聚焦在军民两用技术上的同时对结构布局进行积极的调整；为军民两用技术提供更大的金融空间，方便国防工业更加容易引进金融资本。在体制问题上，国防工业与民用工业的整合兼并，使科学研究成果转化为生产的难题得以解决；无论是融资还是投资，较之前都吸引了更多的资金。

注重国防科技技术与民用科技技术的相互融合，为国民提供了更多的福利和保障，支持有针对性的国家政策对城市大型企业和非公开的区域行政组织的推行。通过对市场基础设施进行大力建设以吸纳预算之外的资金；科技和工艺是多样化经营工业基地的标配，只要加强技术与生产的融合，实现基地的建设，就可以为未来陆军、海军更换装备及为国防工业企业、组织的稳健发展保驾护航。

为了充分发挥俄罗斯在军事技术上的领先优势，也为了使经济摆脱困境，更为了重振其国际竞争力的地位，俄罗斯军方采取了发展两用技术的重要措施。为了保证对企业补充国防资金的间接来源稳定，俄罗斯制定的优惠扶持政策涉及财政、税收及金融各个方面，包括减轻赋税、发放补贴、低息长期贷款等。军用工业承担部分民品生产重担的同时，对军民两用技术进行开发，使国防工业的资本来源渠道更为宽敞，进而使得发展军民融合的资本力量更加雄厚。

关于“军转民”的政策也相继发布。为了明确与“军转民”息息相关的原则问题、方向问题、重点问题及法规问题，俄罗斯制定了若干法律、法规和法令。为了解决国防工业“军转民”的纲要问题，自 1990 年起，纲要计划就不断推陈出新。例如，《1991—1995 年国防工业转产纲要》于 1991 年颁布。同一时期，俄罗斯政府在国家层面上制订了指导计划，使有战略意义的技术能受到力度更强、途径更直接的国家干预。为了使“军转民”政策在军工企业的实施更加顺利，相关政策的制定是必不可少的，其目的是借助和平年代下稳定的社会环境，通过军工技术的灵活运用，充分发挥生产性企业和试验基地强大的科研实力，研发新的高科技产品。为了使“军转民”的推动更深入，以及缩小军工动员准备的范围，1994 年 7 月 8 日下达的“关于再压缩动员能力和动员储备”的总统令，使得军工企业用于生产民用产品的军工设施和资源的参与度达到最大。“军转民”工作的目标、任务和组织实施一系列重大两用技术计划在《1995—1997 年俄罗斯联邦国防工业转产专项计划》得到进一步的确立。对军民兼容技术发展的重视是因为它还对国防科技基础的巩固和国防科技能力的提升具有重大意义。军工企业将生产方向逐渐改为民用产品生产或投入到两用技术中，重新整合的国防工业的经费由国家收入和多元化的投资进行平分。俄罗斯国防工业的私有化进程正在迈向一个新阶段。私有化制度的实行，使企业经营的自主权得到了扩大，与此同时，相关军工企业的管理方式也随之做出了变动。

加速科技成果的转化，进而使国防工业和民用企业的技术优势能够互补，最终降低开发、研制及生产的成本，提高产品性价比和市场竞争力，这些蓝图的实现都将通过国防工业与民用企业的携手努力来完成。另外，资金短缺、重复劳动、资源浪费及开工不足等社会问题也会得到相应的解决。实力的增强使俄罗斯军工企业集团更容易找到国内外的合作伙伴。随着“军转民”的不断深入，对“军转民”经费和军民两用技术等新要求的提出也在意料之中。

2001 年 7 月，普京要求在经济转型过程中，关注两用技术的开发与应用的同时，也要向美国等西方发达国家看齐，并且要确保高新科技武器装备的研发生产能力，将国防科技与民用科技相互交融发展是极为正确的。俄罗斯国防工业的发展方向是为军工提供支持，使民用得到满足。为了听到民用企业的声音，俄罗斯政府专门在各个国防工业部门设立了科技协会。各部门之间的磕磕碰碰难以避免，协调它们之间的关系是不能敷衍的。例如，国家科学技术委员会与军工部门之间的关系就由军事工业委员会进行协调，军事工业委员会主要是在制订与军事有关的科研规划时，最终做到将科研机构和高等院校的科技技术研究成果、具有军用价值的项目及时地转用到军事建设上来。

俄罗斯政府对军事发展计划进行了制订与实施，对国防科技政策进行了调整，而且在关于全面改革国防工业的政策中，强调了在优先满足国防的情况下，大力推进军工技术与民用技术相结合，建立“寓军于民”的工业体系。

2. 美国——“军民一体”发展模式、“以军带民”模式

美国时时刻刻都在国防工作上下功夫，为其继续称霸世界保驾护航。在冷战期间，美国推行了军民分离的国防采办制度和“先军后民，以军带民”的政策，由此军工与民用两个市场逐渐分割开来。在这种体制下，美国的军工领域出现了很多矛盾，这让本来投入巨大的美国军工最终没有获得相应的经济回报。20 世纪 80 年代，正是新技术革命兴起之时，美国政府认为“军”“民”完全分离成本太高，于是美国政府决定随着“军民一体化”的推行，军技可为民用，并借此机会，将把大部分的国防与军工进行融合或并购或转为民用。美国为实现以军民一体化为特点的国家科技工业，出台或拟定了一系列政策措施：①军民两用技术战略计划；②改革军用规范精简方案与国防采办制度；③构建大型军工企业的融资平台。

“以军带民”模式是指美国国防发展战略的模式，其特点是依仗其经济和科技的优势，以大系统思想运筹国防，全面发展国家综合实力，夺取空间制高点，以谋求并保持世界霸权地位。美国是实力最强的超级大国，但其霸权地位不断受到挑战，在激烈争霸的国际环境中，从其争霸世界的国家战略出发，以追求和保持军事优势为目标，带动经济和科学技术发展，全面增强综合国力。1983 年美国拟制并公布了“战略防御计划”(即“星球大战”计划)，准备在二三十年的时间内，投资 1 万多亿美元用于研制成以天基定向能和动能武器技术为主的反导弹综合防御系统，并带起一批新技术群、工业群，争取在“高边疆”中取得经济和科技发展前进的时机，从而达到美国保持世界霸主地位的目的。

3. 日本——“以民掩军”模式

日本在军民融合建设的过程中极为小心谨慎，为了避免激发内部政治纠纷，日本总是对其创新应用的“以民掩军”模式来建立军民融合体系的发展战略进行掩饰。在国防工业方面，日本的决策主导力量是“官、军、民”三方相结合。一般，政府采用制定相关政策、法律法规的办法来宏观调控军工生产的通商产业；民间军工企业的生产由合同来约束，军队内部则实行计划来管理科研机构，每一年都会任命很多退役高干担任企业的关键职位；不仅有许多的民企参与国防生产，还有一些如日本防卫装备工业会、防卫技术协会这样跨行业或行业性的组织加入其中。

在这之中，有一个特别的现象，有些军方的科研部门所掌握的科研技术甚至不如有些民用企业所掌握的技术雄厚，换言之，在国防工业方面，企业或许会有让人耳目一新的表现，而这正是“以民掩军”战略中“掩”字的由来。

日本受战后国际地位的影响形成了“以民掩军”的模式，尽管如此，民用企业为何有资格在国防工业占有一席之地？日本的政治体制及与之相关的“产经联”对此可做解释。“产经联”即经济产业联合会，包含着全部大型工业企业、金融企业和高新技术产业企业，它的前身是战前日本经济联盟会及战中重要产业协议会。2002 年 5 月，“产经联”又与中小企业组织“日经联”合并，成立了新的“产经联”，从此日本几乎所有的企业都被“产经联”掌控。然而“产经联”的实力不仅能够掌控日本大大小小的企业，乃至政府的日常工作都可以伸手干预，包括制定政策和向政府的各审议会、调查会、恳谈会派遣委员，这样一来实际上是“产经联”控制了整个国家，拥有绝对的实权，完全就是“政府的政府”。从一定的层面上讲，“产经联”是直接还是间接操控国防工业，区别已经不大了。

“以民掩军”模式的操作手段分为对外和对内。对外是继续深入尤其是对美方面的军事技术的国际交流，加快引进和学习西方先进技术以自用。对内又可以分成技术和保障两个层面。在技术层面，主要发展军民两用技术，基础工业的发展是重点。日本的军民两用技术如电子技术，发展所涉及的范围广，发展水平也极高。电子技术与众多通用技术的相互交融加速了电子技术本身的发展。从整体上看，欧洲已赶不上日本的电子技术了，而日本还在向美国看齐。日本的高科技发展规划是服务于军事的，但日本并未高调宣扬而是存心将其军用潜力进行掩饰。日本兼顾高科技和基础工业的发展，而且对提高军工科学技术的潜力非常看重。在保障层面，则是采取鼓励兵器企业设备投资政策，从税制上予以优惠，实行“国防工业相关税制”。

日本主要从三个方面研究军民融合：①管理体制的高度集中以及政、军、民三方相融合的决策运行机制；②军、民两用型高新技术产业的大力发展；③对可从事军品生产的民企优惠扶持。

4. 英国——国防多种经营

1993 年，英国政府发布了《实现我们的潜力：科学、工程与技术战略》白皮书，书中非常明确地指出加强军用技术转民用是推动英国科技发展的重要手段之一。此后，负责国防事务的大臣强调必须竭尽全力将国防科研成果转向民用，并尽可能在防务领域采用现成的民用技术和产品。

1998 年，英国政府又发布了《国防多种经营：充分利用国防技术》绿皮书，该书提出必须要将国防科技成果转化为经济发展的推手，利用国防科技技术来完善工业体系和巩固国防基础。

为满足军队的需要，英国对国防科学技术投入了大量的经费。而多种经营是充分利用这些投资的优选模式。英国提出的多种经营是“两条路”的方针，即开发军民两用技术的方针，只有使军、民技术互相利用，才能不断地增强国防实力，才能搞活军工企业，使国防科学技术为国民经济做出应有的贡献。

英国国防工业改革也实行多种经营，而不是让军工转产。英国政府不打算把减下来的军工设施转产民品。他们相信，国防工业作为重要的国家资产，通过提高技术能力，一定会成为经济增长和出口的强大动力。国防部组建的多种经营机构，现在已开始从事技术转让工作，为民用企业提供信息，通过国防鉴定与研究局下属的研究所来鼓励国防部知识产权的转让，同时寻觅联合开发计划的合作伙伴。该机构将把未来装备的需求、技术趋势和市场评估资料建成一个数据库，这样对军用企业和民用企业都有帮助，可以使企业在国内外军、民品市场上赢得更多的销售机会。

2001 年英国国防部出台新的《国防科技和创新战略》，明确提出国防部应吸引世界范围内技术先进的民用部门参与国防工业的科研和生产。这表明，国防工业不仅要与民用工业进一步融合，还要将其扩展到世界继续深化，“一个工业基础”不仅包括国内的军民融合，还包括国内军与国外民的融合。

5. 以色列——“以军带民”模式

以色列是一个面积小但军事力量较强的国家，这一切都得益于它独特的军民融合发展模式。国防工业是该国一切工业的发展核心，但是这些国有企业并不是全部掌控在国家手中，其中有部分国有军工企业是私人经营的。在军事工业快速发展的同时，以色列大力支持部分企业利用国防资源和先进的国防科技将军事技术成果转化到民品生产上。以色列的这种独特的“战时为战，平时为出口”的发展方式，既促进了国防工业体系的建设，又为国家解决了一些社会问题。

建国伊始，以色列就采取了大力发展军工企业、国防工业的发展路线，到如今，以色列的国防工业体系已经相对完善，军工体系已经相对健全。以色列对国防工业的重视程度是许多国家望尘莫及的，其对国防工业的投资占整个国家工业投资的 50%。20 世纪 80 年代，以色列本国军队的需要只占国防工业生产能力的 70%～80%，剩下的 20%～30%进入国际市场，这就预示以色列正慢慢改变发展模式，逐步依靠出口先进武器来带动本国经济。

20 世纪 90 年代，以色列政府加大了对大型国防军工企业的改制力度。1991 年，以色列内阁经济委员会决定，以色列国防工业公司在行政上挂靠国防部，但同时拥有自主经营权，从而由行政型企业变为经营型企业，一些军工企业除继续研制和生产高技术武器装备外还转向民品生产。90 年代末期，国防工业产值占全国工业总产值的 25%，国防工业雇员约占全国雇员总人数的 20%。

21 世纪以来，以色列政府始终秉持着国有军工企业私营化改革的路线。2004 年，以色列政府逐步将部分国防企业的一些业务部门出售给私营企业，借此来推动本国的军民融合发展。以色列政府也相继出台了相关的政策、法规，来引导国防工业的改革和规范军民融合市场，以便于国防工业的先进技术、人才和资源优势及相应的科技成果能在经济建设中发挥最大作用。

目前，以色列生产军事武器装备的民用企业超过了 250 家，其中规模较大的 20 家公司中有 8 家主要根据军事合同开展业务活动，排名前 5 的公司中有 3 家主要生产武器装备产品。

以色列国防工业组织管理体系主要包括国家层面、部门层面和企业层面。从国家层面来看，国防委员会就是军民融合发展的总司令部，重大方针政策、国防工业发展规划、重大武器装备发展计划、军民两用技术发展计划和装备动员等事务都是由国防委员会一手包办的。在做好顶层设计的同时，还要监督和管理军民两用技术的开发、应用和转移，协调政府各相关部门工作，确保军民融合改革的顺利推行。从部门层面来看，国防预算、军队动员、国防科研与军工生产及军队规章制度的发布等军事行政和技术业务由国防部负责，其业务管理部门主要有研究发展局和采购与生产局等。其中研究发展局负责武器装备的研发和更新以及军民两用技术的实施；采购与生产局主要负责武器装备成品和半成品采购、生产。从企业层面来看，国防工业组织管理体系主要由国防部下属的以色列军事工业公司、以色列航空工业公司和拉法尔武器装备发展局组成。他们的主要任务是试验、实施研制和生产。除此之外，还有原子能委员会和航天局，其中原子能委员会主要负责核武器方面的研究，而航天局主要负责军用和民用航天系统的研发和生产。

私有化政策和国防工业结构重组推动了以色列工业结构的转型，促进了经济结构的升级。21 世纪初，通过改革，以色列实现了国有企业私有化，并开始实行现代化管理。如今以色列的企业结构呈现出现代化企业的发展特征，以色列军事工业公司进行了结构重组，成立了董事会，主要负责公司的业务监督与检查，为了更加适应市场运作还成立了下属集团。集团成立后，进行了人员的精简，对工厂也进行了整合，将原有的 1.2 万人减至 5000 人，工厂总数则下降到 20 个。这些军工企业在私有化进程中，把原来技术含量不高的中小型军工企业进行合并，组建成规模庞大的军工集团，以此来增强军工企业在国际上的市场竞争力。

同时，以色列政府也十分重视开展国际合作以及吸收国外先进技术。以色列通过积极引进成套设备、购买专利、聘请国外专家等策略来学习外国经验、技术，除此之外，以色列政府也积极引入外资，其中与英国、法国、美国、德国等国家合作的“箭”式反战术弹道导弹计划中，美国提供的经费占总经费的 73%。

以色列“以军带民”的发展模式极大地促进了军民协调发展，这不仅促使以色列在科技和改革创新方面得到加强，也使以色列跻身世界高新科技发达国家之列，成了中东地区军事强国和经济强国。近年来，以色列通过对国防工业的结构调整，使企业应对国内外环境更具适应性，一跃成为国际市场的佼佼者，也进一步拉动了国内科学技术和经济的发展。

3.1.2　国外军民融合的科技创新体制对我国的启示

通过对俄罗斯、美国、日本、英国、以色列等五个国家在军民融合方面采取的措施、成果以及遇到的问题分析，并且结合我国的基本国情，提出以下有现实价值的、具有中国特色的军民融合体制。

1. 重视法制建设

加强军民融合的法制建设是世界主要军事强国实施军民融合战略的共同经验，俄罗斯、美国、日本三个发达国家均十分重视法制建设。重视法制建设既是现代法治精神在军民融合领域的具体表现，也是实施军民融合战略的客观要求。法治，是一个现代文明国家的主要标志，它表现在一个国家的一切事务都要纳入法制建设之中。而军民融合作为一项涉及国家的战略、事关本国军事实力、关系国民经济的发展前途的大事，必须要坚持法制建设。除此之外，军民融合战略的实施势必会遇到各种各样的困难和阻碍，固有体制的束缚，落后思想观念的影响，甚至是既得利益集团的破坏等都是阻碍军民融合科技创新体制实施的困难。克服这些困难最根本且最有效的对策就是完善军民融合的法制建设。要做到这一点，一方面要用法律使军民融合获得合法性地位，另一方面以国家机器为强有力的后盾，保障军民融合创新科技体制的贯彻实施。

2. 强化领导体制

纵观世界主要军事强国如俄罗斯、美国、日本等在推进军民融合创新体制建设时都有一个强有力的组织领导体制。这个体制涵盖了国家权力机关、行政机关甚至民间的行业协会，同时融合了决策权、执行权和协商权。一方面，为现有的组织机构赋予了推进军民融合战略的相关职权和责任；另一方面，设立新的组织机构具体负责军民融合相关事宜的协调和执行。我国正处于社会主义初级阶段，处在经济社会的重要转型时期。因此，对于我国而言，军民融合的科技创新体制建设需要强化领导体制。一方面，需要改革、合并或撤销不适应军民融合要求的旧的领导机构，为推进军民融合的科技创新体制扫清机构障碍；另一方面，需要根据实际需求设立新的领导或执行机构，这些机构应当具备跨领域的人员结构，同时也应该具备跨领域的组织协调能力和执行权力。

3. 体现中国特色

俄罗斯、美国、日本等国在实施军民融合战略的具体做法时都有共同之处，都体现出了各自国家的特色，而非照搬其他国家的做法。美国民营企业和技术非常发达，因而可以推进民用技术标准应用于军事领域；俄罗斯的民用技术明显落后于军用技术，因而俄罗斯的军民融合更多的是将军事技术应用于民品生产以解决生活必需品的供应问题；日本没有专门的军工企业，其军品主要是由民用企业生产，因此日本的行业协会能够在军民融合战略中发挥重大作用。结合我国的基本国情，我国要走具有中国特色的军民融合之路，实行具有中国特色的军事变革。改革开放以来我国的综合国力已明显提升，能够在更多国际事务中发挥着更大的作用，拥有更多的话语权。同时，我们在军民融合法制建设中必须结合中国国情，体现中国特色。

3.2 国内军民融合发展经验与借鉴

除了国外的军民融合模式值得我们研究和参考，国内的军民融合现状也很值得我们研究。国内的军民融合正在发展的路上，我们应该推陈出新，将过时的、落后的摒除，从中总结经验，将先进的、优秀的模式进行发扬。另外，国内的军民融合发展是一个大整体，每个省(区、市)都是这个大主体的部分，主体与部分是相互依存的，用每个部分的发展推动主体的发展，各个部分之间也能够相互借鉴其中的优势。

军民融合是一个从量变到质变、再从质变到新的量变的波浪式结合螺旋式同时上升的过程。如今，我国军民融合正处在由初步融合向深度融合过渡的阶段。这是融合进行到了加速阶段，也是融合中矛盾不断凸显的阶段。我们在军民融合的开始阶段不断向深度融合发展，必须对我国军民融合发展的最终目标和前进方向保持清醒且坚定的头脑，更加清楚地把握住军民融合发展过程中每个不同阶段的特征，通过严谨的分析，抓住军民融合发展各阶段可能出现的问题，并研究解决问题的方式，确保形成全要素、多领域、高效益的军民融合深度发展格局。

3.2.1 我国军民融合的意义与作用

军民融合在我国具有重大的战略意义，中国共产党是全心全意为人民服务的党。在中国共产党的领导下，军队是维护国家安全的关键力量，执行从群众中来到群众中去的思想理念。群众是军队的大后方，军队是国家安全的保障，军民融合让两者融合到一起更加充分发挥人民和军队的力量。

军民融合深度发展是习近平总书记的重要论述，是一个完整的科学体系，它从我国的军民融合在国家建设中的地位、国防性质、军民融合的指导原则、军民融合的内容和范围、军民融合的实施途径等方面，深入全面地阐述了军民融合深度发展涉及的多领域等问题。

(1) 军民融合深度发展清晰明确地指明了我国的国防性质。早在 2014 年，党中央就强调过我们的国防是全民的国防，推动国防和军队建设改革是全党全国人民的共同事业。毋庸置疑，这个论断明确了我国国防的根本性质：全民国防。全民国防是一个社会主义国家的本质体现，它是在和平时期人们对战争思想的变化及创新产物。军队建设和国防事业是国家建设中重要的组成部分。所以，将国防事业和军队建设纳入国家整体发展布局之中，使国防扎根于人民群众中，依托于社会这个大集体，这样才能真正形成无穷无尽、无坚不摧、战之必胜的强大力量。

(2) 军民融合深度发展是国防战略，也是国家战略。军民融合是国防战略，是国防建设和军队建设必须要经历的成长阶段。在非战争年代，将国防军队建设与社会经济发展分离开来成为两个单独的发展体系，双方在技术上、资源上得不到共享将会造成很大的资源浪费，这样会在军队与民用之间产生分歧转而对军队的战斗力造成削弱，进而影响军民双方关系。与此同时，军民融合作为一项国家战略，关乎着国家至高权力和未来发展方向，一方面使国家更加繁荣昌盛，另一方面打造出一支所向披靡的军队。同时，军民融合是国家发展战略，而不是权宜之计，其根本目的是加强军队建设来提升国家实力，彻底实现兴国强军的发展目标。所以，兴国为强军提供足够的物质基础，强军为兴国提供安全保障，这是一个国家保持长期兴盛不衰的条件。

(3) 明确了军民融合深度发展的内容和范围。2013 年 3 月起，我国开始倡导努力形成基础设施和重要领域军民深度融合全面发展的格局理念。随后各界政府人员在工作中发现想要强军目标得到实现，必须齐心协力进行军民融合的深度发展，一方面要发挥政府的主导地位，主导宏观调控作用，维持整体平衡；另一方面也要充分发挥市场的作用，努力形成全要素、多领域、高效益的军民融合深度发展格局。这表明国防建设的所有要素要纳入国家社会经济体系的大环境来，凡是国家经济社会体系能够解决的事，国防建设就不再设置专门性相关部门，军队建设要以一种国际视角去看待世界新军事革命，将目光放在掌握战略主动权，在武器装备、作战指挥、政治工作、后勤保障等多个领域，构建军政、军民一体，互联互通的战争支持体系，应用军民融合的方式，创造国防和军队建设的新优势，努力形成军民一体的国防建设，走出一条投资省、效益高、作用大的新路子。

(4) 确定了以“需求牵引、国家主导”为指导的原则。坚持需求牵引、国家主导，努力形成基础设施和重要领域军民深度融合的发展格局是我国要长期坚持的一项重要理念。国防和军队在国际斗争中始终处于最前沿，面对的又是国际上最顶尖最先进的对手，所以国防和军队建设在世界军事创新中显得十分敏感，军事创新有着强烈的危机感和刻不容缓的紧迫感。同时，国防建设和军队建设具有特殊性和保密性，不能一哄而起，各地方更不能自行其是，必须在国家统一筹划下有计划、有组织、有秩序地实施。

(5) 指明了军民融合深度发展的实现路径。充分发挥宏观上的调控主导和中国特色社会主义经济体制的市场机制的作用，推进中国特色军民融合深度发展。在国家主导下发挥市场机制的作用,是由国防建设和军队建设的特殊性质决定的，无法全权交由市场来调配。于是要求在国家主导下动用市场机制的能力和作用实现军民融合的发展，把政府主导与市场调配结合起来，充分发挥政府的计划性及市场能动性，使各方面的力量和物资能得到充分的利用，发展军民融合这个伟大的强国兴军战略。

3.2.2 我国军民融合的思想来源

军民融合不仅存在于现代社会，也具有丰厚的历史底蕴。早在西周时期就有农军融合应付战时与和平时的两种不同状态。战时农民运用农具提升战力，平时农民转为深耕细作。现如今生产力不同于古代，但是，群众和军队的关系依然如此。另外，由于我国所面临的国际环境严峻，加大军民融合度建设十分必要。

自从军民融合成长的主要内容被党的十六大发表以后，军队内部和外界社会均进行了充分的调查了解，由此诞生了许多高价值的思想理念。军地和国防的改进是军民融合成长的关键，其处理的是在非斗争期间军地、国防的改进与在金融方面进步的有关难题。国防科技工业是军民融合成长的一部分，仅仅是用于为国防和军工国际化供应设备的工业之一。在全面了解到这些内容后，方可紧握军民融合的实际价值。

首先从历史经验说起。军工和国防的改进在非战斗阶段一直都是专家们研讨的重点难题。追根究底，有国家就会有国防，而国防主要在于军队，有强大的军队才能保证国家的安全和威慑力。从另外一个角度来看，非战斗阶段战士的人数扩大，除了加大国家的金融压力，更加重了人民的经济负担。因此，怎样使国防、军队建设和经济发展更好地协调以达到互相促进的效果，在我国的上千年历史当中从未停止过探索。

战国时期，商鞅在秦国变法强调“国之所以兴者，农战也”的指导思想。秦国为了加强集权，将全国分成若干个县，为了便于管理编制了户口，邻里实行连坐法，使其相互督查，并用严厉惩罚加大奖赏来辅助完成重农重战的策略，让秦国摆脱“落后”，转身变为“兵革大强，诸侯畏惧”的强国，这为秦国战无敌手夯实了基础。

两千多年来，以传统的农耕为主要的生产方式几乎没有大的改动，每个朝代都延续了这一农战思想原则，只是在某些小的方面做了一些调整。但是，由于历史本身所固有的局限性和统治者的贪婪，每个朝代的国防建设在和平时期都没有逃脱“将骄兵惰，军纪散漫，与民争利，将无必战之心，兵无取胜之志”的命运，致使辉煌一时的蒙古铁骑以及清朝的军队等，在和平时期也躲不过这样的宿命，最终变得不堪一击，王朝也就随之土崩瓦解。

经过现代化的工业生产后，科学技术开始逐步运用到军事领域中，武器装备也就发生了质的飞跃，热兵器代替了冷兵器，国防科技及军队建设便迎来了新的篇章。与此同时，由于武器的全面升级，战争的状态和方式也开始了全面升级，国防建设上升到更加举足轻重的地位，军队的质量要求也随之上升。第二次世界大战以后，和平与发展成为时代的主题，国防和军队建设的战略方向进行了重大调整。在国防建设方面，更多的是依靠国家的基础设施；在军队建设方面，从之前的注重数量到现在的注重质量，提高单兵素质，增加高新技术的研发，提高装备水准，国防科技在保证军工科研生产外投入民品生产。

从我国现实情况看，中华人民共和国成立以来，我国在地理位置上一直处在强敌环伺之下，北有俄罗斯，东有美国支持的日本，西有印度等，迫使中国经历了几场战争，才赢得几十年和平时期。在这样的区域环境下，我国仍在考虑解决和平时期国防和军队现代化建设问题。1954 年，我国设立中国人民解放军新疆军区生产建设兵团，实行亦军亦民，巩固边疆力量。要求军队走出营房，参与到群众生活中来，增加军民之间的交流，拉近军民距离，共建军民和谐。1958 年，我国开始倡导全民皆兵的战略思想，要求办理民间军队，不仅要学习军事政治，还要学习其他的能力和知识，要求做到不仅能参军打仗还要能参与农业生产。另外，我国还办理了一些小型的工厂方便军队从事群众工作，从而使群众与军队打成一片增进军民友谊。除了对军队有促进军民融合的平台，同时也为工商从业者提供了另一个途径，工商从业者也要兼修军事成为人民军队的后备军，为人民战争付出一分力量。

如今，国防科技工业的民用产品大约占社会生产总值的80%，这样看来，军民融合中“以民养军”的目标基本实现。在党的十六大上，提出了重要的军民融合思想，实质上将国防建设与军队建设纳入了军民融合，即将军队建设与群众进一步联合起来，实现深度军民融合，充分利用国家的政治资源、经济资源等社会基础资源，逐步实现强军的目的，再借助于军队现代化建设，推动民用企业国家经济的共同发展。

3.2.3 我国军民融合的实践操作

在军民融合进行得如火如荼时，也就是军民融合开始发挥效果时，我国的军民融合主要是通过投入国防研究,将技术融入民用达到直接推动社会发展的效果。另外军用设备向民用企业采购,在减少军工制作压力的同时推动民用工业的进步,使民用与军用互相促进，更加快速地发展。

1. 以军带民

凭借着高新科技技术和工业竞争力的提升，加之巨额的国防投入，启动单靠企业无法实现的高新技术项目，该项目在研究成功后不仅用于军事装备，还会向民用企业推广以此带动社会经济及企业核心技术的发展。

2. 军用民为

由国防部提供高新技术进行武器装备的研发，推行“精明买主”采办策略，这不仅使民营企业获得一定的资助，保证了工业基础的竞争力和激发了工业的创新力，而且在一定程度上可以降低成本，减少军队制造的时间耗费，达到降低成本加快速度的目的，为高新武器的开发提供了更好的条件，以此保证军事的领先地位。

3. 军民一体化

军民一体化指的是将国防产业与民用工业相连接，其中军品和民品的生产都是在国防和民用领域相互联合进行的，军民之间实现技术、设备、制造程序管理技术等资源的共享，达到满足国防建设的同时推动民用企业的发展。根据美国国会技术评估办公室的说法，军民一体化包括：当局与贸易在科技研发、制造和维护过程的互助；相似军民品的联合生产；单条出产线、单套设备或者同一公司同时生产军用民用产物；在军品出产中植入利用民用的制品。要想军民一体化在科技立异的每个部门得以体现，要从加强军民两用技术(规划以及重大项目立项为起点)转移转化、国防采办的整体流程(如优先选取货架产品)和非宏观生产科研管理四方面着手，力争完成创新链和产业链每个部分的“无缝衔接”。我国“十一五”规划期间，让军民一体化得以快速成长，2004 年，国家发展改革委和国防科学技术工业委员会合营制订了有关概要和计划。《国防科技工业产业政策纲要》通过国务院批准，由国防科学技术工业委员会、国家发展和改革委员会联合发布。

在国防科技产业工业策略的发展方面，《国防科技工业产业政策纲要》提到，国家加大对军民结合高技术产业发展的支持力度，促进核能及核应用技术、民用航天、民用飞机、民用船舶、民爆和特种化工等军工主导民品的发展与技术进步；推进国防科技工业投资主体多元化，发挥国家投入的导向性作用，引导和带动社会资金参与国防科技工业建设；鼓励符合条件的企业，尤其是军民两用产品生产企业改制上市。

4. 寓军于民

过去，各时期的许多国家常常采用“寓兵于民”中的“寓军于民”。中国传统的军民一体、寓兵于民的政策其实是中华礼仪文明中“重兵尚武”精神的体现。中国早在夏商周时期就实行兵农(民)整合的制度，寓兵于民制度就是最初后备力量的基础。今天，我国经济正在高速发展，“寓军于民”是党中央的主要国防发展决策和经济发展方针决策。“寓军于民”受到党的历代团体和国家领导高度重视，让国民经济和国防建设得以保持较为均衡的成长速度，乃至让国家富裕及军队强大配合实现。只有做到军民结合、寓军于民，国防和军队现代化建设才能快速、高效的进步，经济社会发展体系才能和国防及军队当代化发展紧密融洽地结合，这是国防和部队当代化建设贯彻落实科学发展观必须做好的一篇大章程。

克服国民本质教育与国防教育无交集的现象，在“联系”和“寓于”做出努力，将国防教育确切融入国民本质教育中，让概念上的融入真真正正地实现。这是完成军民合一、寓军于民的一个重要方面。研究报告发现，如今全民本质教育与国防教育之间存在比例不科学的现象。从传输知识所占比例来看，我国国防教育与文化学习本质教育的比例约为 7∶100，而西方发达国家则达到 9∶100。从学习效果看，国防教育还没有完全和真正走进社会、走进讲堂、走进脑子，社会实力和市场模式没有得以充分运用。从关注水平上看，受经济市场和激烈竞争环境的影响，国防教育在整个国民教育体系中经常被动地处于必须完成使命的职位。是以要加大国防教育融入全民本质教育的力度，把全民国防观点真正树立起来，固定下来，由此做好“寓军于民”这篇大文章。要把国防教育融入地方党委、政府的工作之中，形成领导意志；要把国防教育纳入全民本质教育团体结构，形成统一指标；要把国防教育融入生活学习各个层级，得到全民的共鸣。

3.2.4　国内军民融合典型省市的经验与借鉴

军民融合是具有强大生命力的政策，很好地与中国的基本国情相对接，具有广阔的发展前景。纵使发展的条件再好，如果没有经验的借鉴，没有体制的创新，军民融合的路将会走得十分坎坷。因此，我国的各个省市单位都会按自己省市的基本情况实施军民融合，但是经验的交流和体制的创新也不曾懈怠。

1. 湖南省军民融合的科技创新体制做法与经验

为了让湖南省的军民融合产业快速发展得以落实，2009 年 9 月，相关部门通过发文，要求从军民融合产业的发展远景、要点、组织领导、制度帮扶、合理分配、培养人才等方面进行支持和指导。在鼓励财税制度的过程中，满足军工企业有关要求的军民融合企业，都可以获取军工企业税收的优惠制度；对经省高新技术企业认定为高新技术的军民融合企业,还可享受高新技术企业的税收优惠政策。同年，湖南省还编制了《湖南军民融合产业发展规划》，明确了湖南省军民融合产业发展的重点目标和工作。为推动湖南省军民融合产业发展，提高湖南省在国防建设中的影响力，湖南省委、省政府于 2013 年 6 月成立了湖南省军民融合产业发展领导小组，领导小组第一次会议明确指出：要努力提升湖南省在国防建设中的影响力，努力提升军民融合产业对湖南经济增长的推动力。各成员单位要统一思想，提高认识，通力协作，加快实现“两个提升”。会议还通过了《湖南省军民融合产业发展领导小组工作规则》《关于加快推进军民融合产业发展的意见》《湖南省通用航空产业发展规划(2013—2020 年)》等文件。结合湖南省实际出台的省级层面支持军民融合产业深度发展的政策措施——《关于加快推进军民融合产业发展的若干政策措施》，进一步加强了军民融合的政策。此次出台的政策措施，从产业发展、资金、人才、技术创新等方面对湖南省军民融合产业发展提供强有力的支持，特别是明确将军民融合产业重点项目比照高新工程项目，享受高新工程绿色通道等相关优惠政策。

2. 湖北省军民融合的科技创新体制做法与经验

2007 年，湖北省制定了《湖北省军民结合产业发展中长期规划(2007—2015 年)》，指导和促进军民结合产业发展。此外，湖北省人民政府发布了《关于支持军民结合产业发展的通知》，设立了军民结合产业发展专项资金，专项主要用于支持军民结合产业的发展。同时，湖北省政府规定，军民结合产业化建设项目，与其他建设项目一样享受各项优惠政策。这些政策措施的制定促进了湖北省军民结合产业的发展。湖北省制定了《湖北省军民结合产业发展中长期规划(2007—2015 年)》，指导和促进军民结合产业发展。2011 年，湖北省国防科工办研究出台了《关于加强军工领域招商引资工作推动军民融合式发展的若干意见》，成立了省国防科工办军工领域招商引资工作领导小组，目的是面向中央军工集团公司开展招商引资工作，争取中央军工集团公司在湖北加大投资，充分利用各军工集团资源富集、技术力量雄厚、优秀人才密集等优势，更好地促进全省国防科技工业发展。全年先后促成省政府与中国航天科工集团公司、中国兵器装备集团公司签订了战略合作协议。2014 年 4 月 29 日，湖北省人民政府正式制定《关于加快推进军民融合产业发展的若干政策措施》。此次制定的政策措施，从技术创新、产业发展、人才、资金等方面对全省军民融合产业发展提供强有力的支持，特别是明确将军民融合产业重点项目比照高新工程项目，享受高新工程绿色通道等相关优惠政策。

3. 陕西省军民融合的科技创新体制做法与经验

加强组织领导，形成工作合力。陕西省政府成立了省军民融合工作调节指导团队，增强对军民融合工作的统一调节和架构指导，对相关军民融合重大事项研究进行协调，对战略合作进行推进。陕西省委、省政府与相关军工集团公司围绕重点产业发展，建立战略合作关系，与中央企业的合作得到进一步强化。2009 年，陕西省政府颁布了《关于实施“双百工程”推进军民结合产业突破发展的意见》，重点抓好 100 个军民结合企业，重点支持 100 个军民结合产业化项目，畅通“绿色通道”。2012 年 4 月，陕西省政府与中航工业等五大军工集团公司正式签订了 84 个重点项目的发展建设合同，实施“双百工程”。在促进军民融合发展的过程中，陕西省要求各级各部门要对服务意识进行强化，进一步提高工作效率和服务质量，以“急事急办、特事特办”为准则，对重大军民结合项目和重点军民结合企业建设中遇到的困难及时解决并给出调节保障。

加强政策规划引导。《国务院关于强化实施创新驱动发展战略进一步推进大众创业万众创新深入发展的意见》发出后，陕西省政府拟定“十二五”军民融合产业发展规划和特色主导产业发展方案，设定目标，到 2018 年，陕西省军民融合产业规模居全国第 2 位。加大财政支持力度。从 2012 年起设立了省级军转民专项扶持资金为 1 亿元，制定了《陕西省省级军转民专项扶持资金管理办法》，对信息服务平台建设、军转民重点高新技术成果就地转化项目、军民结合科技创新平台、军民两用技术开发和技术改造项目等给予资金扶持或贷款贴息。搭建军民互动平台。通过座谈会、博览会、项目推介会等多种形式的成功举办，引导民营企业参与国防科技工业建设，推进军民结合企业对军民结合产业发展和外贸易发展，加强军民产品、装备、科技人才、成果的交流与合作。

加强人才队伍建设。陕西省创办了陕西国防工业职业教育集团、军工人才招聘团和军工人力资源公司，建立了“中国人才网”，构建并完善高层次人才使用、激励、引进、培养和保障体系，全力组建一支高素质的适应军地经济融合发展需要的综合型人才队伍。

陕西省将瞄准切入点，聚集优势，把握着力点，形成合力，通过对全省军民融合发展的推动，达到新高度。一抓重大项目，通过对军工单位的正确指引，使其充分发挥人才优势、科技优势和资源优势，与区域经济相结合。在特色主导产业层面做好做强，将军工产业基础打牢、不断壮大，促进经济结构调整，扩大行业辐射和转型升级；二抓龙头企业，以提高企业核心竞争力为目标，全力支持军工单位跨行业、跨地区、跨所有制开放式合作，强化对企业、资本和人力资源的整合，推动军地企业加强产品之间、产业之间的深度合作，互为市场，相互配套，相互参股，催生集聚一批“特、新、专、精”的配套企业；三抓基地园区，以增强承载力、提升聚合力为目标，以“市场运作、军地共建”为原则，着力推进船舶、电子等七大园区和航天、航空、兵器三大基地建设。推进各类经开区、高新区和产业基地园区组建军民两用高技术产业孵化器，培育和发展一批企业集群和军民共生产业群落。积极指引军工和民用企业的军民结合产业项目走进产业园区，使军民结合产业集群发展、聚集发展得以促进；四抓“民参军”，以武器装备科研生产配套体系建设为中心，进一步加强引导服务和监督管理，引领更多的民用单位有序进入武器装备科研生产领域。

4. 河北省军民融合的科技创新体制做法与经验

为全面贯彻落实《国务院中央军委关于建立和完善军民结合寓军于民武器装备科研生产体系的若干意见》精神，加速军民结合相关产业的工作进程，2011 年 12 月 31 日，河北省人民政府印发《关于加快军民结合产业发展的意见》，详细地为军民结合产业指出了产业发展重点和主要任务以及相关产业扶持政策等内容。2013 年 6 月，工业和信息化部与河北省政府于石家庄市签订《关于共同推进军民融合发展的战略合作协议》，工业和信息化部、国家国防科技工业局与河北省政府达成合作，将对建设河北军工单位核心能力、加强国防科技工业创新能力、进一步推进军民结合重点项目建设进程、促进军民结合产业规模化集聚化发展、加强河北卫星数据处理与应用、完善协调机制加强组织保障等方面展开深入合作工作，以助于调整优化目前的社会经济结构，促进军民融合的开展，以此来提升省部合作水平。2014 年 2 月河北省国防科技工业工作会议召开，明确提出了要进一步加强军民融合重点项目的建设，同时为军民融合培养掌握军民共用高技术的创新型人才队伍，创建针对性国防科技工业高级人才培训基地；为推动军民融合深度发展全力以赴，借助目前国防科技所有优势，着力培养发展以航空航天、船舶、新一代电子信息、新材料、新能源、高端装备制造、空间信息技术应用、节能环保、光电、生物技术为代表的重点军民融合产业。2014 年 4 月 28 日召开的河北省军民融合型企业(单位)暨军工技术项目推介新闻发布会，介绍了河北省实施的《河北省军民融合型企业(单位)认定管理暂行办法》，并且认定首批包含河北立中有色金属集团有限公司在内的 345 家企业(单位)为省军民融合型企业(单位)，同时将其纳入河北省国防动员体系。在军民融合企业认定之后的工作中，河北省将为认定企业(单位)开创以军民结合产业为核心的公共服务平台，同时为军民结合产业发展提供技术信息、人才培训、科技成果转化、项目信息发布等服务，辅助已认定企业军民融合工作的顺利进行。在资金方面，认定企业项目建设也将优先获得省级军民结合产业发展专项资金支持。2014 年 10 月 8 日，河北省政府办公厅下发《关于鼓励民口单位和民间资本进入国防科技工业领域的通知》，更深层次建设河北省军民融合深度发展项目。今后，凡符合《国防科技工业社会投资领域指导目录(放开类)》要求的，均不限制民间资本投资比例。

5. 重庆市军民融合发展

大力支持军民结合产品的软件硬件两方面的开发和更新。运用工业结构对资金进行调整，对国防科技工业企业的民品项目给予支持，与此同时也要对民营企业参与军工产品配套研发和生产的项目补贴给予大力支持。帮扶各个行业军民结合技术的项目研发、技术中心技术改进、军工技术民用化的研发和民用市场扩展。使用率、销售率达到规定比例的军民结合技术及产品应当给予补贴。建立金融、科技、财政和社会资本相融合的科技开发投资制度，倡导军工技术中型工业企业对科技成果优势的吸纳和引进技术。对军品销售进行增值税、减免所得税也需继续；对军用品、民用品技术中心技术改造的税收进行优惠；对新军工产品民品化的销售实行“免二减三”的税收优惠政策。现行税则的改革：对参与国防配套的民用产品取消收取企业所得税和消费税。完善市场环境：加强对知识产权保护力度，加大对优秀企业技术中心建设和行业技术完善服务平台的帮扶力度。加速创新人才的培养：政府要推进各类人才合理变动，对人才市场建设加快速度，有目的性地引进外国专家和所需留学人员，着重开展对本地人才的培养。拟定有关政策条例，支持高校及科研院所优秀人才进入企业，对科技型企业创业者建立奖励制度。对主创人员的收益进行保护并提高其积极性。

3.3　军民融合发展经验总结

目前，我国军民融合发展依然存在许多问题。我国军民融合有关的政策涉及面小、相关配套政策不完整、法律法规制度建设跟不上、法律效果不明显等问题大面积存在，军民融合工作的顺利进行不能得到有效保障和支撑。一是在国家层级，顶层规范的军民融合发展法律显然不够。已经出台的制度大多以“办法”“意见”等形式为主，法律效力缺乏，综合性、权威性也不够。应在立法的源头，以法律的形式从根本上保证军民融合深度开展的有效性。二是在法规层面，我国目前缺乏系统的衔接协调。在进行军民融合法规建设过程中，国家相关部委、军队相关单位、地方政府等部门缺乏充分、有效的沟通交流，导致部分法规实行和操作过程中容易出现互相矛盾的现象，无法有效落实并实施。三是在政策层面，一些政策还存在操作性及适用性不强、不公平等问题，如军品免税、军工固定资产投资相关政策；一些政策有责权利划分不清晰的问题，如军民协同创新知识产权相关政策；一些政策有更新跟不上的问题，如军民通用标准、国防科技成果解密相关政策。这一系列的问题都直接影响了军民融合发展的程度和宽度。体制机制依旧是当前制约军民协同创新体系形成的关键因素。大量科技资源不能被共享是由相互封闭的两大科研系统造成的，导致浪费了大量的技术成果和研究能力。一是军、民两层科技主管部门之间各种牟取政权过多，这两个部门都在自己系统内布置科研任务、分配科研经费，而缺少交流合作，因此浪费了大量科研资源。如刚设立国家高技术研究发展计划(863 计划)时就分为军民两块，但此计划中信息技术层面有许多科研项目是军民重叠的，由于缺少调节军民两用性技术规划计划的步骤，大量科研项目重复。二是我国目前实行的科技管理制度存在军民分割、多头管理的现象，统筹协调军民协同创新归于哪个机构还未做出决定。三是在军用技术向民用领域转移的过程中没有激励机制和考核监督机制。军技民用尚未成为军工单位的法定职责，主要还是自发行为。技术转移的内在动力和外在约束不足，目前还是以内部转化为主。四是民用技术转移为国防的重要环节缺少系统有效的支持。民技军用目前还面临着许多问题，如不太健全的政策和法律法规，一系列相关的管理体制亟待完善，运行机制也还在磨合中。正是由于这些缺陷和不足，民技军用对研究成果的转化，特别是在民技军用推行的过程中缺少一定的激励模式，还在产品的采购阶段停滞不前。虽然军民融合的发展趋势会如上所述，仍然有许多问题亟待解决，将问题带到实践中去解决以及从更全面的角度去解决都是必然的。《中共中央关于制定国民经济和社会发展第十三个五年规划的建议》中指出，到 2020 年，基本完成国防和军队改革目标任务。除此之外，十八大以来的多次讲话和会议中，也可见习近平总书记对军民融合战略极其看重。对于发展的整个过程，党和政府不仅高度重视还充满信心，军民融合道路将继续深入，并且我们相信目标终将会实现。

3.4　本章小结

军民融合发展是一个系统化的过程，是一项没有终点的工程。随着社会的发展，将源源不断地收获经验，其内涵不断丰富。虽然这一项工程还有很长的路要走，但是只要坚持以习近平总书记为核心的党中央的正确领导，充分借鉴其他国家以及我国典型省市军民融合发展的先进经验，并考虑军民融合所处的历史背景，军民深度融合发展的道路将会建设得更好。

第4章　军民融合度指标体系构建研究

由于军民融合度指标体系的构建是整个研究的基础，本章将着重阐述该体系构建的过程。本章首先提出军民融合度的概念，其次阐明体系构建的基本原则和方法，并分别以国家、区域、行业、企业这四个层面为主体对所有指标进行筛选从而构建各个部分的指标体系，最终形成一个完整的军民融合度评价指标库。

4.1　军民融合度概念

四川省作为科技资源大省，拥有中国工程物理研究院、航空工业成都飞机工业(集团)有限责任公司、中国电子科技集团公司等实力雄厚的科研机构及大中型企业，是我国国防科研、试验、生产的重要基地，在航空技术、航天技术、核技术、光电技术等重点领域有较强的优势，具有加快军民结合产业发展的坚实基础。经过多年的探索，四川在军民融合发展模式、政策制度、协同创新、成果转化、平台建设等领域积累了丰富的经验。目前，推进军民融合深度发展还存在融合机制不尽完善、融合方式不够丰富、融合范围尚需拓展、军民融合相关研究滞后等亟待解决的问题。

为了全面落实军民融合国家战略、加快推进全面创新改革试验的步伐，绵阳市与西南科技大学校共建“四川省军民融合研究院”。研究院通过进行系统性、整体性、协同性改革的先行先试，力争成为四川省高校、国防科研院所、军工企业、驻军部队在落实军民融合战略中人才培养、技术转移、协同创新的“特区”和战略研究智库。围绕研究院的总体目标，拟建设军民融合大数据平台，提高以大数据为基础的军民融合战略研究能力，建立专业、规范、权威、具备公信力的军民融合服务体系和评估体系，提供技术成果交易转化、设备共享、信息发布、创新产品设计、国防科普教育等专业服务，探索寓军于民、隐军于市的创新机制，立足绵阳，面向四川，辐射全国，加快军民融合产业集约化和规模化发展的步伐。

大数据技术将为军民融合研究提供全量数据，采用定性和定量的研究方式，达到“量化决策”和“数据治国”的目的，促进军民融合深度发展。近年来，国内相继建设了多个军民融合服务平台，其中较为著名的有国家军民结合公共服务平台、西安军民融合公共服务平台、湖南省军民融合科技创新服务平台、绵阳国家军民两用技术交易中心、北京市科学技术委员会和中国保利集团公司联合共建的“首都科技条件平台-军民融合领域中心”等。相较于美国完善的军民融合服务体系，如国防采办系统(DAS)、国家技术转移中心(NTTC)、联邦实验室技术转移联盟(FLC)、美国国家技术信息服务局(NTIS)等，我国的军民融合平台建设还处于初级阶段。由于平台的数据量小，大多数平台只具备信息发布与查询功能，专业技术服务建设滞后。在学术界，国内学者对军民融合的概念、发展现状、技术成熟度、融合效果评估等方面做了大量的研究。研究方式多数属于定性研究，存在数据量小、数据质量无保障等问题，无法有效支撑军民融合战略研究。

近年来，大数据分析、挖掘技术的飞速发展为军民融合相关研究带来了新的视角。军民融合度指数是反映军民融合的一个综合性指标。它的研究可以采用大数据技术采集涉及军民融合的全量数据，建立数学模型，通过大数据计算方法对有价值的数据加以分析和计算，可以很直观地从宏观和微观层面体现出当前军民融合的发展状况，为企事业单位决策提供新的视角和思路。

基于此，本书提出评估军民融合深度发展的一个综合性指标——军民融合度，以大数据技术为基础，构建了一套具有中国特色的军民融合深度发展的指标体系，其指标体系包括“军转民”“民参军”“军民融合发展效益”等三个一级指标以及上百个相关指标，它以政府部门、军民企业及科研院所为主体评估对象，动态反映主体单位军民融合深度发展态势。

4.2　军民融合度指标体系构建的基本原则与方法

军民融合度指数以政府部门、军民企业、科研院所为主体评估对象，动态反映主体单位军民融合的发展情况。首先需要研究支撑军民融合度指数计算的多指标体系，并依据指标体系获取相关数据，实现结构化数据和非结构化数据的存储、转换、清洗和去噪；然后利用数学建模、关联分析、机器学习、深度学习等方式结合多指标综合决策方法计算得出最终的指数；最后使用数据钻取技术，通过图、表、地图等方式从多维视角形象地展示军民融合指标数据。

4.2.1　军民融合度指标体系构建的基本原则

军民融合度的计算首先要建立军民融合度指标体系，该体系应涵盖国家、区域、行业、企业四个层面的宏观军民融合度指标与实体(省(区、市)、企业、战略性新兴产业等)的微观军民融合指标，两者分别从不同角度来揭示区域内军民融合度与军民融合实体的参与程度。

军民融合度指数分为“军转民”“民参军”“军民融合”三部分，各个部分的指标体系分别从指标库中选取最能体现各个部分特点的指标构建指标体系，指标涵盖的融合度指数评价的目标对象在社会、环境、服务、总体创新、总体效益及部分微观指标等方面，以多方面指标来衡量该目标对象的军民融合度指数。考量这些指标综合，可以科学地反映目标对象区域的宏观军民融合度指数，以便进一步细化评价对象参与程度及后期改进。

军民融合度评价指标体系中所有指标的查找是建立在“军转民”“民参军”“军民融合”三个维度的系列评定指标中，我们认为军民融合度评价的指标体系构建应该遵循以下几条原则。

(1) 坚持科学性。科学性是建立任何指标体系最基本的原则。科学地选择指标，客观、动态地反映“军转民”“民参军”“军民融合”的状态，为以后更好地改进军民融合政策及体制机制提供依据。

(2) 坚持定性和定量相结合。在评价不同层面研究对象的军民融合的实践过程中，许多指标难以量化，但这些指标对于评价军民融合的结果至关重要。因此，本书采用了网上数据搜索热度值的方法，使得无论是定性指标还是定量指标都很好地通过热度值进行了量化处理，为本书的评价研究做好了数据准备。

(3) 坚持指标之间相互联系但又互不影响。对于评价研究的相关指标，合并概念类似的指标，尽量寻找有差异化的指标，使得评价效果不会受到影响。

(4) 坚持可比性与可操作性。该原则为指标体系构建及后期改进提供了指导性强、操作性较好的指标。

(5) 坚持相对稳定性。任何指标体系的建立都必须具有稳定性。

4.2.2　军民融合度指标体系构建的方法

军民融合度指数是一个综合性指标，涉及多类型指标，因此本书运用基于层次分析法和网络搜索热度值“归一化”处理相结合，构建军民融合度评价模型。

1970 年，美国匹兹堡大学教授 Saaty 提出了层次分析(AHP)法。层次分析法即把被评价的对象进行优劣排序是评价问题的关键。完整的评价系统包括目标层和准则层。该方法巧妙地运用一致性检验并运用两两成对比较矩阵，对被评价系统的各种因素或属性进行比较判断，将结果统一综合处理后对被评价对象进行优劣排序，完成评价过程。

运用层次分析法对指标确定评价权重，其具体步骤如下。

步骤 1　构建评价系统，建立递阶层次结构，如图 4-1 所示，包括决策目标、评价准则及替代方案等要素。

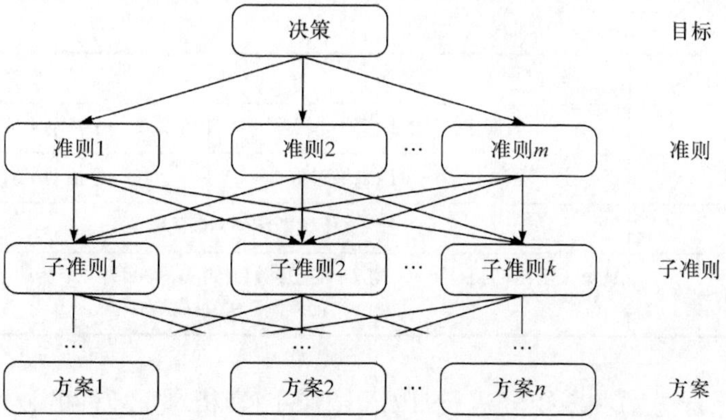

图 4-1　AHP 法的递阶结构图

步骤 2　根据同一层次的各因素与上一层次各准则的重要性进行两两比较，建立判断矩阵。对某一准则层 A 下的各因素 $a_1,a_2,\cdots$ 两两进行对比，便可得到一个判断矩阵构建表，如表 4-1 所示。

表 4-1　判断矩阵构建表

a	a_1	a_2	a_3	a_4
a_1	1	a_1/a_2	a_1/a_3	a_1/a_4
a_2	a_2/a_1	1	a_2/a_3	a_2/a_4
a_3	a_3/a_1	a_3/a_2	1	a_3/a_4
a_4	a_4/a_1	a_4/a_2	a_4/a_3	1

表 4-1 中，有

$$a=\begin{bmatrix} 1 & a_1/a_2 & a_1/a_3 & a_1/a_4 \\ a_2/a_1 & 1 & a_2/a_2 & a_2/a_4 \\ a_3/a_1 & a_3/a_2 & 1 & a_3/a_4 \\ a_4/a_1 & a_4/a_2 & a_4/a_3 & 1 \end{bmatrix}$$

层次分析法根据社会经济系统测度具有相对性的特点，建立了相对重要性的比例标度，即判断尺度，如表 4-2 所示。

表 4-2　层次分析法的判断尺度表

相对重要性的权数	定义	解释
1	同等重要	对于目标判断是相等的
3	一个因素比另一个因素稍微重要	经验和判断稍微偏爱一个活动
5	一个因素比另一个因素比较重要	经验和判断比较偏爱一个活动

续表

相对重要性的权数	定义	解释
7	一个因素比另一个因素十分重要	一个活动十分受到偏爱
9	一个因素比另一个因素绝对重要	一个活动绝对受到偏爱
2，4，6，8	上述两相邻判断的中值	
上述非零数的倒数	比如一个活动相对于另一活动有上述数目(如 3)，那么另一个活动相对于这一个活动便有倒数关系(如 1/3)	

步骤 3 通过对判断矩阵进行计算得出各因素相对重要性的权重，再进行一致性的检验。

计算权重主要有两步：①求各行的几何平均值；②进行归一化处理。

计算得到权重后，接下来应该计算矩阵的相容性，度量相容性的指标为C.I.(consistence index)。若 B 是规范一致性矩阵，则 B 的最大特征值 $\lambda_{\max}=n$，否则，$\lambda_{\max}>n$，可以用 $\lambda_{\max}-n$ 来测定偏离度。C.I. 的计算公式为

$$\text{C.I.}=\frac{\lambda_{\max}-n}{n-1}$$

然后计算一致性比例 CR(coherence ratio)，计算公式如下：

$$\text{CR}=\frac{\text{C.I.}}{\text{R.I.}}$$

若 CR ≤0.10，则认为判断矩阵满足一致性，计算出的权重是可以接受的，否则必须重新确定或调整判断矩阵，其中R.I. 为平均一致性情景要素，如表 4-3 所示。

表 4-3 平均一致性情景要素(R.I.)表

矩阵阶数	1	2	3	4	5	6	7	8
R.I.	0	0	0.52	0.89	1.12	1.26	1.36	1.41
矩阵阶数	9	10	11	12	13	14	15	
R.I.	1.46	1.49	1.52	1.54	1.56	1.58	1.59	

步骤 4 通过计算得到不同层面研究对象的指标权重值 a_{ij} (i =军转民、民参军、军民融合；j =不同层面指标库的指标)，再根据军民融合指标在网络搜索热度值“归一化”处理的值 b_{ij}，按照数值加权累加，得出军民融合度值 $K=\sum a_{ij}b_{ij}$ 。

4.3　军民融合度指标体系构建

经过文献查阅、调查问卷、专家访谈等方式，初步构建了军民融合度指标体系原始指标库，分别从“军转民”“民参军”“军民融合”角度对原始指标库进行归纳描述，如表 4-4～表 4-6 所示。

“军转民”下二级指标共 8 个，其中“财力基础”下三级指标 6 个，“物质基础”下三级指标 6 个，“人力资源基础”下三级指标 4 个，“开放程度”下三级指标 2 个，“民用化程度”下三级指标 7 个，“经济效益”下三级指标 4 个，“企业竞争力”下三级指标 2 个，“潜在效益”下三级指标 5 个。如表 4-4 所示。

表 4-4　基于“军转民”的原始指标库释义表

一级指标	二级指标	三级指标
军转民	财力基础	企业投入军转民项目的专项基金、企业投入民品研发资金、企业投入民品研发资金占研发总资金的比例、企业投入民品生产资金、企业投入民品生产资金占生产总资金的比例、企业从外吸纳的资金
	物质基础	企业武器装备投入科研生产许可证获得单位数量、企业投入民用生产领域的军品设备的数量、企业用于民品生产的军用特殊材料的数量、企业已投入生产的两用项目、企业已投入民品生产的生产线、企业产品线宽度
	人力资源基础	企业已转向民品研发的人员、企业已转向民品生产的人员、企业从合作企业引进军民融合人才数量、企业从事民品专项技术研究的团队
	开放程度	企业已取得合作的民企数量、企业已取得合作的研究机构数量
	民用化程度	企业参与的军民融合项目总体数量、军转民技术发明专利申请数量、企业已取得的发明专利中民品专用项目、军民融合登记成果数量、军转民科技成果获奖数、企业出版军民融合科技著作数量、企业发表论文数量
	经济效益	经济效益、企业民品利润金额、企业民品年销售收入金额、企业输出军民融合技术交易成交金额
	企业竞争力	企业科学研究与试验发展(R&D)经费支出、企业工业增加值
	潜在效益	成本费用总额、企业投入民品生产后降低的成本、企业新产品上市数量、军转民产品迭代周期、军转民产品迭代次数

“民参军”下二级指标共 10 个，“企业科技基础”下三级指标共 2 个，“企业人才”下三级指标共 13 个，“国外人才”下三级指标共 2 个，“产品运营”下三级指标共 5 个，“企业经营”下三级指标有 2 个，“企业关注”下三级指标共 5 个，“民参军规模与实力”下三级指标共 4 个，“军民项目总体数量”下三级

指标 1 个，“军民融合企业成效”下三级指标共 5 个，“军民融合服务能力”下三级指标 1 个。如表 4-5 所示。

表 4-5　基于“民参军”的原始指标库释义表

一级指标	二级指标	三级指标
民参军	企业科技基础	产品发明专利申请数量、国内军民融合论文发表数量
	企业人才	国外军民融合论文发表数量、军民融合技术发明专利授权数量、获得军民融合科技成果奖项数、输出军民融合技术交易成交金额、出版军民融合科技著作数量、军民融合产业科研经费所占比例、验收军民融合项目数量、军民融合登记成果数量、应用军民融合项目数量、合作军企数量、军民融合研发人员比占比、军民融合服务人员占比、军民融合高管人员占比
	国外人才	引进国外军民融合人才数量、合作军企专家人数
	产品运营	产品销量占同类产品总量的比例、军民融合新产品上市数量、军民融合成本降低率、产品迭代周期、产品迭代次数
	企业经营	企业军民融合服务人员占比、企业成本费用利润率
	企业关注	微博关注、微信公众号关注、互联网其他媒体关注、博客关注、新闻关注
	民参军规模与实力	民参军企业主营业务收入、民企获得武器装备科研生产许可证数量、民企军品科研投入金额、民参军企业军民融合年销售收入金额占企业年总收入比例
	军民项目总体数量	民用单位参与的军民融合项目总体数量
	军民融合企业成效	军民融合企业主营业务收入、军民融合企业盈利能力、军民融合领域高新技术企业占比、民参军企业军品销售收入占比、民用企业军品产值数量
	军民融合服务能力	中介机构促成民参军企业数量

“军民融合”下二级指标共 12 个，“区域资源的参与程度”下三级指标共 10 个，“区域军民融合热度”下三级指标共 3 个，“国防工业开放程度”下三级指标共 5 个，“军转民规模与实力”下三级指标共 5 个，“民参军的意愿”下三级指标共 2 个，“民参军规模与实力”下三级指标共 3 个，“军队社会化程度”下三级指标共 10 个，“军队网络安全与信息化”下三级指标共 4 个，“应急应战一体化水平”下三级指标共 5 个，“区域军民融合经济社会成效”下三级指标共 6 个，“军工系统军民融合经济社会成效”下三级指标共 6 个，“非军工企业军民融合经济社会成效”下三级指标共 5 个。如表 4-6 所示。

表 4-6 基于“军民融合”的原始指标库释义表

一级指标	二级指标	三级指标
军民融合	区域资源的参与程度	区域军民融合领域年投资额、区域军民融合研究专项经费占比、区域军民融合工作公务员人数、区域军民融合工作领导人数、区域军民融合领域新增公务员比率、区域军民融合科研项目数量、区域军民融合军民通用基础设施新建项目数量、区域军民融合中介机构数量、区域军民融合产业基地数量、区域军民融合企业数量
	区域军民融合热度	区域军民融合线上热度、区域军民融合线下热度、区域军民融合政策热度
	国防工业开放程度	军工企业合作研究机构数量、军工企业军品设备参与民品生产的比率、军工企业军民两用产品占比、军工企业军民通用知识产权占比、国有独资军工企业占军工企业改制比例
	军转民规模与实力	区域军工企业年销售收入、军工企业军转民项目专项资金投入量、军工企业科研人员参与民品研究情况、军工企业民品研发投入比率、军工企业生产民品数量市场占有率
	民参军的意愿	区域新增民参军企业数量、区域已有民参军企业投入增加比率
	民参军规模与实力	区域民参军企业年销售收入、民参军企业军民两用产品研发投入比率、区域民参军企业参与的军民融合项目比率
	军队社会化程度	地方高校培养军队干部数量，军队特招、引进、聘用紧缺型专业人才入伍数量，退伍军人安置比率，军队子女教育社会化程度，军队通用物资储备社会化程度，军队非公务电话通信社会化程度，军队医疗保障社会化程度，军队营房保障社会化程度，军队装备维修社会化程度，军队公务用车社会化程度
	军队网络安全与信息化	信息基础设施合建共用数量、军地信息融合共享平台数量、民用网络安全资源与成果用于国防满足军队网络安全的数量、政府投入网络安全和信息化军民融合资金增加额
	应急应战一体化水平	区域可动员的物流力量、区域可动员的机场数量、区域可动员的卫生机构数量、军队以救援为重点的专业人才数量、军队执行应急抢险的任务数量
	区域军民融合经济社会成效	军民融合相关主导产业增加值占区域经济增长比例、军民融合工业产值占区域经济增长比例、区域因军民融合培养的人才数量、军民融合创造的科研成果数量、军民融合领域高新技术企业占比、政府促成军民融合企业数量
	军工系统军民融合经济社会成效	军工企业 R&D 经费支出占工业增加值比例、军工企业民品产值占比、军工企业两用产品年销售收入金额增加比率、军民两用技术输出成交金额、单位工业增加值专利比率、军工企业技术进入“军用技术转民推广目录”数量
	非军工企业军民融合经济社会成效	民参军企业 R&D 经费支出占工业增加值比例、民参军企业军民两用产品销售额占比、民参军企业成本效益、民参军企业技术进入“民参军技术与产品推荐目录”数量、单位工业增加值专利比率

4.3.1 国家军民融合度指标体系构建

经过前期调研与复杂的数据分析后，研究人员发现一些指标不能准确地反映军民融合度。因此，以国家为主体需要剔除一些不相适应的指标。

1. 从“军转民”角度筛选的指标库

军民融合度的分析和计算选取了“军转民”“民参军”“军民融合”3 个一级指标，3 个一级指标从三个不同方面反映了军民融合度。为了更加详细地反映军民融合度，在一级指标下又细分了不同角度的二级指标和三级指标。在“军转民”一级指标下又选取了财力基础、物质基础、人力资源基础、开放程度、民用化程度、经济效益、企业竞争力、潜在效益共 8 个二级指标；在“民参军”一级指标下选取了企业科技基础、企业人才、国外人才、产品运营、企业经营、企业关注、民参军规模与实力、军民项目总体数量、军民融合企业成效、军民融合服务能力共 10 个二级指标；在“军民融合”一级指标下选取了区域资源的参与程度、区域军民融合热度、国防工业开放程度、军转民规模与实力、民参军的意愿、民参军规模与实力、军队社会化程度、军队网络安全与信息化、应急应战一体化水平、区域军民融合经济社会成效、军工系统军民融合经济社会成效、非军工企业军民融合经济社会成效共 12 个二级指标。二级指标比较详细地从各个方面反映了军民融合度，但具体的资源利用、人员配备、社会关注等方面仍旧不够具体，这就意味着三级指标的存在和选择很重要，同样也可以反映二级指标的存在是否合理。接下来，本书将从国家军民融合度层面来分析和筛选三级指标。

在“财力基础”的二级指标下，研究最初选取了企业投入军转民项目的专项基金、企业投入民品研发资金、企业投入民品研发资金占研发总资金的比例、企业投入民品生产资金、企业投入民品生产资金占生产总资金的比例、企业从外吸纳的资金这 6 个三级指标。反观上一级二级指标，不难知道，三级指标的选取意在反映资金的分配，企业投入民品研发资金占研发总资金的比例和企业投入民品生产资金占生产总资金的比例这两个指标与企业投入民品研发资金和企业投入民品生产资金这两个指标重复，与其他指标比较维度也不一致，所以，删除企业投入民品研发资金占研发总资金的比例和企业投入民品生产资金占生产总资金的比例这两个指标，统一从具体金额的维度来反映财力基础这个二级指标。

在“物质基础”下的三级指标为企业武器装备投入科研生产许可证获得单位数量、企业投入民用生产领域的军品设备的数量、企业用于民品生产的军用特殊材料的数量、企业已投入生产的两用项目、企业已投入民品生产的生产线、企业产品线宽度，其中企业在民品方面的度量指标只需要保留一个即可，所以，在多方比较下，删除企业用于民品生产的军用特殊材料的数量和企业已投入民品生产的生产线这两个指标。

“人力资源基础”下的三级指标有企业已转向民品研发的人员、企业已转向民品生产的人员、企业从合作企业引进军民融合人才数量、企业从事民品专项技术研究的团队 4 个指标。其中，企业已转向民品研发的人员和企业已转向民品生产的人员这两个指标虽然有衡量人力资源基础这个二级指标的能力，但从国家层面来说，这两个指标过于细化，不符合国家层面的衡量要求，国家无法使用大量的人力来进行如此细化的统计观察，因此删除这两个指标。

在“民用化程度”下的三级指标有企业参与的军民融合项目总体数量、军转民技术发明专利申请数量、企业已取得的发明专利中民品专用项目、军民融合登记成果数量、军转民科技成果获奖数、企业出版军民融合科技著作数量、企业发表论文数量这 7 个指标。从二级指标与三级指标的关联性来看，这个二级指标下的三级指标的设计近乎是失败的，仅有企业参与的军民融合项目总体数量和企业已取得的发明专利中民品专用项目与二级指标有极高的关联度，所以，最终的指标体系中，只保留了 2 个三级指标，以更好地切合二级指标。

在“经济效益”下的三级指标有经济效益、企业民品利润金额、企业民品年销售收入金额、企业输出军民融合技术交易成交金额 4 个指标。而三级指标经济效益和二级指标本身就存在冲突，经济效益指标属于大范围指标，三级指标中的经济效益指标应当删除。企业民品利润金额具有衡量二级指标的能力，但其只涉及利润金额，企业民品年销售收入金额已经包含利润金额，而且三级指标中没有与之对应的成本指标，单独使用是没有很好的说服力的，所以，此指标也删除。

在“潜在效益”下的三级指标包括成本费用总额、企业投入民品生产后降低的成本、企业新产品上市数量、民参军产品迭代周期、民参军产品迭代次数 5 个指标，其中的成本费用总额可以包含企业投入民品生产后降低的成本，民参军产品迭代周期和民参军产品迭代次数均表示产品使用寿命，所以，删除企业投入民品生产后降低的成本和民参军产品迭代次数这两个指标。

在“军转民”一级指标下，二级指标开放程度的三级指标——企业已取得合作的民企数量、企业已取得合作的研究机构数量设计合理，完全保留，而二级指标企业竞争力设计不合理，所以连同企业 R&D 经费支出和企业工业增加值两个三级指标一同删除。

现阶段研究过程已经完成了基于国家层面的“军转民”指标体系的构建，如表 4-7 所示。

表 4-7　基于国家层面的“军转民”指标库释义表

一级指标	二级指标	三级指标
军转民	财力基础	企业投入军转民项目的专项基金、企业投入民品研发资金、企业投入民品生产资金、企业从外吸纳的资金
	物质基础	企业武器装备投入科研生产许可证获得单位数量、企业投入民用生产领域的军品设备的数量、企业已投入生产的两用项目、企业产品线宽度

续表

一级指标	二级指标	三级指标
军转民	人力资源基础	企业从合作企业引进军民融合人才数量、企业从事民品专项技术研究的团队
	开放程度	企业已取得合作的民企数量、企业已取得合作的研究机构数量
	民用化程度	企业参与的军民融合项目总体数量、企业已取得的发明专利中民品专用项目
	经济效益	企业民品年销售收入金额、企业输出军民融合技术交易成交金额
	潜在效益	成本费用总额、企业新产品上市数量、军转民产品迭代周期

2. 从“民参军”角度筛选的指标库

在“企业人才”下的三级指标有国外军民融合论文发表数量、军民融融合技术发明专利授权数量、获得军民融合科技成果奖项数、输出军民融合技术交易成交金额、出版军民融合科技著作数量、军民融合产业科研经费所占比例、验收军民融合项目数量、军民融合登记成果数量、应用军民融合项目数量、合作军企数量、军民融合研发人员占比、军民融合服务人员占比、军民融合高管人员占比。其中国外军民融合论文发表数量、输出军民融合技术交易成交金额、军民融合产业科研经费所占比例和验收军民融合项目数量 4 个指标与二级指标关联不大，军民融合研发人员占比、军民融合服务人员占比和军民融合高管人员占比 3 个指标过于细致，这 7 个指标都应当去除。

在“产品运营”下三级指标有产品销量占同类产品总量的比例、军民融合新产品上市数量、军民融合成本降低率、产品迭代周期、产品迭代次数。其中产品销量占同类产品总量的比例和军民融合成本降低率与二级指标关联不大，产品迭代周期和产品迭代次数指标重复，所以删除产品销量占同类产品总量的比例、军民融合成本降低率和产品迭代次数三个指标。

在“民参军规模与实力”下的三级指标有民参军企业主营业务收入、民企获得武器装备科研生产许可证数量、民企军品科研投入金额、民参军企业军民融合年销售收入金额占企年总收入比例。其中民参军企业军民融合年销售收入金额占企年总收入比例指标过于细化，可以删除。

在“军民融合企业成效”下的三级指标有军民融合企业主营业务收入、军民融合企业盈利能力、军民融合领域高新技术企业占比、民参军企业军品销售收入占比、民用企业军品产值数量。其中军民融合企业主营业务收入与二级指标关联不大，民参军企业军品销售收入占比指标过于细化，两个指标都删除。

在“民参军”整个指标体系中，“国外人才”下的引进国外军民融合人才数量、合作军企专家人数合理，“企业关注”下的微博关注、微信公众号关注、互联网其他媒体关注、博客关注和新闻关注，“军民项目总体数量”下的民用单位参与的军民融合项目总体数量，“军民融合服务能力”下的中介机构促成民参军企业数量都合理，全部保留。而“企业科技基础”及其三级指标产品发明专利申请数量和国内军民融合论文发表数量，“企业经营”及其三级指标企业军民融合服务人员占比、企业成本费用利润率设计不合理，全部删除。至此，基于国家层面的“民参军”指标体系构建完成，如表 4-8 所示。

表 4-8　基于国家层面的“民参军”指标库释义表

一级指标	二级指标	三级指标
民参军	企业人才	军民融合技术发明专利授权数量、获得军民融合科技成果奖项数、出版军民融合科技著作数量、军民融合登记成果数量、应用军民融合项目数量、合作军企数量
	国外人才	引进国外军民融合人才数量、合作军企专家人数
	产品运营	军民融合新产品上市数量、产品迭代周期
	企业关注	微博关注、微信公众号关注、互联网其他媒体关注、博客关注、新闻关注
	民参军规模与实力	民参军企业主营业务收入、民企军品科研投入金额
	军民项目总体数量	民用单位参与的军民融合项目总体数量
	军民融合企业成效	军民融合企业盈利能力、军民融合领域高新技术企业占比、民用企业军品产值数量
	军民融合服务能力	中介机构促成民参军企业数量

3. 从“军民融合”角度筛选的指标库

在“区域资源的参与程度”的二级指标下，初始指标为区域军民融合领域年投资额、区域军民融合研究专项经费占比、区域军民融合工作公务员人数、区域军民融合工作领导人数、区域军民融合领域新增公务员比率、区域军民融合科研项目数量、区域军民融合军民通用基础设施新建项目数量、区域军民融合中介机构数量、区域军民融合产业基地数量、区域军民融合企业数量。其中区域军民融合工作公务员人数和区域军民融合工作领导人数两个指标太细化，区域军民融合军民通用基础设施新建项目数量与二级指标关联不大，三个指标都删除。

在“国防工业开放程度”的二级指标下，初始指标为军工企业合作研究机构数量、军工企业军品设备参与民品生产的比率、军工企业军民两用产品占比、军工企业军民通用知识产权占比、国有独资军工企业占军工企业改制比例，其中军工企业军民通用知识产权占比与二级指标关联不大，予以删除。

在“军转民规模与实力”的二级指标下，初始指标为区域军工企业年销售收入、军工企业军转民项目专项资金投入量、军工企业科研人员参与民品研究情况、军工企业民品研发投入比率、军工企业生产民品数量市场占有率。区域军工企业年销售收入更能反映经济效益，此处这个指标应该删除，军工企业民品研发投入比率相对而言不能很好地反映二级指标，所以也删除。

在“民参军规模与实力”的二级指标下，初始指标为区域民参军企业年销售收入、民参军企业军民两用产品研发投入比率、区域民参军企业参与的军民融合项目比率，民参军企业军民两用产品研发投入比率与二级指标关联不大，应当删除。

在“军队社会化程度”的二级指标下，初始指标为地方高校培养军队干部数量，军队特招、引进、聘用紧缺型专业人才入伍数量，退伍军人安置比率，军队子女教育社会化程度，军队通用物资储备社会化程度，军队非公务电话通信社会化程度，军队医疗保障社会化程度，军队营房保障社会化程度，军队装备维修社会化程度，军队公务用车社会化程度。三级指标中，仅有地方高校培养军队干部数量这个指标与二级指标关联不大，应当删除，其他指标设置合理，全部保留。

在“军队网络安全与信息化”的二级指标下，初始指标为信息基础设施合建共用数量、军地信息融合共享平台数量、民用网络安全资源与成果用于国防满足军队网络安全的数量、政府投入网络安全和信息化军民融合资金增加额，其中信息基础设施合建共用数量、政府投入网络安全和信息化军民融合资金增加额设置不合理，与二级指标关联不大，应当删除。

在“应急应战一体化水平”的二级指标下，初始指标为区域可动员的物流力量、区域可动员的机场数量、区域可动员的卫生机构数量、军队以救援为重点的专业人才数量、军队执行应急抢险的任务数量，其中军队执行应急抢险的任务数量这个指标太过于细化，也无法直接反映二级指标的水平，所以删除这个指标。

在“区域军民融合经济社会成效”的二级指标下，初始指标为军民融合相关主导产业增加值占区域经济增长比例、军民融合工业产值占区域经济增长比例、区域因军民融合培养的人才数量、军民融合创造的科研成果数量、军民融合领域高新技术企业占比、政府促成军民融合企业数量。军民融合相关主导产业增加值占区域经济增长比例这个指标被军民融合工业产值占区域经济增长比例包含，可以删除，而区域因军民融合培养的人才数量指标无法反映二级指标水平，与二级指标关联不大，也应该删除。

在“军工系统军民融合经济社会成效”的二级指标下，初始指标为军工企业R&D经费支出占工业增加值比例、军工企业民品产值占比、军工企业两用产品年销售收入金额增加比率、军民两用技术输出成交金额、单位工业增加值专利比率、军工企业技术进入“军用技术转民推广目录”数量。在国家层面，军民两用技术输出成交金额和单位工业增加值专利比率两个指标太细化，与其他指标维度不一致，应当删除。

在"非军工企业军民融合经济社会成效"的二级指标下，初始指标为民参军企业 R&D 经费支出占工业增加值比例、民参军企业军民两用产品销售额占比、民参军企业成本效益、民参军企业技术进入"民参军技术与产品推荐目录"数量、单位工业增加值专利比率，其中的单位工业增加值专利比率相对于国家层面太细化，应当删除。

在"军民融合"的一级指标下，二级指标"区域军民融合热度"及其三级指标区域军民融合线上热度、区域军民融合线下热度、区域军民融合政策热度和二级指标"民参军的意愿"及其三级指标区域新增民参军企业数量、区域已有民参军企业投入增加比率均设置合理，全部保留。至此，基于国家层面的"军民融合"指标体系全部构建完成，如表 4-9 所示。

表 4-9　基于国家层面的"军民融合"指标库释义表

一级指标	二级指标	三级指标
军民融合	区域资源的参与程度	区域军民融合领域年投资额、区域军民融合研究专项经费占比、区域军民融合领域新增公务员比率、区域军民融合科研项目数量、区域军民融合中介机构数量、区域军民融合产业基地数量、区域军民融合企业数量
	区域军民融合热度	区域军民融合线上热度、区域军民融合线下热度、区域军民融合政策热度
	国防工业开放程度	军工企业合作研究机构数量、军工企业军品设备参与民品生产的比率、军工企业军民两用产品占比、国有独资军工企业占军工企业改制比例
	军转民规模与实力	军工企业军转民项目专项资金投入量、军工企业科研人员参与民品研究情况、军工企业生产民品数量市场占有率
	民参军的意愿	区域新增民参军企业数量、区域已有民参军企业投入增加比率
	民参军规模与实力	区域民参军企业年销售收入、区域民参军企业参与的军民融合项目比率
	军队社会化程度	军队特招、引进、聘用紧缺型专业人才入伍数量，退伍军人安置比率，军队子女教育社会化程度，军队通用物资储备社会化程度，军队非公务电话通信社会化程度，军队医疗保障社会化程度，军队营房保障社会化程度，军队装备维修社会化程度，军队公务用车社会化程度
	军队网络安全与信息化	军地信息融合共享平台数量、民用网络安全资源与成果用于国防满足军队网络安全的数量
	应急应战一体化水平	区域可动员的物流力量、区域可动员的机场数量、区域可动员的卫生机构数量、军队以救援为重点的专业人才数量

续表

一级指标	二级指标	三级指标
军民融合	区域军民融合经济社会成效	军民融合工业产值占区域经济增长比例、军民融合创造的科研成果数量、军民融合领域高新技术企业占比、政府促成军民融合企业数量
	军工系统军民融合经济社会成效	军工企业 R&D 经费支出占工业增加值比例、军工企业民品产值占比、军工企业两用产品年销售收入金额增加比率、军工企业技术进入“军用技术转民推广目录”数量
	非军工企业军民融合经济社会成效	民参军企业 R&D 经费支出占工业增加值比例、民参军企业军民两用产品销售额占比、民参军企业成本效益、民参军企业技术进入“民参军技术与产品推荐目录”数量

4.3.2 区域军民融合度指标体系构建

经过前期复杂、庞大的数据收集和整理后，能够明显看出原始一百多个指标所呈现的结果有很大的差异，即不同的主体都有各自对应的指标，有些不合适的指标几乎是没有数据的或者是一些无效数据。因此，要以区域为主体需要删掉一些不相适应的指标。

1. 从“军转民”角度筛选的指标

在“军转民”的“财力基础”指标中，就需去掉企业投入民品研发资金占研发总资金的比例、企业投入民品生产资金占生产总资金的比例；“物质基础”指标中就需去掉企业投入民用生产领域的军品设备的数量、企业用于民品生产的军用特殊材料的数量、企业产品线宽度；“人力资源基础”指标中去掉企业已转向民品研发的人员、企业已转向民品生产的人员。对于区域来说，谈及军愿不愿意转民更重要的指标是企业投入军转民项目的专项基金、企业投入民品研发资金、企业投入民品生产资金、企业从外吸纳的资金。一个区域，军是否愿意转民首先是要看这个企业是否已经开始进行了一系列的实践，是否建立了专项资金和投入了资金研发。一个企业投入民品的资金比例大有可能是因为军品设备的研究技术、相关配套设施已经相当成熟，不需要额外投入资金，但是尝试民品生产会有其他的要求。同理，“物质基础”和“人力资源基础”要保留：企业武器装备投入科研生产许可证获得单位数量、企业已投入生产的两用项目、企业已投入民品生产的生产线、企业从合作企业引进军民融合人才数量、企业从事民品专项技术研究的团队。尤其是，能够吸纳资金和引进人才，是军愿不愿转民所要考虑的一个重要指标。

“开放程度”的两个指标企业已取得合作的民企数量、企业已取得合作的研究机构数量予以保留，同时，对于“民用化程度”指标的选择保留了以下指标：企业参与的军民融合项目总体数量、军转民技术发明专利申请数量、企业已取得的发明专利中民品专用项目和军民融合登记成果数量。原因如下：首先，军转民科技成果获奖数、企业出版军民融合科技著作数量、企业发表论文数量搜集到的数据较少；其次，相比较而言，军民融合项目的实际操作与应用对区域各方发展要比获奖的情况、论文数量更立体直观，从而增加实践经验和教训。

在“经济效益”指标中，下属的经济效益指标搜集到的数据虽然较多但是内容过于宽泛，因此企业民品年销售收入金额、企业输出军民融合技术交易成交金额这两个指标更为具体有效。另外，企业民品利润金额这一指标的确需考量但是数据过少不足以用来分析。对于区域而言，在市场经济条件下，面对激烈的市场竞争环境，“企业竞争力”是考量军转民企业一个极其重要的方式。因此，企业 R&D 经费支出、企业工业增加值没有被删除。其中，R&D 经费指全社会科学研究与试验发展经费；R&D 经费支出是指统计年度内全社会实际用于基础研究、应用研究和试验发展的经费支出，包括实际用于研究与试验发展活动的人员劳务费、原材料费、固定资产购建费、管理费及其他费用支出。该指数搜集的数据能够反映一个区域对该领域、该专业的优秀人才的吸引力，也能够有效预测一个地区的未来科研发展。第二个指标企业工业增加值反映的是一个国家(地区)在一定期时期内所生产的和提供的全部最终产品和服务的市场价值的总和，同时也反映了生产单位或部门对国内生产总值的贡献，因此这个指标对区域军转民企业发展的考察也尤为重要。

最后，还要考察军转民企业的“潜在效益”，在这一指标中保留了成本费用总额、企业投入民品生产后降低的成本以及企业新产品上市数量三个指标。结合上面所提到的企业竞争力，一个决定因素便是成本水平。军转民企业要想提高市场竞争力，不仅要在管理水平下功夫，更要考虑自身技术、资源优势，按照工艺相似、技术相近的原则开发民品。由此可见，对于企业投入民品后降低的成本的考察也是有意义的。相比较而言，这三个指标比民参军产品迭代周期、民参军产品迭代次数更适合一些。基于区域层面的“军转民”指标库释义表如表 4-10 所示。

表 4-10　基于区域层面的“军转民”指标库释义表

一级指标	二级指标	三级指标
军转民	财力基础	企业投入军转民项目的专项基金、企业投入民品研发资金、企业投入民品生产资金、企业从外吸纳的资金
	物质基础	企业武器装备投入科研生产许可证获得单位数量、企业已投入生产的两用项目、企业已投入民品生产的生产线
	人力资源基础	企业从合作企业引进军民融合人才数量、企业从事民品专项技术研究的团队

续表

一级指标	二级指标	三级指标
军转民	开放程度	企业已取得合作的民企数量、企业已取得合作的研究机构数量
	民用化程度	企业参与的军民融合项目总体数量、军转民技术发明专利申请数量、企业已取得的发明专利中民品专用项目、军民融合登记成果数量
	经济效益	企业民品年销售收入金额、企业输出军民融合技术交易成交金额
	企业竞争力	企业 R&D 经费支出、企业工业增加值
	潜在效益	成本费用总额、企业投入民品生产后降低的成本、企业新产品上市数量

2. 从“民参军”角度筛选的指标

民用生产领域的企业和人员要想向军事装备等军品的生产设备和人员转移涉及的是民能不能参军。首先，“企业科技基础”也是民能不能参军的第一步。与军转民企业相比，民品生产企业中心的转移成本代价要高得多，选取产品发明专利申请数量、国内军民融合论文发表数量这两个指标是恰当的。

“企业人才”中指标众多，考虑数据搜集及各因素，删除了以下几个指标：国外军民融合论文发表数量、输出军民融合技术交易成交金额、验收军民融合项目数量、军民融合研发人员占比、军民融合服务人员占比。首先，涉及区域的领域和区域之间的对比，国外军民融合论文发表数量、军民融合研发人员占比、军民融合服务人员占比这三个指标所起作用较小，另外国外军民融合论文发表数量搜集的数据与国内军民融合论文发表数量搜集的数据相差无几。其次，验收军民融合项目数量，只能说明军民融合项目得到了检验或者检验通过，最终还是要看军民融合登记成功数量和应用军民融合项目数量来观察生产民品的企业是否符合要求。最后，军民融合的人才标准，只留下了军民融合高管人员占比，目的在于考察该技术进步带动能力，企业的管理水平，由此来了解一个区域对人才的吸引和培养。一个区域民能不能参军，还要看国外人才的引进，以及专业领域与军企合作过的人才。

“民参军”中的“产品运营”与“军转民”的“潜在效益”指标意义大致相同，删掉了产品迭代周期和产品迭代次数两个指标，不再赘述。删除“企业经营”的主要原因是搜集到的数据较其他而言较少，不具有参考性。“民参军规模与实力”的指标中删掉了民参军企业主营业务收入、民企获得武器装备科研生产许可证数量。其一，是因为此两个指标数据明显少于其他两个指标，不具有代表性。其二，需强调民参军企业与军企之间的技术壁垒仍然突出，制作流程可操作性不强。有实力的民参军企业才有足够的财力基础、物质基础进行武器装备等的科研项目。

并且，通过民参军企业军民融合年销售收入金额占企业年总收入比例，能够看出民参军企业的研发是否有成效。“军民项目总体数量”指标被去掉，主要是由于数据过少，不足以让人信服。

“民参军”中的“军民融合企业成效”指标中，考虑到军民融合企业主营业务收入与军民融合企业盈利能力可能部分意义重复，于是去掉前者数据较少的。至于民用企业军品产值数量反映的是民用企业生产军品的总成果，并不说明经营状况的好坏和经济效益，也就是说，企业在报告期内工业总产值增长了，利润总额不一定增长或不一定同步增长，对于区域来说这一指标的影响是较小的，选择删除。中介机构促成民参军企业数量为“军民融合服务能力”的主要指标，予以保留。基于区域层面的“民参军”指标库释义表如表 4-11 所示。

表 4-11　基于区域层面的“民参军”指标库释义表

一级指标	二级指标	三级指标
民参军	企业科技基础	产品发明专利申请数量、国内军民融合论文发表数量
	企业人才	军民融合技术发明专利授权数量、获得军民融合科技成果奖项数、出版军民融合科技著作数量、军民融合产业科研经费所占比例、军民融合登记成果数量、应用军民融合项目数量、合作军企数量、军民融合高管人员占比
	国外人才	引进国外军民融合人才数量、合作军企专家人数
	产品运营	产品销量占同类产品总量的比例、军民融合新产品上市数量、军民融合成本降低率
	企业关注	微博关注、微信公众号关注、互联网其他媒体关注、博客关注、新闻关注
	民参军规模与实力	民企军品科研投入金额、民参军企业军民融合年销售收入金额占企业年总收入比例
	军民融合企业成效	军民融合企业盈利能力、军民融合领域高新技术企业占比、民参军企业军品销售收入占比
	军民融合服务能力	中介机构促成民参军企业数量

3. 从“军民融合”角度筛选的指标

“军民融合”这一大指标对于区域来说是极其重要的，筛选指标也是极其必要的。其中，“区域资源的参与程度指标”的三级指标区域军民融合领域新增公务员比率被删除掉了。原因是其一数据明显较少，其二区域军民融合工作公务员人数就能够代表区域的公务员数量指标，为避免重复累赘而删除该指标。区域军工企业年销售收入仅仅代表该企业的军工生产制造能力，而不能说明其军民融合综合能力，因此被剔除。“民参军的意愿”“军队社会化程度”“军队网络安全与信息化”三大块指标被删除是因为对于区域来说，其一，民参军的意愿只是一种态度，要真正的实施、实践之后才能够确定下来，并被记录在册；其二，军队社会化程度就目前而言是比较低的，很难准确地描述军队各种物资、资源的应用；其三，军队网络安全与信息化是核心机密内容，一个区域需掌控、掌握这些数据，而这些数据就目前而言也披露较少，搜集的数据可以说不具有参考性。

最后，去掉了“军工系统军民融合经济社会成效”的单位工业增加值专利比率和“非军工企业军民融合经济社会成效”的单位工业增加值专利比率。原因有两个：一是搜集的数据几乎数量相等；二是数据较少不具有代表性。基于区域层面的“军民融合”指标库释义表如表 4-12 所示。

表 4-12　基于区域层面的“军民融合”指标库释义表

一级指标	二级指标	三级指标
军民融合	区域资源的参与程度	区域军民融合领域年投资额、区域军民融合研究专项经费占比、区域军民融合工作公务员人数、区域军民融合工作领导人数、区域军民融合科研项目数量、区域军民融合军民通用基础设施新建项目数量、区域军民融合中介机构数量、区域军民融合产业基地数量、区域军民融合企业数量
	区域军民融合热度	区域军民融合线上热度、区域军民融合线下热度、区域军民融合政策热度
	国防工业开放程度	军工企业合作研究机构数量、军工企业军品设备参与民品生产的比率、军工企业军民两用产品占比、军工企业军民通用知识产权占比、国有独资军工企业占军工企业改制比例
	军转民规模与实力	军工企业军转民项目专项资金投入量、军工企业科研人员参与民品研究情况、军工企业民品研发投入比率、军工企业生产民品数量市场占有率
	民参军规模与实力	区域民参军企业年销售收入、民参军企业军民两用产品研发投入比率、区域民参军企业参与的军民融合项目比率
	应急应战一体化水平	区域可动员的物流力量、区域可动员的机场数量、区域可动员的卫生机构数量、军队以救援为重点的专业人才数量、军队执行应急抢险的任务数量
	区域军民融合经济社会成效	军民融合相关主导产业增加值占区域经济增长比例、军民融合工业产值占区域经济增长比例、区域因军民融合培养的人才数量、军民融合创造的科研成果数量、军民融合领域高新技术企业占比、政府促成军民融合企业数量
	军工系统军民融合经济社会成效	军工企业 R&D 经费支出占工业增加值比例、军工企业民品产值占比、军工企业两用产品年销售收入金额增加比率、军民两用技术输出成交金额、军工企业技术进入“军用技术转民推广目录”数量
	非军工企业军民融合经济社会成效	民参军企业 R&D 经费支出占工业增加值比例、民参军企业军民两用产品销售额占比、民参军企业成本效益、民参军企业技术进入“民参军技术与产品推荐目录”数量

4.3.3　行业军民融合度指标体系构建

在按照本次研究所确定的指标体系收集完数据后，研究人员比较数据发现有些指标收集的数据并不能很好地反映军民融合度，于是以行业为主体对这些指标进行了相应的剔除。

1. 从“军转民”角度筛选的指标

在“军转民”下的“财力基础”中，企业投入民品研发资金占研发总资金的比例，在百度搜索引擎下的网页仅有 37 条记录、新闻记录数为 0，远远少于其他同类；而企业投入民品生产资金占生产总资金的比例的百度网页，也仅有 55 条记录，百度新闻同为 0，从而选择删除。

在“军转民”下的物质基础中，企业武器装备投入科研生产许可证获得单位数量，从其内在含义来讲，武器装备方面就整个军民融合来讲稍显狭窄，所以选择了剔除。由于企业已投入民品生产的生产线这一点在实际情况中执行会有较大阻力，所以在搜索结果中的记录数也较少，从而选择剔除。

在“军转民”的“开放程度”中，由于考虑到企业已取得合作的研究机构数量可能会囊括在企业参与的军民融合项目总体数量中，加上搜索结果较少，从而选择剔除。

在“军转民”的“民用化程度”中，考虑到军转民技术发明专利申请数量一部分会在企业已取得的发明专利中民品专用项目中，考虑到实用性，认为企业已取得的发明专利中民品专用项目更能代表民用化程度；而军民融合登记成果数量与军转民科技成果获奖数也有一定的交叉部分，我们根据数据的大小，选择留下数据更大的军转民科技成果获奖数，而剔除掉军民融合登记成果数量；从说服力来看，企业出版军民融合科技著作数量强于企业发表论文数量，而且著作比论文更详细、更严密，所以筛掉了企业发表论文数量。

在“军转民”的“经济效益”中，三级指标经济效益和二级指标存在冲突，应当删除。

在“军转民”的“潜在效益”中，民参军产品迭代周期与民参军产品迭代次数都是用来表明产品的更新速度，就对潜在效益的影响而言，这两点与企业新产品上市数量和企业投入民品生产后降低的成本相比，影响更小，所以删除。基于行业层面的“军转民”指标库释义表如表 4-13 所示。

表 4-13 基于行业层面的“军转民”指标库释义表

一级指标	二级指标	三级指标
军转民	财力基础	企业投入军转民项目的专项基金、企业投入民品研发资金、企业投入民品生产资金、企业从外吸纳的资金
	物质基础	企业投入民用生产领域的军品设备的数量、企业用于民品生产的军用特殊材料的数量、企业已投入生产的两用项目、企业产品线宽度
	人力资源基础	企业已转向民品研发的人员、企业已转向民品生产的人员、企业从合作企业引进军民融合人才数量、企业从事民品专项技术研究的团队

续表

一级指标	二级指标	三级指标
军转民	开放程度	企业已取得合作的民企数量
	民用化程度	企业参与的军民融合项目总体数量、企业已取得的发明专利中民品专用项目、军转民科技成果获奖数、企业出版军民融合科技著作数量
	经济效益	企业民品利润金额、企业民品年销售收入金额、企业输出军民融合技术交易成交金额
	企业竞争力	企业 R&D 经费支出、企业工业增加值
	潜在效益	成本费用总额、企业投入民品生产后降低的成本、企业新产品上市数量

2. 从“民参军”角度筛选的指标

在“民参军”下的“企业人才”中，国外军民融合论文发表数量与出版军民融合科技著作数量都有一定的局限性，并不能直接地反映企业人才指标，与实际运用情况还有一定的差距；验收军民融合项目数量和军民融合登记成果数量在一定程度上与应用军民融合项目数量有重复部分，从实用性出发，应用军民融合项目数量更能代表“企业人才”指标；合作军企数量也可能囊括在项目类、成果类中，所以选择剔除它；人才具有多样性，而在此处就企业人才而言，服务人员的重要性则不如高管、专家等突出，所以删除了“企业经营”中的企业军民融合服务人员占比。

在“民参军”的“产品运营”中，认为产品迭代周期与产品迭代次数有异曲同工之处，加上数据的收集，因此选择了数据更多的产品迭代周期，剔除掉产品迭代次数。

在“民参军”的“企业关注”中，其中所含的微博关注、微信公众号关注、博客关注、新闻关注已经覆盖了大部分信息渠道，而互联网其他媒体关注均与这四个方面有交叉，为了保证数据分类更加详细，所以只保留以上四种媒体关注，不再考虑其他互联网媒体关注。

在“民参军”下的“民参军规模与实力”中，民参军企业主营业务收入、民企获得武器装备科研生产许可证数量(即在民参军企业的主营业务中军用生产的占比)与民参军企业军民融合年销售收入金额占企业年总收入比例的构成部分相差不大，但是考虑到市场因素的影响，我们选择留下民参军企业主营业务收入、民企获得武器装备科研生产许可证数量来排除该因素的影响。

在“民参军”的“军民融合企业成效”中，企业在短时间内想要把军民融合的项目做成主营业务是很困难的，所以军民融合企业主营业务收入对“军民融合企业成效”而言不具有太大的参考性。基于行业层面的“民参军”指标库释义表如表 4-14 所示。

表 4-14　基于行业层面的“民参军”指标库释义表

一级指标	二级指标	三级指标
民参军	企业科技基础	产品发明专利申请数量、国内军民融合论文发表数量
	企业人才	军民融合技术发明专利授权数量、获得军民融合科技成果奖项数、输出军民融合技术交易成交金额、军民融合产业科研经费所占比例、应用军民融合项目数量、军民融合研发人员占比、军民融合高管人员占比
	国外人才	引进国外军民融合人才数量、合作军企专家人数
	产品运营	产品销量占同类产品总量的比例、军民融合新产品上市数量、军民融合成本降低率、产品迭代周期
	企业经营	企业成本费用利润率
	企业关注	微博关注、微信公众号关注、博客关注、新闻关注
	民参军规模与实力	民参军企业主营业务收入、民企获得武器装备科研生产许可证数量、民企军品科研投入金额
	军民项目总体数量	民用单位参与的军民融合项目总体数量
	军民融合企业成效	军民融合企业盈利能力、军民融合领域高新技术企业占比、民参军企业军品销售收入占比、民用企业军品产值数量
	军民融合服务能力	中介机构促成民参军企业数量

3. 从“军民融合”角度筛选的指标

在“军民融合”的“区域资源的参与程度”中，由于军民融合工作中的参与者大多数是公务员，所以可以认为区域军民融合工作领导人数，包含在区域军民融合工作公务员人数中，选择剔除区域军民融合工作领导人数这一指标；从每年的公务员招考人数来看，因军民融合而增招公务员的情况并不明显，所以区域军民融合领域新增公务员比率对区域资源的参与程度并不明显，选择剔除；就参与程度来讲，看重的是结果，即军民融合的成果数、合作项目数，所以此处区域军民融合中介机构数量相对而言重要性稍弱，选择剔除。

就目前的实力而言，尚未有单独的几家企业能够独当一面。所以可以认为得到的成果数量越多，合作的企业也就越多。在“军民融合”的“国防工业开放程度”中，由于选择留下了相关的成果类指标，所以剔除掉军工企业合作研究机构数量这一指标；由于国有独资军工企业占军工企业改制比例计算方式为：改制的国有独资军工企业数量/改制军工企业全部数量，在一定程度上反映了军工企业参与民营企业的情况，所以选择剔除军工企业军品设备参与民品生产的比率，以免重复。

在“军民融合”的“军转民规模与实力”中，由于军工企业民品研发投入比率这一指标所包含的结构囊括了人力资源和财力基础，所以就不必留下军工企业科研人员参与民品研究情况这一指标了。

就“民参军的意愿”而言，意愿表示的是一种趋势，是尚未发生的，是不能够代表军民融合度的，所以选择剔除“民参军的意愿”这个二级指标及其下属的三级指标。

在“军民融合”的“民参军规模与实力”中，区域民参军企业参与的军民融合项目比率的计算式为：区域民参军企业参与的军民融合项目总体数量/区域军民融合项目总数，它与“民参军”中的军民项目总体数量重复，所以剔除它。

在“军民融合”的“军队社会化程度”中，一系列三级指标与军民融合的相关程度较小，选择剔除掉它。与此同时可以看出，在军民融合中，军队的参与度还有待提高。

在“军民融合”的“军队网络安全与信息化”中，政府投入网络安全和信息化军民融合资金增加额是一个过程性的数据，而信息基础设施合建共用数量、军地信息融合共享平台数量、民用网络安全资源与成果用于国防满足军队网络安全的数量这三项指标则是结果。在此处，运用结果来表现过程是更好的选择。

在“军民融合”的“应急应战一体化水平”中，之所以选择留下区域可动员的物流力量和区域可动员的卫生机构数量，是因为物流力量包括了机场数量；卫生机构数量在紧急情况下对生命很重要。

在“军民融合”的“区域军民融合经济社会成效”中，选择剔除区域因军民融合培养的人才数量和军民融合创造的科研成果数量，这是因为，人才数量可以体现在军民融合领域高新技术企业占比中，技术上的成果越多，侧面说明人才数量越多；科研成果运用在实际中才能算得上是真正的成功，而实际运用的成功与否则是体现在经济增长中。

在“军民融合”的“军工系统军民融合经济社会成效”中，选择留下军民两用技术输出成交金额和单位工业增加值专利比率。同理，从实用性出发，选择删除军工企业技术进入“军用技术转民推广目录”数量。军工企业 R&D 经费支出占工业增加值比例即规模以上军工企业支出(R&D 经费内部支出+R&D 经费外部支出)占规模以上军工企业工业增加值比例，而 R&D 经费支出是指统计年度内全社会实际用于基础研究、应用研究和试验发展的经费支出，这些经费尚未用于实际的生产中，而工业增加值是实际生产的数据。所以，这两者的相关性较小，此指标有些不合理。军工企业两用产品年销售收入金额增加比率即军工企业军民两用新产品销售额/军工企业上年销售额，此比值的分子与分母的差距过大，导致结果不具有代表性。军工企业民品产值占比指标不能够综合地说明军工企业的军民融合度。

在“军民融合”的“非军工企业军民融合经济社会成效”中，非军工企业(非公有制企业)即民营企业。从包括的指标来看，均是说明民营企业参与军工企业的情况。但是，在一级指标中的民参军已经很详细地说明了这一点，所以此处重复，选择删掉。基于行业层面的“军民融合”指标库释义表如表 4-15 所示。

表 4-15　基于行业层面的“军民融合”指标库释义表

一级指标	二级指标	三级指标
军民融合	区域资源的参与程度	区域军民发展领域年投资额、区域军民融合研究专项经费占比、区域军民融合工作公务员人数、区域军民融合科研项目数量、区域军民融合军民通用基础设施新建项目数量、区域军民融合产业基地数量、区域军民融合企业数量
	区域军民融合热度	区域军民融合线上热度、区域军民融合线下热度、区域军民融合政策热度
	国防工业开放程度	军工企业军民两用产品占比、军工企业军民通用知识产权占比、国有独资军工企业占军工企业改制比例
	军转民规模与实力	区域军工企业年销售收入、军工企业军转民项目专项资金投入量、军工企业民品研发投入比率、军工企业生产民品数量市场占有率
	民参军规模与实力	区域民参军企业年销售收入、民参军企业军民两用产品研发投入比率
	军队网络安全与信息化	信息基础设施合建共用数量、军地信息融合共享平台数量、民用网络安全资源与成果用于国防满足军队网络安全的数量
	应急应战一体化水平	区域可动员的物流力量、区域可动员的卫生机构数量
	区域军民融合经济社会成效	军民融合相关主导产业增加值占区域经济增长比例、军民融合工业产值占区域经济增长比例、军民融合领域高新技术企业占比、政府促成军民融合企业数量
	军工系统军民融合经济社会成效	军民两用技术输出成交金额、单位工业增加值专利比率

4.3.4　企业军民融合度指标体系构建

对所确定的指标体系进行数据收集与分析后，能够明显看出一些指标几乎没有对应的数据。因此，要以企业为主体删除相应指标。

1. 从“军转民”角度筛选的指标

基于“军转民”的指标体系中共有 8 个二级指标，分别为财力基础、物质基础、人力资源基础、开放程度、民用化程度、经济效益、企业竞争力和潜在效益。在构建绵阳重点企业的军转民指标体系时，研究认为企业的财力基础、物质基础、人力资源基础都是对企业资源和能力的一种判断，是对企业是否有实力、有能力、有精力进行军民融合工作的一种判定。而开放程度是对企业发展能力的一种判断，只有一个能吸收外界先进技术、经验，拥有相关技能人才的企业才能长足发展，才能立足于中国的企业之林。而民用化程度是一个非常重要的指标，在党为人民服务的宗旨指导下，企业的发展是和人民利益相关的。只有能为人民谋福利、谋利益的企业，才是我们需要的，才是国家扶持的。一个企业的开放程度和民用化程度越高，则表示这个企业对军转民的意愿越强烈。而最后的三个指标经济效益、企业竞争力和潜在效益才是企业的核心所在，企业的利益是企业发展的根本，所以对企业军民融合发展评判的一个重要指标就是看它们的效益，企业的效益最能看出它们在军转民上的成效。经过反复的研讨和多次的商榷，我们最终选择将全部的“军转民”指标体系纳入企业的“军转民”指标体系考虑范畴，缺一不可。基于企业层面的“军转民”指标库释义表如表4-16所示。

表4-16 基于企业层面的“军转民”指标库释义表

一级指标	二级指标	三级指标
军转民	财力基础	企业投入军转民项目的专项基金、企业投入民品研发资金、企业投入民品研发资金占研发总资金的比例、企业投入民品生产资金、企业投入民品生产资金占生产总资金的比例、企业从外吸纳的资金
	物质基础	企业武器装备投入科研生产许可证获得单位数量、企业投入民用生产领域的军品设备的数量、企业用于民品生产的军用特殊材料的数量、企业已投入生产的两用项目、企业已投入民品生产的生产线、企业产品线宽度
	人力资源基础	企业已转向民品研发的人员、企业已转向民品生产的人员、企业从合作企业引进军民融合人才数量、企业从事民品专项技术研究的团队
	开放程度	企业已取得合作的民企数量、企业已取得合作的研究机构数量
	民用化程度	企业参与的军民融合项目总体数量、军转民技术发明专利申请数量、企业已取得的发明专利中民品专用项目、军民融合登记成果数量、军转民科技成果获奖数、企业出版军民融合科技著作数量、企业发表论文数量
	经济效益	经济效益、企业民品利润金额、企业民品年销售收入金额、企业输出军民融合技术交易成交金额
	企业竞争力	企业R&D经费支出、企业工业增加值
	潜在效益	成本费用总额、企业投入民品生产后降低的成本、企业新产品上市数量、民参军产品迭代周期、民参军产品迭代次数

2. 从“民参军”角度筛选的指标

在“民参军”指标体系中的10个二级指标、40个三级指标中，本次研究选取了5个二级指标和18个三级指标来构成绵阳重点龙头企业军民融合度的指标体系。这5个二级指标包括企业人才、产品运营、民参军规模与实力、军民项目总体数量、军民融合企业成效。其中企业人才包括军民融合技术发明专利授权数量、获得军民融合科技成果奖项数、输出军民融合技术交易成交金额 3 个三级指标；产品运营包括产品销量占同类产品总量的比例、军民融合新产品上市数量、军民融合成本降低率、产品迭代周期、产品迭代次数 5 个三级指标；民参军规模与实力包括 4 个三级指标，分别是民参军企业主营业务收入、民企获得武器装备科研生产许可证数量、民企军品科研投入金额、民参军企业军民融合年销售收入金额占企业年总收入比例；军民项目总体数量只含有 1 个三级指标，是民用单位参与的军民融合项目的总体数量；而最后的军民融合企业成效涵盖军民融合企业主营业务收入、军民融合企业盈利能力、军民融合领域高新技术企业占比、民参军企业军品销售收入占比、民用企业军品产值数量 5 个三级指标。本书研究认为，民参军的主体，主要是一些民营企业和一些拥有大量资金的投资人士，在对他们参与入口放宽的同时，也要对他们的实力和技术进行考核，所以企业科技基础是他们参与的一个重要前提。在“科教兴国”战略的指导下，企业必须注重科技的发展，科技创新才是企业的核心竞争力，一个不断发展科技的企业才能永葆生机，所以对企业科技基础的考量就显得尤为重要，一个有着良好科技的企业才能更好地融入民参军的过程中。而前提的延续就是过程，所以产品运营和军民项目总体数量两个指标正好完整地体现了企业在进行民参军过程中的情况，它能很好地反映出企业遇到的问题和不足，也能看到每一步的成效，就像企业航行的指南针，为企业的发展保驾护航。最后选取了民参军规模与实力和军民融合企业成效这两个指标，这两个指标能记录企业发展前期和后期效益的变化，加以对比就能很清楚地观察出企业的效益变化，而这效益将对军民融合的考量起到巨大作用。基于企业层面的“民参军”指标库释义表如表 4-17 所示。

表 4-17　基于企业层面的“民参军”指标库释义表

一级指标	二级指标	三级指标
民参军	企业人才	军民融合技术发明专利授权数量、获得军民融合科技成果奖项数、输出军民融合技术交易成交金额
	产品运营	产品销量占同类产品总量的比例、军民融合新产品上市数量、军民融合成本降低率、产品迭代周期、产品迭代次数
	民参军规模与实力	民参军企业主营业务收入、民企获得武器装备科研生产许可证数量、民企军品科研投入金额、民参军企业军民融合年销售收入金额占企业年总收入比例
	军民项目总体数量	民用单位参与的军民融合项目总体数量
	军民融合企业成效	军民融合企业主营业务收入、军民融合企业盈利能力、军民融合领域高新技术企业占比、民参军企业军品销售收入占比、民用企业军品产值数量

3. 从“军民融合”角度筛选的指标

“军民融合”发展指标体系的选择我们最为重视，因为这是最契合主题的一个指标体系。经过多次的开会研讨和采纳多方的意见，最终我们从原有的 12 个二级指标、64 个三级指标中选择了 8 个二级指标和 37 个三级指标来构成企业的指标体系。在这个体系中 8 个二级指标分别为区域资源的参与程度、国防工业开放程度、军转民规模与实力、民参军规模与实力、军队网络安全与信息化、区域军民融合经济社会成效、军工系统军民融合经济社会成效、非军工企业军民融合经济社会成效。其中区域资源的参与程度包含区域军民融合领域年投资额、区域军民融合研究专项经费占比、区域军民融合工作公务员人数、区域军民融合工作领导人数、区域军民融合领域新增公务员比率、区域军民融合科研项目数量、区域军民融合军民通用基础设施新建项目数量 7 个三级指标；国防工业开放程度包含了军工企业合作研究机构数量、军工企业军品设备参与民品生产的比率、军工企业军民两用产品占比、军工企业军民通用知识产权占比、国有独资军工企业占军工企业改制比例 5 个三级指标；军转民规模和实力包含军工企业军转民项目专项资金投入量、军工企业科研人员参与民品研究情况、军工企业民品研发投入比率、军工企业生产民品数量市场占有率 4 个三级指标；民参军规模与实力包含区域民参军企业年销售收入、民参军企业军民两用产品研发投入比率、区域民参军企业参与的军民融合项目比率 3 个三级指标；军队网络安全与信息化包括信息基础设施合建共用数量、军地信息融合共享平台数量 2 个三级指标，区域军民融合经济社会成效包含了军民融合相关主导产业增加值占区域经济增长比例、军民融合工业产值占区域经济增长比例、军民融合创造的科研成果数量、军民融合领域高新技术企业占比、政府促成军民融合企业数量 5 个三级指标；军工系统军民融合经济社会成效包括军工企业 R&D 经费支出占工业增加值比例、军工企业民品产值占比、军工企业两用产品年销售收入金额增加比率、军民两用技术输出成交金额、单位工业增加值专利比率、军工企业技术进入“军用技术转民推广目录”数量 6 个三级指标；最后的非军工企业军民融合经济社会成效包含民参军企业 R&D 经费支出占工业增加值比例、民参军企业军民两用产品销售额占比、民参军企业成本效益、民参军企业技术进入“民参军技术与产品推荐目录”数量、单位工业增加值专利比率 5 个三级指标。在选择“军民融合”发展指标体系时，考虑到这个指标体系的全面性和包含性，必须要全面地考虑军转民、民参军、军民融合的相互渗透程度和彼此的融合程度，所以在选择时我们选择了区域资源的参与程度和国防工业开放程度，通过前者我们可以了解绵阳地区的企业和个人对民参军的参与欲望和参与企业的程度，通过后者我们可以大致了解绵阳地区的军工企业、国家企业对军转民、军民融合的热情和到目前为止已取得的成效。而民参军、军转民规模与实力则可以看出绵阳重点龙头企业为实施军民融合而投入的成本。而选择军队网络安全与信息化能看出绵阳龙头企业与军工企业的融合程度，是否信息共享，是否共享资源，在如今这个大数据时代，掌握信息就是掌握时代的命脉。而最后的三个指标区域军民融合经济社会成效、军工系统军民融合经济社会成效、非军工系统军民融合经济社会成效就能很完整地体现出军民融合带来的经济效益和社会效益，通过此数据能直观地看出绵阳重点龙头企业在落实贯彻军民融合过程中对绵阳经济社会发展的拉动。

本节构建的绵阳市重点龙头企业军民融合度指标体系能从各个角度完整、全面地体现这些企业的军民融合程度，军转民、民参军、军民融合三个指标将军民融合度细化，从三个不同角度立体展示出了企业的军民融合的成本、方式、效益和后期影响。基于企业层面的“军民融合”指标库释义表如表 4-18 所示。

表 4-18　基于企业层面的“军民融合”指标库释义表

一级指标	二级指标	三级指标
军民融合	区域资源的参与程度	区域军民融合领域年投资额、区域军民融合研究专项经费占比、区域军民融合工作公务员人数、区域军民融合工作领导人数、区域军民融合领域新增公务员比率、区域军民融合科研项目数量、区域军民融合军民通用基础设施新建项目数量
	国防工业开放程度	军工企业合作研究机构数量、军工企业军品设备参与民品生产的比率、军工企业军民两用产品占比、军工企业军民通用知识产权占比、国有独资军工企业占军工企业改制比例
	军转民规模与实力	军工企业军转民项目专项资金投入量、军工企业科研人员参与民品研究情况、军工企业民品研发投入比率、军工企业生产民品数量市场占有率
	民参军规模与实力	区域民参军企业年销售收入、民参军企业军民两用产品研发投入比率、区域民参军企业参与的军民融合项目比率
	军队网络安全与信息化	信息基础设施合建共用数量、军地信息融合共享平台数量
	区域军民融合经济社会成效	军民融合相关主导产业增加值占区域经济增长比例、军民融合工业产值占区域经济增长比例、军民融合创造的科研成果数量、军民融合领域高新技术企业占比、政府促成军民融合企业数量
	军工系统军民融合经济社会成效	军工企业 R&D 经费支出占工业增加值比例、军工企业民品产值占比、军工企业两用产品年销售收入金额增加比率、军民两用技术输出成交金额、单位工业增加值专利比率、军工企业技术进入“军用技术转民推广目录”数量
	非军工企业军民融合经济社会成效	民参军企业 R&D 经费支出占工业增加值比例、民参军企业军民两用产品销售额占比、民参军企业成本效益、民参军企业技术进入“民参军技术与产品推荐目录”数量、单位工业增加值专利比率

4.4 本章小结

军民融合度指标体系构建的完成，基本建立起了国家、区域、行业及企业四个层面的框架。作为整个研究的基础，四个层面的指标既有共性又有个性。总而言之，“军民融合”这一指标对四个层面的研究来说非常重要，其占比例也最大，其次是“民参军”，最后是“军转民”。由此可见，军民融合度指标体系为后面的军民融合度的分析奠定了基础。

第 5 章　军民融合度评价研究

5.1　国家层面的军民融合度评价研究

第 4 章已经完成了国家(即省(区、市))层面的军民融合度指标体系构建，下面我们将进入具体的数据收集和分析。

5.1.1　基于省(区、市)维度的军民融合度分析

第一步收集数据的对象是全国 23 个省、5 个自治区、4 个直辖市、2 个特别行政区，将三个一级指标直接对应二级指标下的三级指标，对单个对象从百度网页、百度新闻、谷歌网页、谷歌新闻、微信、微博六个搜索引擎中获取网络搜索热度数据，得到全国范围内指标体系中一级指标下所有三级指标的词条数，并将同一省(区、市)同一指标在六个搜索引擎的数值相加得到表 5-1，为反映不同指标的重要性，通过深度调研，设计调查问卷，根据专家打分法确定省(区、市)各个指标的权重。我们运用 yaahp 软件，同时绘制省(区、市)维度下“军转民”“民参军”“军民融合”的指标层次结构图。

(1)省(区、市)维度下“军转民”指标搜索热度值表和运用 yaahp 软件绘制的省(区、市)维度下“军转民”指标层次结构图分别如表 5-1 和图 5-1 所示。

表 5-1　省(区、市)维度下“军转民”指标搜索热度值表

一级指标	三级指标	省(区、市)热度值			
		北京	天津	…	澳门
军转民	企业投入军转民项目的专项基金	132419	389183	…	33571
	企业投入民品研发资金	28542	30676	…	28857
	企业投入民品生产资金	32047	35173	…	34063
	企业从外吸纳的资金	20931	2954	…	46714
	企业武器装备投入科研生产许可证获得单位数量	4530	5172	…	11846
	企业投入民用生产领域的军品设备的数量	55963	53243	…	19090
	企业已投入生产的两用项目	33436	215	…	49328

续表

一级指标	三级指标	省(区、市)热度值			
		北京	天津	…	澳门
军转民	企业产品线宽度	4543	104	…	35189
	企业从合作企业引进军民融合人才数量	165420	168320	…	35140
	企业从事民品专项技术研究的团队	354	203	…	41264
	企业已取得合作的民企数量	2670168	2800058	…	43363
	企业已取得合作的研究机构数量	5085	3875	…	49473
	企业参与的军民融合项目总体数量	565	380	…	34968
	企业已取得的发明专利中民品专用项目	207	194	…	18773
	企业民品年销售收入金额	23390	31667	…	52729
	企业输出军民融合技术交易成交金额	96006	109080	…	24204
	成本费用总额	5669	175	…	38061
	企业新产品上市数量	18628	19283	…	46419
	民参军产品迭代周期	33883	30531	…	27623

注：数据截止日期为 2018 年 1 月 1 日。

从表 5-1 可以看出各省(区、市)的“军转民”指标搜索热度值相对而言较大，证明了“军转民”工作开展的情况较可观。

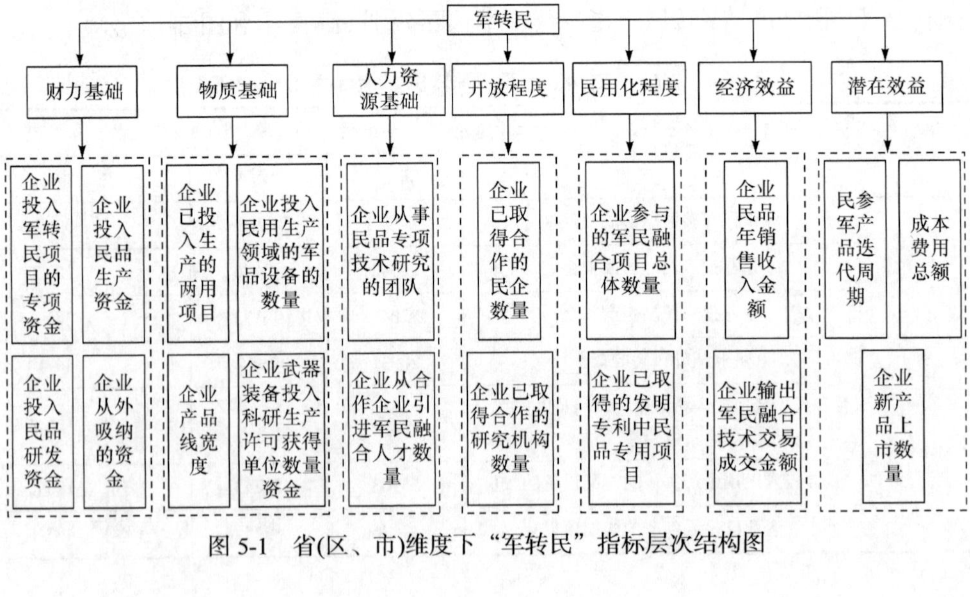

图 5-1　省(区、市)维度下“军转民”指标层次结构图

(2) 省(区、市)维度下“民参军”指标搜索热度值表和运用 yaahp 软件绘制的省(区、市)维度下“民参军”指标层次结构图分别如表 5-2 和图 5-2 所示。

表 5-2 省(区、市)维度下“民参军”指标搜索热度值表

一级指标	三级指标	省(区、市)热度值			
		北京	天津	…	澳门
民参军	军民融合技术发明专利授权数量	6466	2675	…	27675
	获得军民融合科技成果奖项数	231336	250652	…	31284
	出版军民融合科技著作数量	205284	201169	…	30252
	军民融合登记成果数量	159775	180237	…	30212
	应用军民融合项目数量	52865	245987	…	30705
	合作军企数量	80765	77952	…	31042
	引进国外军民融合人才数量	421780	436558	…	27206
	合作军企专家人数	152014	138019	…	30255
	军民融合新产品上市数量	515755	498722	…	41962
	产品迭代周期	2589	7019	…	29328
	微博关注	5318	4663	…	36209
	微信公众号关注	8887	5754	…	31906
	互联网其他媒体关注	11753	6382	…	33770
	博客关注	5556	5164	…	71169
	新闻关注	115212	7716	…	54844
	民参军企业主营业务收入	456711	230135	…	33972
	民企军品科研投入金额	118187	100010	…	31663
	民用单位参与的军民融合项目总体数量	16777	14647	…	34083
	军民融合企业盈利能力	99799	148636	…	29484
	军民融合领域高新技术企业占比	196743	172837	…	28038
	民用企业军品产值数量	72402	53436	…	31702
	中介机构促成民参军企业数量	630023	612120	…	38187

注：数据截止日期为 2018 年 1 月 1 日。

将表 5-2 与表 5-1 中的省(区、市)热度值分别相加，并进行比较，可以看出，“军转民”工作相对没有“民参军”工作开展的热度高，但二者热度相差较小。

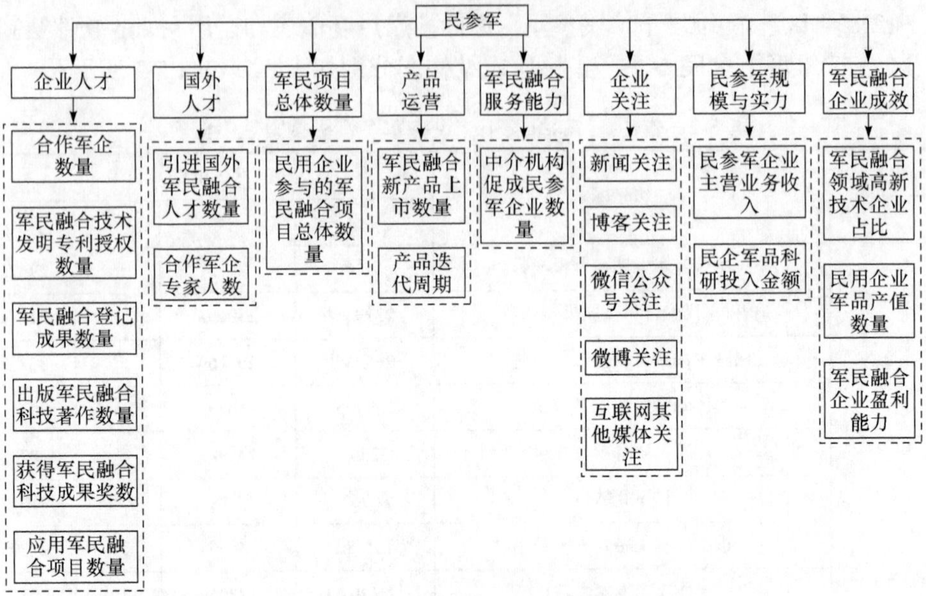

图 5-2 省(区、市)维度下“民参军”指标层次结构图

(3) 省(区、市)维度下“军民融合”指标搜索热度值表和运用 yaahp 软件绘制的省(区、市)维度下“军民融合”指标层次结构图分别如表 5-3 和图 5-3 所示。

表 5-3 省(区、市)维度下“军民融合”指标搜索热度值表

一级指标	三级指标	省(区、市)热度值			
		北京	天津	…	澳门
军民融合	区域军民融合领域年投资额	1672767	1692248	…	43735
	区域军民融合研究专项经费占比	1670662	1630703	…	38487
	区域军民融合领域新增公务员比率	35948	28968	…	25943
	区域军民融合科研项目数量	1671102	1670017	…	35106
	区域军民融合中介机构数量	1643022	1601760	…	38574
	区域军民融合产业基地数量	1672397	1680249	…	35145
	区域军民融合企业数量	1943264	1660634	…	45103
	区域军民融合线上热度	29546	20335	…	36993
	区域军民融合线下热度	16825	14779	…	42482
	区域军民融合政策热度	59885	46482	…	27617

续表

一级指标	三级指标	省(区、市)热度值			
		北京	天津	…	澳门
军民融合	军工企业合作研究机构数量	81012	80846	…	27388
	军工企业军品设备参与民品生产的比率	234930	23070	…	27850
	军工企业军民两用产品占比	178046	170322	…	23368
	国有独资军工企业占军工企业改制比例	775610	749566	…	23913
	军工企业军转民项目专项资金投入量	179912	157849	…	23983
	军工企业科研人员参与民品研究情况	112802	108119	…	24676
	军工企业生产民品数量市场占有率	112864	95460	…	31534
	区域新增民参军企业数量	492773	474952	…	22300
	区域已有民参军企业投入增加比率	444073	427066	…	24190
	区域民参军企业年销售收入	508157	408323	…	38623
	区域民参军企业参与的军民融合项目比率	483283	255567	…	29125
	军队特招、引进、聘用紧缺型专业人才入伍数量	203	218	…	18477
	退伍军人安置比率	86721	62655	…	47978
	军队子女教育社会化程度	601615	555147	…	20767
	军队通用物资储备社会化程度	53073	23953	…	21873
	军队非公务电话通信社会化程度	263	219	…	24912
	军队医疗保障社会化程度	15761	722743	…	24591
	军队营房保障社会化程度	280546	10982	…	19929
	军队装备维修社会化程度	20428	260389	…	23250
	军队公务用车社会化程度	493356	463	…	20560
	军地信息融合共享平台数量	11646	10154	…	42619
	民用网络安全资源与成果用于国防满足军队网络安全的数量	890934	883692	…	29293
	区域可动员的物流力量	87772	82636	…	47289

续表

一级指标	三级指标	省(区、市)热度值			
		北京	天津	…	澳门
军民融合	区域可动员的机场数量	747	477	…	30010
	区域可动员的卫生机构数量	343	291	…	32145
	军队以救援为重点的专业人才数量	591395	559356	…	16057
	军民融合工业产值占区域经济增长比例	1570882	1520534	…	51626
	军民融合创造的科研成果数量	59069	97227	…	51341
	军民融合领域高新技术企业占比	1541997	1550951	…	39490
	政府促成军民融合企业数量	1740707	544340	…	46406
	军工企业 R&D 经费支出占工业增加值比例	25315	142	…	25082
	军工企业民品产值占比	73186	55768	…	24236
	军工企业两用产品年销售收入金额增加比率	711360	377	…	46922
	军工企业技术进入“军用技术转民推广目录”数量	32669	74597	…	32439
	民参军企业 R&D 经费支出占工业增加值比例	2680192	69	…	20826
	民参军企业军民两用产品销售额占比	204446	188631	…	25590
	民参军企业成本效益	572772	556411	…	34436
	民参军企业技术进入“民参军技术与产品推荐目录”数量	30042	36586	…	28292

注：数据截止日期为 2018 年 1 月 1 日。

由于军民融合的指标体系的数量较为庞大，其中主要包括了军与民转化的方面。由于实际情况的差异，也导致了表 5-3 中的数据差异较大。

根据以上系列图表中的数据及绘制图，我们不难想象，34 个收集对象的所有数据合并在一起是庞大而复杂的。同时，由于表格不能直观地反映各个三级指标之间数据差异，所以对数据进行分析和处理的工作并不容易。在得到所有数据表后，为了更直观地比较和分析所得到的初始数据，我们必须将各个省(区、市)所得数据全部进行进一步处理，利用图表转换的 Tableau 软件，把所有表格数据绘制成图形，以便直观分析。再对每个一级指标进行打分，因为在国家层面，军民融合更能体现军民融合热度，因此我们的打分如下：“军转民”占 28%，“民参

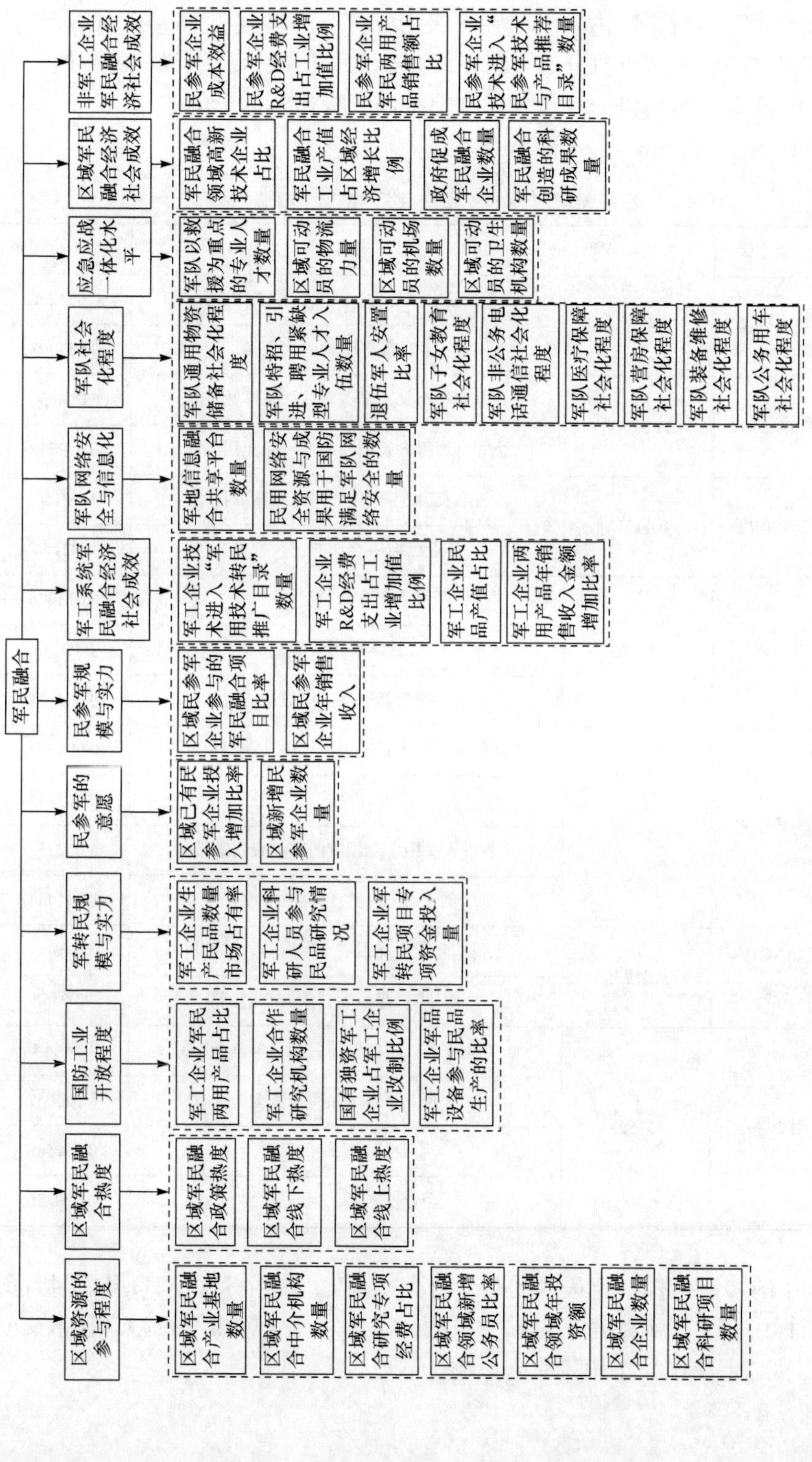

图5-3　省(区、市)维度下“军民融合”指标层次结构图

军”占 28%，“军民融合”占 44%。在一级指标打分的基础上，运用 yaahp 软件对二级指标和三级指标进行打分，再将一级指标的分值乘以二级指标的分值，得出二级指标的权重，然后将一级指标的分值乘以三级指标的分值，得出三级指标的权重，如表 5-4～表 5-6 所示。

表 5-4　基于国家层面的“军转民”指标权重分布表

一级指标	二级指标	二级指标权重	三级指标	三级指标权重
军转民	经济效益	0.108416	企业输出军民融合技术交易成交金额	0.054208
			企业民品年销售收入金额	0.054208
	民用化程度	0.051408	企业参与的军民融合项目总体数量	0.038556
			企业已取得的发明专利中民品专用项目	0.012852
	开放程度	0.04312	企业已取得合作的研究机构数量	0.02156
			企业已取得合作的民企数量	0.02156
	潜在效益	0.022904	民参军产品迭代周期	0.013048
			成本费用总额	0.00224
			企业新产品上市数量	0.007644
	物质基础	0.021504	企业武器装备投入科研生产许可证获得单位数量	0.006552
			企业产品线宽度	0.001148
			企业投入民用生产领域的军品设备的数量	0.002352
			企业已投入生产的两用项目	0.011424
	人力资源基础	0.01736	企业从合作企业引进军民融合人才数量	0.00868
			企业从事民品专项技术研究的团队	0.00868
	财力基础	0.015288	企业投入军转民项目的专项基金	0.00994
			企业投入民品研发资金	0.003052
			企业从外吸纳的资金	0.001568
			企业投入民品生产资金	0.000756

表 5-4 中的二级指标权重最大的是“经济效益”，该指标远超其他同级指标；而在三级指标中权重最大的也正是该二级指标下的“企业输出军民融合技术交易成交金额”和“企业民品年销售收入金额”。

表 5-5　基于国家层面的“民参军”指标权重分布表

一级指标	二级指标	二级指标权重	三级指标	三级指标权重
民参军	军民融合企业成效	0.0973	军民融合领域高新技术企业占比	0.05978
			军民融合企业盈利能力	0.026124
			民用企业军品产值数量	0.011396
	民参军规模与实力	0.06496	民参军企业主营业务收入	0.03248
			民企军品科研投入金额	0.03248
	企业关注	0.041608	互联网其他媒体关注	0.008904
			微信公众号关注	0.00308
			新闻关注	0.007168
			微博关注	0.0063
			博客关注	0.016184
	产品运营	0.029456	军民融合新产品上市数量	0.022092
			产品迭代周期	0.007364
	军民项目总体数量	0.015876	民用单位参与的军民融合项目总体数量	0.015876
	军民融合服务能力	0.014812	中介机构促成民参军企业数量	0.014812
	企业人才	0.008456	军民融合登记成果数量	0.00308
			应用军民融合项目数量	0.002772
			军民融合技术发明专利授权数量	0.001008
			获得军民融合科技成果奖项数	0.0007
			出版军民融合科技著作数量	0.000672
			合作军企数量	0.000252
	国外人才	0.007504	引进国外军民融合人才数量	0.003752
			合作军企专家人数	0.003752

从表 5-5 中可以看出，二级指标权重最小的是“国外人才”，对于这一点，因为涉及军工的机密，所以是合理的。

表 5-6　基于国家层面的“军民融合”指标权重分布表

一级指标	二级指标	二级指标权重	三级指标	三级指标权重
军民融合	非军工企业军民融合经济社会成效	0.095524	民参军企业成本效益	0.015708
			民参军企业 R&D 经费支出占工业增加值比例	0.04136
			民参军企业军民两用产品销售额占比	0.02948
			民参军企业技术进入“民参军技术与产品推荐目录”数量	0.008976
	军队网络安全与信息化	0.08162	民用网络安全资源与成果用于国防满足军队网络安全的数量	0.040832
			军地信息融合共享平台数量	0.040832
	区域军民融合经济社会成效	0.054208	政府促成军民融合企业数量	0.029876
			军民融合领域高新技术企业占比	0.011132
			军民融合创造的科研成果数量	0.009284
			军民融合工业产值占区域经济增长比例	0.003916
	军转民规模与实力	0.052712	军工企业生产民品数量市场占有率	0.0044
			军工企业科研人员参与民品研究情况	0.02486
			军工企业军转民项目专项资金投入量	0.023408
	国防工业开放程度	0.038412	军工企业军民两用产品占比	0.019756
			国有独资军工企业占军工企业改制比例	0.009636
			军工企业军品设备参与民品生产的比率	0.002728
			军工企业合作研究机构数量	0.006292
	军工系统军民融合经济社会成效	0.02596	军工企业技术进入“军用技术转民推广目录”数量	0.00286
			军工企业 R&D 经费支出占工业增加值比例	0.006468
			军工企业民品产值占比	0.005764
			军工企业两用产品年销售收入金额增加比率	0.010868
	军队社会化程度	0.02508	军队公务用车社会化程度	0.004664
			军队装备维修社会化程度	0.003652
			军队营房保障社会化程度	0.003564
			军队医疗保障社会化程度	0.00308
			军队非公务电话通信社会化程度	0.00264

续表

一级指标	二级指标	二级指标权重	三级指标	三级指标权重
军民融合	军队社会化程度	0.02508	军队通用物资储备社会化程度	0.002288
			军队特招、引进、聘用紧缺型专业人才入伍数量	0.001804
			退伍军人安置比率	0.00176
			军队子女教育社会化程度	0.001584
	区域军民融合热度	0.019976	区域军民融合线下热度	0.009416
			区域军民融合线上热度	0.008888
			区域军民融合政策热度	0.001672
	民参军规模与实力	0.018436	区域民参军企业年销售收入	0.00308
			区域民参军企业参与的军民融合项目比率	0.015356
	应急应战一体化水平	0.010516	区域可动员的物流力量	0.002904
			军队以救援为重点的专业人才数量	0.001188
			区域可动员的卫生机构数量	0.003212
			区域可动员的机场数量	0.003212
	区域资源的参与程度	0.008844	区域军民融合中介机构数量	0.002024
			区域军民融合领域新增公务员比率	0.000264
			区域军民融合产业基地数量	0.0033
			区域军民融合研究专项经费占比	0.00066
			区域军民融合企业数量	0.000308
			区域军民融合领域年投资额	0.000792
			区域军民融合科研项目数量	0.00154
	民参军的意愿	0.008712	区域已有民参军企业投入增加比率	0.006512
			区域新增民参军企业数量	0.002156

为了更加清晰、直观地对权重数据进行比较和分析，我们用到 Tableau 软件绘制图像进行展示并比较分析，如图 5-4 所示。

由图 5-4 我们可以清楚地看出二级指标“经济效益”的权重最大，这就说明“经济效益”在“军转民”这个一级指标中的相对重要性最大，“军转民”是国防军工经济发展的重要组成部分，也是国民经济建设的重要力量，因此“经济效益”

图 5-4　基于国家层面的军民融合度二级指标权重分布图

能有效地反映“军转民”发展的基本情况。“经济效益”下三级指标有企业输出军民融合技术交易成交金额、企业民品年销售收入金额两个，表示这两者所代表的“经济效益”最为显著。二级指标中“财力基础”“潜在效益”“人力资源基础”“物质基础”四个指标的权重相似，但其下三级指标的权重相似度较小，波动大，因此，在一级指标“军转民”下，“经济效益”的权重最大。

根据国家层面的军民融合度中“民参军”三级指标权重分布结果，通过比较发现二级指标中“军民融合企业成效”的权重大于其他指标，因此在一级指标“民参军”中“军民融合企业成效”的相对重要性最大，“民参军”的实质是民营企业进入国防科技工业，因此“军民融合企业成效”就能体现出“民参军”发展的基本情况。其中“企业人才”在二级指标中的权重较小，因为企业人才相对企业发展只是一部分，而不能说明企业的整体，所以“企业人才”的权重相对较小。

根据国家层面的军民融合度中“军民融合”三级指标权重分布结果，我们可以了解到一级指标“军民融合”中的二级指标“非军工企业军民融合经济社会成效”和“军队网络安全与信息化”的权重大小相似且在二级指标中占比相对较大，反映出二级指标“非军工企业军民融合经济社会成效”和“军队网络安全与信息化”在军民融合中相对重要性最大。

在“军民融合”的军民融合度三级指标权重分布结果中，我们可以清楚地了解到，某些二级指标下的三级指标权重分布也存在较大差异。在某些二级指标下，三级指标的差异又不明显，如“非军工企业军民融合经济社会成效”这个二级指标下的三级指标权重差异巨大，而“军队社会化程度”的三级指标权重差异不明显，这些差异的存在具有合理性，也反映了指标设计的合理性。从不同方面、不同权重值来衡量军民融合度，使得结果具有很好的科学性。

将单个指标打分值在同一省(区、市)的和除以该指标在所有省(区、市)的打分值总和，得到一个分数，再将此分数乘以该指标权重得到一个热度值，最后将同一省(区、市)的所有指标热度值相加，得到融合度。所有省(区、市)计算过程相同，不予赘述，之后计算出各个对象的每个指标的热度及总热度。接下来，我们对最终结果进行分析，得出军民融合度的总结论。下面，我们来看看基于国家层面的省(区、市)维度下军民融合度的排序结果，见表 5-7。

表 5-7　基于国家层面的省(区、市)维度下军民融合度排序表

序号	省(区、市)	军民融合度值	序号	省(区、市)	军民融合度值
1	山东	0.121770786	18	广东	0.026654552
2	北京	0.062949897	19	黑龙江	0.023730505
3	四川	0.055297041	20	吉林	0.02242723
4	上海	0.04923191	21	澳门	0.02040984
5	贵州	0.040950076	22	台湾	0.020297304
6	河北	0.0400692	23	香港	0.020291974
7	福建	0.037760083	24	海南	0.018935029
8	浙江	0.03624414	25	广西	0.017771637
9	青海	0.036208192	26	江苏	0.017139563
10	辽宁	0.034420422	27	山西	0.015196922
11	天津	0.033601756	28	宁夏	0.015073723
12	湖南	0.032466612	29	湖北	0.014732528
13	安徽	0.030536642	30	河南	0.013738048
14	陕西	0.028442292	31	新疆	0.011979786
15	江西	0.028328494	32	内蒙古	0.011273349
16	西藏	0.028071266	33	甘肃	0.011030719
17	重庆	0.027428747	34	云南	0.009824214

从表 5-7 中我们发现，山东省的数据远大于其他省(区、市)的数据，高达 0.121770786，约是排名第二的北京市的军民融合度的 2 倍，约是排在最后的云南省军民融合度的 12 倍，与最初我们得出的结论有一定的差距，那这是否说明我们

最初得出的军民融合度存在问题呢？其实，这是从两个不同的角度分析所得出的结果。从整个国家层面来说，军民融合确实都保持着一定的一致性，都在军民融合中发展，只是在更细化的指标体系下，每一个指标都赋予不同的权重，因此计算所得的最终结果会存在较大的差异。

为了对国家层面的军民融合度做出具体的评估，我们采用强制分布法，将军民融合度划分为优良中差四个等级，从排序结果中，我们判定山东、北京、四川、上海、贵州、河北、福建、浙江为优；青海、辽宁、天津、湖南、安徽、陕西、江西、西藏为良；重庆、广东、黑龙江、吉林、澳门、台湾、香港、海南、广西为中；剩余的江苏、山西、宁夏、湖北、河南、新疆、内蒙古、甘肃、云南为差。综上研究，我们就得出了全国军民融合度的最终判定结果。

5.1.2 四川省军民融合度分析

在国家层面省(区、市)维度下四川省“军转民”指标搜索热度基础数据分析的基础上，我们可以了解到“企业投入军转民项目的专项基金”的数据在四个渠道中都较为突出，说明这个指标对四川省的“军转民”指标数据影响较大。

根据国家层面的四川省“民参军”指标搜索热度基础数据的分析结果，我们可以明确地了解到网页、新闻和微信整体数据波动较大，但微博数据差距很小。

通过不同网上搜索渠道及引擎，各指标的数据集散程度不同，百度网页、微信、微博数据都波动较大，而百度新闻数据都只是略有波动，但实际数据差距很大。

将基于国家层面省(区、市)维度下四川省军民融合指标搜索热度基础数据归一化处理后，用 yaahp 软件得到四川省军民融合度指标的权重分布表，如表 5-8～表 5-10 所示。

表 5-8 基于国家层面省(区、市)维度下四川省军民融合指标(军转民)权重分布表

三级指标	权重值	三级指标	权重值
中介机构促成军转民企业数量	0.00038123	区域军民融合企业数量	0.00007859
政府促成军民融合企业数量	0.00051145	区域军民融合领域新增公务员比率	0.00007993
应用军民融合项目数量	0.00015972	区域军民融合科研项目数量	0.00010181
军工企业技术进入“军用技术转民推广目录”数量	0.00016936	区域军民融合产业基地数量	0.00017460
军工企业合作研究机构数量	0.00031099	区域军民融合领域年投资额	0.00009633
军工企业军品设备参与民品生产的比率	0.00017519	区域的可动员机场数量	0.00027453
军工企业军民两用产品占比	0.00030401	企业已投入生产的两用项目	0.00049399
国有独资军工企业占军工企业改制比例	0.00010244	企业已取得合作的民企数量	0.00079242

续表

三级指标	权重值	三级指标	权重值
军工企业军转民项目专项资金投入量	0.00039776	企业已取得合作的研究机构数量	0.00076354
军工企业科研人员参与民品研究情况	0.00013852	企业已取得的发明专利中民品专用项目	0.00043209
军工企业生产民品数量市场占有率	0.00015388	企业新产品上市数量	0.00033519
区域可动员的物流力量	0.00016590	企业武器装备投入科研生产许可证获得单位数量	0.00027366
区域可动员的卫生机构数量	0.00016025	企业投入民用生产领域的军品设备的数量	0.00014696
区域军民融合中介机构数量	0.00011302	企业投入民品研发资金	0.00017257
区域军民融合研究专项经费占比	0.00008220	企业投入民品生产资金	0.00009603

注：yaahp 软件在算法生成时，会自动增加指标，因此表 5-8～表 5-10 与表 5-4～表 5-6 的指标不完全一致。

表 5-8 中的数据大概可以划分为几个等级，而这几个等级的分布情况是与上述的二级指标权重是相吻合的。

表 5-9　基于国家层面省(区、市)维度下四川省军民融合指标(民参军)权重分布表

三级指标	权重值	三级指标	权重值
军民融合技术发明专利授权数量	0.00001524	民参军企业主营业务收入	0.00043616
获得军民融合科技成果奖项数	0.00001707	民企军品科研投入金额	0.00044318
出版军民融合科技著作数量	0.00001842	民用单位参与的军民融合项目总体数量	0.00038232
军民融合登记成果数量	0.00008558	军民融合企业盈利能力	0.00075062
应用军民融合项目数量	0.00008983	军民融合领域高新技术企业占比	0.00211696
合作军企数量	0.00000788	民用企业军品产值数量	0.00035353
民参军企业技术进入“民参军技术与产品推荐目录”数量	0.00009947	中介机构促成民参军企业数量	0.00031134
合作军企专家人数	0.00009678	区域民参军企业年销售收入额	0.00023412
军民融合新产品上市数量	0.00050141	区域新增民参军企业数量	0.00010530
产品迭代周期	0.00021373	区域已有民参军企业投入增加比率	0.00038650
民参军企业成本效益	0.00024110	区域民参军企业参与的军民融合项目比率	0.00041141

表 5-10 基于国家层面省(区、市)维度下的四川省军民融合指标(军民融合)权重分布表

三级指标	权重值	三级指标	权重值
区域军民发展领域年投资额	0.00014222	区域可动员的物流力量	0.00021179
区域军民融合研究专项经费占比	0.00012809	区域可动员的机场数量	0.00032042
区域军民融合领域新增公务员比率	0.00012582	区域可动员的卫生机构数量	0.00020614
区域军民融合科研项目数量	0.0001477	军队以救援为重点的专业人才数量	0.00013711
区域军民融合中介机构数量	0.00015891	军民融合工业产值占区域经济增长比例	0.00024805
区域军民融合产业基地数量	0.00022049	军民融合创造的科研成果数量	0.00035549
区域军民融合企业数量	0.00012448	军民融合领域高新技术企业占比	0.00042569
区域军民融合线上热度	0.00045152	政府促成军民融合企业数量	0.00055734
区域军民融合线下热度	0.00053052	军工企业 R&D 经费支出占工业增加值比例	0.00016547
区域军民融合政策热度	0.00018121	军工企业民品产值比例	0.00026734
军队特招、引进、聘用紧缺型专业人才入伍数量	0.00011943	军工企业两用产品年销售收入金额增加比率	0.00030167
退伍军人安置比率	0.00014833	军队营房保障社会化程度	0.00021166
军队子女教育社会化程度	0.00014512	军队装备维修社会化程度	0.00018092
民参军企业军民两用产品销售额占比	0.00090556	军队公务用车社会化程度	0.00022960
军队通用物资储备社会化程度	0.00019050	军地信息融合共享平台数量	0.00089197
军队非公务电话通信社会化程度	0.00017211	民用网络安全资源与成果用于国防满足军队网络安全的数量	0.00098724
军队医疗保障社会化程度	0.00017295	民参军企业 R&D 经费支出占工业增加值比例	0.0030106

对四川省军民融合度的数据进行分析，民用网络安全资源与成果用于国防满足军队网络安全的数量、民参军企业军民两用产品销售额占比、军地信息融合共享平台数量、政府促成军民融合企业数量、区域军民融合线下热度等指标名列前茅，展现出这些指标在四川省军民融合度中影响大。区域军民融合研究专项经费占比、区域军民融合领域新增公务员比率、区域军民融合企业数量、军队特招、引进、聘用紧缺型专业人才入伍数量等指标对四川省军民融合度的影响较小。

四川省军民融合度在全国排名第三，处于中上游，可以从扩大投资额、更多地引进高级人才等方面入手来提高军民融合度。

5.2　区域层面的军民融合度评价研究

在多指标的综合加权评价中，确定各项指标的权重是关键的环节，对各指标赋权的合理与否，直接关系到分析的结论。

5.2.1　基于区域维度的军民融合度分析

在区域军民融合度指标体系确立好之后，我们首先对“军转民”“民参军”及“军民融合”三大类进行权衡打分，得到的权重分别是 0.30、0.32、0.38，可以清楚地看到“军民融合”的权重最大，不仅是因为其细分的指标多、搜集的数据多，更是因为它对于研究区域军民融合度也是极为重要的。其次，在具体指标的权重赋予中需要用到 yaahp 软件，为使用层次分析法的决策过程提供模型构造、计算和分析等方面的帮助。

第一步，区域维度下“军转民”指标中的二级指标和三级指标数据按照 yaahp 软件的要求输入来构造层次模型。第二步，输入判断矩阵数据，收集专家判断数据并导入。第三步，计算得到备选方案的排序权重。区域维度下“军转民”指标搜索热度值表和层次结构图分别如表 5-11 和图 5-5 所示。

表 5-11　区域维度下“军转民”指标搜索热度值表

一级指标	三级指标	区域热度值			
		广东	武汉	…	凉山彝族自治州
军转民	企业投入军转民项目的专项基金	203726	156908	…	3365
	企业投入民品研发资金	143698	137684	…	768
	企业投入民品生产资金	148449	135308	…	773
	企业从外吸纳的资金	2381906	2270900	…	7736
	企业武器装备投入科研生产许可证获得单位数量	43396	38254	…	947

续表

一级指标	三级指标	区域热度值			
		广东	武汉	…	凉山彝族自治州
军转民	企业已投入生产的两用项目	31294	3977705	…	71907
	企业已投入民品生产的生产线	82645	81183	…	1243
	企业从合作企业引进军民融合人才数量	94026	75819	…	760
	企业从事民品专项技术研究的团队	19458	20340	…	193
	企业已取得合作的民企数量	1717918	1448008	…	3793
	企业已取得合作的研究机构数量	3154738	2525363	…	62577
	企业参与的军民融合项目总体数量	162804	150279	…	942
	军转民技术发明专利申请数量	197249	167580	…	2205
	企业已取得的发明专利中民品专用项目	18414	18047	…	145
	军民融合登记成果数量	149590	128969	…	1554
	企业民品年销售收入金额	22771	21416	…	986
	企业输出军民融合技术交易成交金额	3921	3521	…	1024
	企业 R&D 经费支出	6519	4769	…	3365
	企业工业增加值	772343	730589	…	768
	成本费用总额	150900	137651	…	1023
	企业投入民品生产后降低的成本	200954	174490	…	14012
	企业新产品上市数量	35092	21490	…	809

注：数据截止时间为 2017 年 7 月 11 日。区域层面的军民融合主要包括省(区、市)、八大改革试验区、四川地市州，下同。

第一步是以表 5-11 为依据得到图 5-5，这一步仅使用了表中的文字，而在下一步骤将会运用其数据。

区域维度下“民参军”指标搜索热度值表和层次结构图分别如表 5-12 和图 5-6 所示。

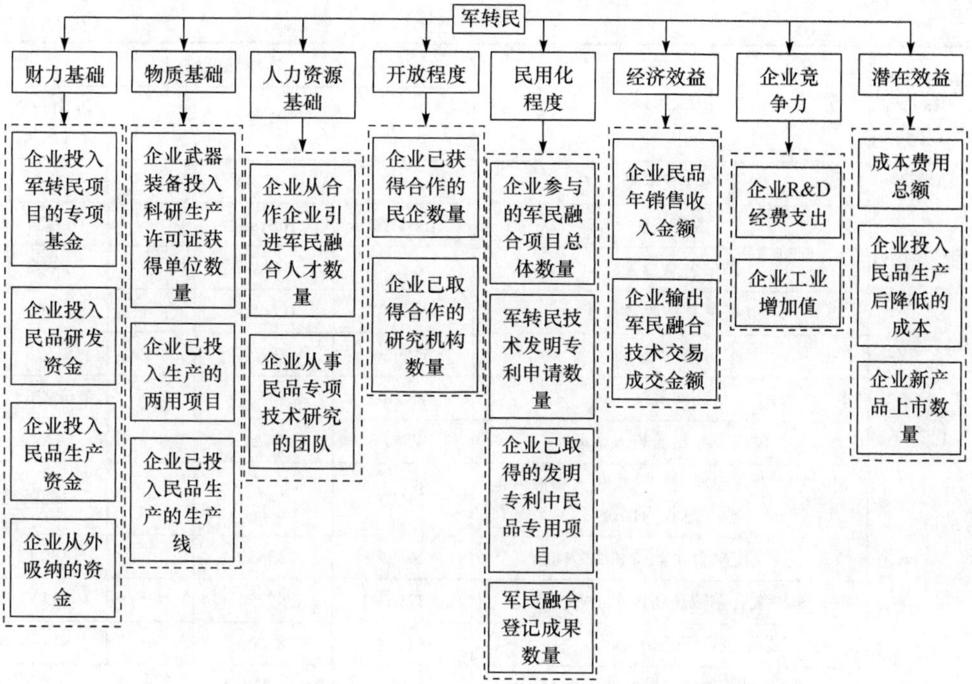

图 5-5　区域维度下“军转民”指标层次结构图

表 5-12　区域维度下“民参军”指标搜索热度值表

一级指标	三级指标	区域热度值			
		广东	武汉	…	凉山彝族自治州
民参军	产品发明专利申请数量	39627	25944	…	1128
	国内军民融合论文发表数量	598703	371246	…	1061
	军民融合技术发明专利授权数量	4013	6855	…	996
	获得军民融合科技成果奖项数	20408	18631	…	1108
	出版军民融合科技著作数量	41140	30321	…	536
	军民融合产业科研经费所占比例	7381	7483	…	1047
	军民融合登记成果数量	71154	59426	…	1267
	应用军民融合项目数量	140591	122699	…	1522
	合作军企数量	125722	101473	…	1508
	军民融合高管人员占比	25415	19034	…	158
	引进国外军民融合人才数量	34853	29008	…	792
	合作军企专家人数	90494	78592	…	656
	产品销量占同类产品总量的比例	747325	361729	…	51074
	军民融合新产品上市数量	22050	17616	…	349

续表

一级指标	三级指标	区域热度值			
		广东	武汉	…	凉山彝族自治州
民参军	军民融合成本降低率	5469	4821	…	783
	微博关注	1604168	1051952	…	62384
	微信公众号关注	742250	342897	…	56692
	互联网其他媒体关注	1508107	1066568	…	55163
	博客关注	545656	335792	…	56678
	新闻关注	2733402	2188814	…	68926
	民企军品科研投入金额	7587	7121	…	476
	民参军企业军民融合年销售收入金额占企业年总收入比例	14697	14301	…	1659
	军民融合企业盈利能力	44326	33619	…	1309
	军民融合领域高新技术企业占比	47161	39754	…	1216
	民参军企业军品销售收入占比	87634	85006	…	895
	中介机构促成民参军企业数量	7963	7832	…	887

注：数据截止时间为2017年7月11日。

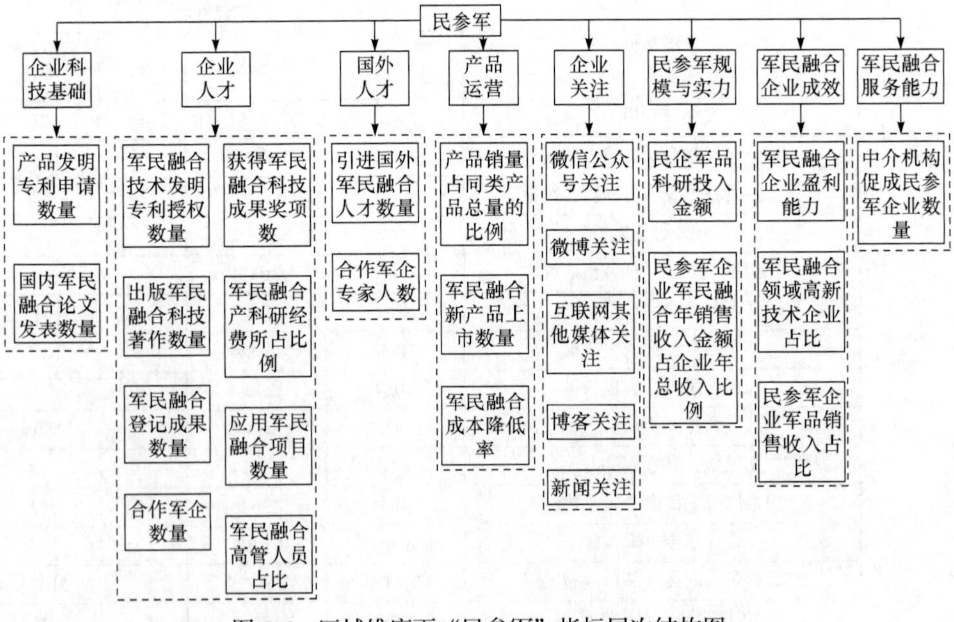

图5-6 区域维度下“民参军”指标层次结构图

区域维度下"军民融合"指标搜索热度值表如表 5-13 所示。

表 5-13　区域维度下"军民融合"指标搜索热度值表

一级指标	三级指标	区域热度值			
		广东	武汉	…	凉山彝族自治州
军民融合	区域军民融合领域年投资额	2824971	93628	…	10289
	区域军民融合研究专项经费占比	45452	97047	…	1021
	区域军民融合工作公务员人数	115858	90642	…	678
	区域军民融合工作领导人数	4760745	4229499	…	8113
	区域军民融合科研项目数量	162922	160083	…	1264
	区域军民融合军民通用基础设施新建项目数量	2511829	2477366	…	2669
	区域军民融合中介机构数量	507021	206297	…	1283
	区域军民融合产业基地数量	273115	239313	…	2114
	区域军民融合企业数量	2764455	2217432	…	6486
	区域军民融合线上热度	1454480	1462079	…	2813
	区域军民融合线下热度	161798	119815	…	1182
	区域军民融合政策热度	1151502	1044103	…	3082
	军工企业合作研究机构数量	152561	131307	…	274
	军工企业军品设备参与民品生产的比率	10742	8586	…	1013
	军工企业军民两用产品占比	120450	94550	…	1172
	军工企业军民通用知识产权占比	20472	18376	…	1101
	国有独资军工企业占军工企业改制比例	9696	9350	…	1046
	军工企业军转民项目专项资金投入量	14801	14309	…	1101
	军工企业科研人员参与民品研究情况	3492	3052	…	1092
	军工企业民品研发投入比率	26895	27440	…	1046
	军工企业生产民品数量市场占有率	6506	5480	…	1031
	区域民参军企业年销售收入	19472	16653	…	1044
	民参军企业军民两用产品研发投入比率	129381	119881	…	549

续表

一级指标	三级指标	区域热度值			
		广东	武汉	…	凉山彝族自治州
军民融合	区域民参军企业参与的军民融合项目比率	205154	165945	…	1562
	区域可动员的物流力量	155869	118759	…	806
	区域可动员的机场数量	419161	173968	…	1147
	区域可动员的卫生机构数量	42834	32986	…	409
	军队以救援为重点的专业人才数量	416839	441683	…	375
	军队执行应急抢险的任务数量	444276	526156	…	1446
	军民融合相关主导产业增加值占区域经济增长比例	56160	40808	…	1186
	军民融合工业产值占区域经济增长比例	108014	68497	…	1422
	区域因军民融合培养的人才数量	3304131	3138974	…	5441
	军民融合创造的科研成果数量	2192368	2083019	…	2738
	军民融合领域高新技术企业占比	888523	784441	…	3579
	政府促成军民融合企业数量	87321	83918	…	237
	军工企业 R&D 经费支出占工业增加值比例	3564	3781	…	105
	军工企业民品产值占比	30961	33126	…	632
	军工企业两用产品年销售收入金额增加比率	57511	49517	…	183
	军民两用技术输出成交金额	97687	68608	…	945
	军工企业技术进入“军用技术转民推广目录”数量	12268	6733	…	574
	民参军企业 R&D 经费支出占工业增加值比例	32031	30117	…	101
	民参军企业军民两用产品销售额占比	49324	44591	…	1211
	民参军企业成本效益	84340	83765	…	583
	民参军企业技术进入“民参军技术与产品推荐目录”数量	9023	7941	…	7167

注：数据截止时间为 2017 年 7 月 11 日。

最后根据“军转民”的权重 0.30、“民参军”的权重 0.32、“军民融合”的权重 0.38，分别将它们与表 5-11～表 5-13 中三级指标的搜索热度平均值相乘，得到最终的权重结果如表5-14～表5-16所示。

表5-14 区域维度下“军转民”指标权重分布表

一级指标	二级指标	二级指标权重	三级指标	三级指标权重
军转民	财力基础	0.09732	企业投入军转民项目的专项基金	0.02784
			企业投入民品研发资金	0.01563
			企业投入民品生产资金	0.00984
			企业从外吸纳的资金	0.04413
	物质基础	0.06273	企业武器装备投入科研生产许可证获得单位数量	0.03726
			企业已投入生产的两用项目	0.01116
			企业已投入民品生产的生产线	0.01563
	人力资源基础	0.02232	企业从合作企业引进军民融合人才数量	0.01116
			企业从事民品专项技术研究的团队	0.01116
	开放程度	0.02088	企业已取得合作的民企数量	0.00696
			企业已取得合作的研究机构数量	0.01392
	民用化程度	0.0207	企业参与的军民融合项目总体数量	0.0045
			军转民技术发明专利申请数量	0.00435
			企业已取得的发明专利中民品专用项目	0.00594
			军民融合登记成果数量	0.00594
	经济效益	0.03843	企业民品年销售收入金额	0.02562
			企业输出军民融合技术交易成交金额	0.01281
	企业竞争力	0.00708	企业R&D经费支出	0.00531
			企业工业增加值	0.00177
	潜在效益	0.03057	成本费用总额	0.01815
			企业投入民品生产后降低的成本	0.0048
			企业新产品上市数量	0.00762

表 5-15 区域维度下"民参军"指标权重分布表

一级指标	二级指标	二级指标权重	三级指标	三级指标权重
民参军	企业科技基础	0.057472	产品发明专利申请数量	0.028736
			国内军民融合论文发表数量	0.028736
	企业人才	0.027616	军民融合技术发明专利授权数量	0.003968
			获得军民融合科技成果奖项数	0.004704
			出版军民融合科技著作数量	0.001568
			军民融合产业科研经费所占比例	0.002528
			军民融合登记成果数量	0.002944
			应用军民融合项目数量	0.005312
			合作军企数量	0.003936
			军民融合高管人员占比	0.002688
	国外人才	0.01648	引进国外军民融合人才数量	0.008224
			合作军企专家人数	0.008224
	产品运营	0.026816	产品销量占同类产品总量的比例	0.0072
			军民融合新产品上市数量	0.01648
			军民融合成本降低率	0.003136
	企业关注	0.03456	微博关注	0.00288
			微信公众号关注	0.005504
			互联网其他媒体关注	0.012896
			博客关注	0.00176
			新闻关注	0.01152
	民参军规模与实力	0.066144	民企军品科研投入金额	0.044096
			民参军企业军民融合年销售收入金额占企业年总收入比例	0.022048
	军民融合企业成效	0.048352	军民融合企业盈利能力	0.026592
			军民融合领域高新技术企业占比	0.010144
			民参军企业军品销售收入占比	0.011616
	军民融合服务能力	0.04256	中介机构促成民参军企业数量	0.04256

表 5-16　区域维度下“军民融合”指标权重分布表

一级指标	二级指标	二级指标权重	三级指标	三级指标权重
军民融合	区域军民融合热度	0.072884	区域军民融合线上热度	0.017518
			区域军民融合线下热度	0.015276
			区域军民融合政策热度	0.04009
	区域资源的参与程度	0.080902	区域军民融合领域年投资额	0.019646
			区域军民融合研究专项经费占比	0.012312
			区域军民融合工作公务员人数	0.004902
			区域军民融合工作领导人数	0.004332
			区域军民融合科研项目数量	0.009538
			区域军民融合中介机构数量	0.005662
			区域军民融合军民通用基础设施新建项目数量	0.00798
			区域军民融合企业数量	0.007562
			区域军民融合产业基地数量	0.008968
	国防工业开放程度	0.037506	军工企业合作研究机构数量	0.014896
			军工企业军品设备参与民品生产的比率	0.007524
			军工企业军民两用产品占比	0.0176
			军工企业军民通用知识产权占比	0.003876
			国有独资军工企业占军工企业改制比例	0.004484
	军转民规模与实力	0.01919	军工企业军转民项目专项资金投入量	0.010564
			军工企业科研人员参与民品研究情况	0.003002
			军工企业民品研发投入比率	0.00342
			军工企业生产民品数量市场占有率	0.002204
	民参军规模与实力	0.0342	区域民参军企业年销售收入	0.00684
			民参军企业军民两用产品研发投入比率	0.036
			区域民参军企业参与的军民融合项目比率	0.01368
	应急应战一体化水平	0.019722	区域可动员的物流力量	0.004256
			区域可动员的机场数量	0.003154
			区域可动员的卫生机构数量	0.004826
			军队以救援为重点的专业人才数量	0.00247
			军队执行应急抢险的任务数量	0.005054

续表

一级指标	二级指标	二级指标权重	三级指标	三级指标权重
军民融合	区域军民融合经济社会成效	0.040166	军民融合相关主导产业增加值占区域经济增长比例	0.002888
			军民融合工业产值占区域经济增长比例	0.0019
			区域因军民融合培养的人才数量	0.014706
			军民融合创造的科研成果数量	0.00589
			军民融合领域高新技术企业占比	0.009918
			政府促成军民融合企业数量	0.004864
	军工系统军民融合经济社会成效	0.040242	军工企业 R&D 经费支出占工业增加值比例	0.013794
			军工企业民品产值占比	0.008208
			军民两用技术输出成交金额	0.00551
			军工企业两用产品年销售收入金额增加比率	0.008094
			军工企业技术进入“军用技术转民推广目录”数量	0.004636
	非军工企业军民融合经济社会成效	0.035226	民参军企业 R&D 经费支出占工业增加值比例	0.02052
			民参军企业军民两用产品销售额占比	0.00703
			民参军企业成本效益	0.004218
			民参军企业技术进入“民参军技术与产品推荐目录”数量	0.00342

从表 5-14～表 5-16 展现的各项数据可以看出：

首先，最大的权重是“军转民”下的“财力基础”，具体值为 0.09732，其一是因为财力基础是“军转民”整体的基础，其二是因为搜集的数据较多，相关性也较大；其次，“军民融合”的权重总和最大，是由于该指标占整个军民融合度指标的比例较大，并且是区域的重点考察方向；然后是“民参军”的指标权重总和，最后是“军转民”的指标权重总和。另外，“军转民”下的“企业竞争力”权重最小为 0.00708，主要是因为该指标主要针对企业，综合考虑区域的因素较弱。

根据表 5-14 相关数据分析可知，“企业从外吸纳的资金”权重最大，其次是“企业武器装备投入科研生产许可证获得单位数量”，这两个指标分别与二级指标“财力基础”和“物质基础”相对应，具有一致性。一个区域的企业是否有能力成为“军转民”企业，不仅要看产品的销售量，还要看对外地投资商的吸引力，其基础和证明当然就是所获得的生产许可证。最小权重落在“企业工业增加值”这一指标上，在区域军民融合度指标体系构建中有详细阐述，这里不再重复。

根据表 5-15 相关数据分析可知，权重最大的是“民企军品科研投入金额”，与二级指标的“民参军规模与实力”相对应，对于民企来说是否有资金投入军用设备的研究是民企转型过程的关键，恰如其分地展现该企业的规模与实力。

根据表 5-16 相关数据分析可知，“区域军民融合政策热度”“民参军企业军民两用产品研发投入比率”“民参军企业 R&D 经费支出占工业增加值比例”的权重分列第一、二、三位。由于政策能够有效推动军民融合的进程，随时关注政策的推行和变动将有助于“军转民”企业和“民参军”企业及时调整计划，所以“区域军民融合政策热度”的权重是最大的；后面两个指标主要是针对“民参军”企业的，民企相对于军企而言数量较多，当然转型的要求也更高、更严格。因此，在“军民融合”这个方面对于民企能力以及转型现状的观察和考量也是相当重要的。从总体来看，除了以上较为突出的三个指标，其他的指标大致在一定的水平内，这就说明“军民融合”的各项指标重要性相当。

之后的计算，将单个指标打分值在同一改革试验区的和除以该指标打分值在所有改革试验区的总和，得到一个分数，再将此分数乘以该指标权重得到一个热度值，最后将同一改革试验区的所有指标热度值相加得到融合度。所有改革试验区计算过程相同，不予赘述，之后计算出来各个对象每个指标的热度及总热度。接下来，我们对最终结果进行分析，得出军民融合度的总结论。区域维度下军民融合度的排序结果如表 5-17 所示。

表 5 17　区域维度下军民融合度

序号	八大改革试验区	军民融合度值
1	京津冀	0.499063137
2	成德绵	0.255974884
3	西安	0.133271073
4	沈阳	0.073211453
5	安徽	0.036605726
6	广东	0.013151832
7	上海	0.012886631
8	武汉	0.010567263

根据以上排名，在八大改革试验区中排在第一位的是京津冀，约高达 0.499，相比第二名的成德绵有着约 0.243 的差距，而成德绵与排名第三的西安差距约为 0.122，说明西安与成德绵的差距较小。接着往下看，我们会发现排在 3～8 位的改革试验区军民融合度值依次递减但是差距都保持在非常小的范围。这说明大部

分改革试验区的军民融合度差距不大，其中个别改革试验区做得很优秀。反观最后一名的武汉与京津冀的军民融合度值相差巨大，这说明在我们使用的指标体系及权重分配体系下武汉的表现还有欠缺。总体说明，在改革试验区这一块军民融合大体保持着一致性，有个别改革试验区表现得比较突出。

根据表 5-17，我们采用了强制分布法，对八大改革试验区的军民融合度进行了一个明确的排序。将军民融合度划分为优良中差四个融合度等级，根据排序结果，我们判定京津冀、成德绵改革试验区的军民融合度表现为优；西安和沈阳为良好；安徽和广东的表现一般；上海和武汉则相对比较落后。

根据表 5-18，同样采用强制分布法，将四川地市州协同创新度划分为优良中差四个等级，我们发现成都、绵阳、内江、德阳这五个市表现为优，处于第一梯队；攀枝花、广元、遂宁、乐山、泸州、南充、广安表现为良，处于第二梯队；阿坝、巴中、眉山、自贡、雅安，以上五个市在科技协同创新度上表现一般，处于第三梯队；甘孜、宜宾、达州、资阳、凉山这五个地市州则表现相对落后，处于第四梯队。

表 5-18　区域维度下科技协同创新度表

序号	四川地市州	科技协同创新度值	序号	四川地市州	科技协同创新度值
1	成都	0.099	12	阿坝	0.04
2	绵阳	0.097	13	巴中	0.038
3	内江	0.084	14	眉山	0.038
4	德阳	0.069	15	自贡	0.027
5	攀枝花	0.065	16	雅安	0.022
6	广元	0.065	17	甘孜	0.02
7	遂宁	0.065	18	宜宾	0.019
8	乐山	0.064	19	达州	0.017
9	泸州	0.059	20	资阳	0.015
10	南充	0.054	21	凉山	0.006
11	广安	0.042			

以成都市为例，可以看出成都市从各个搜索引擎得到的数据在“军转民”“民参军”“军民融合”这三个方面都比较趋同。对区域维度下成都军民融合指标搜索热度基础数据归一化处理后，得到成都军民融合度指标的权重分布表，如表 5-19～表 5-21 所示。

表 5-19　区域维度下成都军民融合指标(军转民)权重分布表

三级指标	权重值	三级指标	权重值
企业投入军转民项目的专项基金	0.004220	企业参与的军民融合项目总体数量	0.000554
企业投入民品研发资金	0.001602	军转民技术发明专利申请数量	0.000536
企业投入民品生产资金	0.001004	企业已取得的发明专利中民品专用项目	0.000612
企业从外吸纳的资金	0.004023	军民融合登记成果数量	0.000715
企业武器装备投入科研生产许可证获得单位数量	0.002459	企业民品年销售收入金额	0.003710
企业已投入生产的两用项目	0.000368	企业输出军民融合技术交易成交金额	0.000808
企业已投入民品生产的生产线	0.001727	企业 R&D 经费支出	0.000514
企业从合作企业引进军民融合人才数量	0.000985	企业工业增加值	0.000215
企业从事民品专项技术研究的团队	0.001654	成本费用总额	0.003497
企业已取得合作的民企数量	0.000447	企业投入民品生产后降低的成本	0.000542
企业已取得合作的研究机构数量	0.000379	企业新产品上市数量	0.000719

表 5-20　区域维度下成都军民融合指标(民参军)权重分布表

三级指标	权重值	三级指标	权重值
产品发明专利申请数量	0.001513	军民融合新产品上市数量	0.000690
国内军民融合论文发表数量	0.000966	军民融合成本降低率	0.000122
军民融合技术发明专利授权数量	0.000131	微博关注	0.000060
获得军民融合科技成果奖项数	0.000253	微信公众号关注	0.000124
出版军民融合科技著作数量	0.000071	互联网其他媒体关注	0.000219
军民融合产业科研经费所占比例	0.000063	博客关注	0.000046
军民融合登记成果数量	0.000149	新闻关注	0.000262
应用军民融合项目数量	0.000249	民企军品科研投入金额	0.001610
合作军企数量	0.000205	民参军企业军民融合年销售收入金额占企业年总收入比例	0.000574
军民融合高管人员占比	0.000226	军民融合企业盈利能力	0.001059
引进国外军民融合人才数量	0.000395	军民融合领域高新技术企业占比	0.000497
合作军企专家人数	0.000684	民参军企业军品销售收入占比	0.000842
产品销量占同类产品总量的比例	0.000217	中介机构促成民参军企业数量	0.002155

表 5-21　区域维度下成都军民融合指标(军民融合)权重分布表

三级指标	权重数	三级指标	权重数
区域军民融合领域年投资额	0.000939	民参军企业军民两用产品研发投入比率	0.002725
区域军民融合研究专项经费占比	0.001388	区域民参军企业参与的军民融合项目比率	0.000607
区域军民融合工作公务员人数	0.000221	区域可动员的物流力量	0.000199
区域军民融合工作领导人数	0.000200	区域可动员的机场数量	0.000090
区域军民融合科研项目数量	0.001790	区域可动员的卫生机构数量	0.000341
区域军民融合军民通用基础设施新建项目数量	0.000069	军队以救援为重点的专业人才数量	0.000090
区域军民融合中介机构数量	0.000637	军队执行应急抢险的任务数量	0.000203
区域军民融合产业基地数量	0.000784	军民融合相关主导产业增加值占区域经济增长比例	0.000161
区域军民融合企业数量	0.000422	军民融合工业产值占区域经济增长比例	0.000116
区域军民融合线上热度	0.000487	区域因军民融合培养的人才数量	0.000307
区域军民融合线下热度	0.000483	军民融合创造的科研成果数量	0.000259
区域军民融合政策热度	0.001140	军民融合领域高新技术企业占比	0.001010
军工企业合作研究机构数量	0.000511	政府促成军民融合企业数量	0.000161
军工企业军品设备参与民品生产的比率	0.000397	军工企业 R&D 经费支出占工业增加值比例	0.001751
军工企业军民两用产品占比	0.000021	军工企业民品产值占比	0.000349
军工企业军民通用知识产权占比	0.000063	军工企业两用产品年销售收入金额增加比率	0.000303
国有独资军工企业占军工企业改制比例	0.000139	军民两用技术输出成交金额	0.000137
军工企业军转民项目专项资金投入量	0.000491	军工企业技术进入“军用技术转民推广目录”数量	0.000123
军工企业科研人员参与民品研究情况	0.000112	民参军企业 R&D 经费支出占工业增加值比例	0.003060
军工企业民品研发投入比率	0.000169	民参军企业军民两用产品销售额占比	0.000255
军工企业生产民品数量市场占有率	0.000100	民参军企业成本效益	0.000125
区域民参军企业年销售收入	0.000140	民参军企业技术进入“民参军技术与产品推荐目录”数量	0.000054

“军民融合”的三级指标军工企业 R&D 经费支出占工业增加值比例、民参

军企业军民两用产品研发投入比率、区域军民融合科研项目数量，“民参军”的三级指标中介机构促成民参军企业数量和“军转民”的三级指标企业投入军转民项目的专项基金、企业从外吸纳的资金、企业民品年销售收入金额这七项权重数值排列靠前，它们是对成都军民融合度影响相对更大的条件，应该更好地把控。“民参军”的微博关注、博客关注、军民融合产业科研经费所占比例这三项权重值排在最后，对成都军民融合度影响最小，应该加强这方面的建设，避免两极分化。

成都市在四川地市州的排名在优秀之列，需要保持，另外需要发挥省会城市的能力带动其他地市州的发展。

5.2.2　成德绵区域军民融合度分析

综合观察成德绵改革试验区初始数据，通过网上不同的搜索渠道及引擎，各分析指标的数据集散程度不同，微信数据和百度网页波动较大，其他数据则表现得很平稳。

对区域维度下成德绵改革试验区军民融合指标搜索热度基础数据归一化处理后，得到成德绵改革试验区军民融合度指标的权重分布表，如表 5-22～表 5-24 所示。

表 5-22　区域维度下成德绵军民融合指标(军转民)权重分布表

三级指标	权重值	三级指标	权重值
企业投入军转民项目的专项基金	0.00004896	企业已取得合作的研究机构数量	0.00002214
企业投入民品研发资金	0.00000975	企业参与的军民融合项目总体数量	0.00000306
企业投入民品生产资金	0.00000901	军转民技术发明专利申请数量	0.00001797
企业从外吸纳的资金	0.00001205	企业已取得的发明专利中民品专用项目	0.00002571
企业武器装备投入科研生产许可证获得单位数量	0.00005488	军民融合登记成果数量	0.00017458
企业已投入生产的两用项目	0.00000593	企业民品年销售收入金额	0.00163919
企业已投入民品生产的生产线	0.00002359	企业输出军民融合技术交易成交金额	0.00016396
企业从合作企业引进军民融合人才数量	0.00009251	企业 R&D 经费支出	0.00002800
企业从事民品专项技术研究的团队	0.00001609	企业工业增加值	0.00028956
企业已取得合作的民企数量	0.00000243	成本费用总额	0.00047167
企业投入民品生产后降低的成本	0.00000320	企业新产品上市数量	0.00017800

表 5-23　区域维度下成德绵军民融合指标(民参军)权重分布表

三级指标	权重值	三级指标	权重值
产品发明专利申请数量	0.00213862	军民融合新产品上市数量	0.00030330
国内军民融合论文发表数量	0.00012571	军民融合成本降低率	0.00012186
军民融合技术发明专利授权数量	0.00017031	微博关注	0.00000929
获得军民融合科技成果奖项数	0.00023132	微信公众号关注	0.00009713
出版军民融合科技著作数量	0.00003246	互联网其他媒体关注	0.00023121
军民融合产业科研经费所占比例	0.00007494	博客关注	0.00003595
军民融合登记成果数量	0.00006046	新闻关注	0.00002613
应用军民融合项目数量	0.00005312	民企军品科研投入金额	0.00081597
合作军企数量	0.00032008	民参军企业军民融合年销售收入金额占企年总收入比例	0.00045954
军民融合高管人员占比	0.00008521	军民融合企业盈利能力	0.00040856
引进国外军民融合人才数量	0.00025056	军民融合领域高新技术企业占比	0.00030755
合作军企专家人数	0.00071709	民参军企业军品销售收入占比	0.00129809
产品销量占同类产品总量的比例	0.00017782	中介机构促成民参军企业数量	0.00083859

表 5-24　区域维度下成德绵军民融合指标(军民融合)权重分布表

三级指标	权重值	三级指标	权重值
区域军民融合领域年投资额	0.00003249	民参军企业军民两用产品研发投入比率	0.00020559
区域军民融合研究专项经费占比	0.00001036	区域民参军企业参与的军民融合项目比率	0.00008164
区域军民融合工作公务员人数	0.00000751	区域可动员的物流力量	0.00001404
区域军民融合工作领导人数	0.00000185	区域可动员的机场数量	0.00000102
区域军民融合科研项目数量	0.00002075	区域可动员的卫生机构数量	0.00001947
区域军民融合军民通用基础设施新建项目数量	0.00000311	军队以救援为重点的专业人才数量	0.00000810
区域军民融合中介机构数量	0.00000548	军队执行应急抢险的任务数量	0.00000290
区域军民融合产业基地数量	0.00002626	军民融合相关主导产业增加值占区域经济增长比例	0.00001706
区域军民融合企业数量	0.00000452	军民融合工业产值占区域经济增长比例	0.00001154
区域军民融合线上热度	0.00000510	区域因军民融合培养的人才数量	0.00000673

续表

三级指标	权重值	三级指标	权重值
区域军民融合线下热度	0.00002385	军民融合创造的科研成果数量	0.00000211
区域军民融合政策热度	0.00001580	军民融合领域高新技术企业占比	0.00001425
军工企业合作研究机构数量	0.00027138	政府促成军民融合企业数量	0.00004108
军工企业军品设备参与民品生产的比率	0.00007471	军工企业 R&D 经费支出占工业增加值比例	0.00018466
军工企业军民两用产品占比	0.00032209	军工企业民品产值占比	0.00026742
军工企业军民通用知识产权占比	0.00003549	军工企业两用产品年销售收入金额增加比率	0.00002211
国有独资军工企业占军工企业改制比例	0.00002201	军民两用技术输出成交金额	0.00012591
军工企业军转民项目专项资金投入量	0.00017766	军工企业技术进入“军用技术转民推广目录”数量	0.00003871
军工企业科研人员参与民品研究情况	0.00004723	民参军企业 R&D 经费支出占工业增加值比例	0.00016757
军工企业民品研发投入比率	0.00005012	民参军企业军民两用产品销售额占比	0.00007664
军工企业生产民品数量市场占有率	0.00010845	民参军企业成本效益	0.00003816
区域民参军企业年销售收入	0.00012295	民参军企业技术进入“民参军技术与产品推荐目录”数量	0.00037929

“军转民”三级指标企业民品年销售收入金额、成本费用总额，“民参军”的产品发明专利申请数量、民参军企业军品销售收入占比，这四项指标的权重值排在前列，说明这四项指标对成德绵改革试验区的军民融合度的影响相对而言更大。“军转民”指标下的企业参与的军民融合项目总体数量和“军民融合”指标下的区域可动员的机场数量，这两个三级指标权重位于末端，对成德绵改革试验区的军民融合度的影响最小。

成德绵改革试验区在所有改革试验区中排名第二，有较强的军民融合发展潜力和势头。

5.2.3　绵阳市军民融合度分析

研究绵阳初始数据，综合观察“军转民”和“民参军”的各项数据，其数值波动更小，“军民融合”波动比较大。另外，除了微博的数据基本为零，其他的数据集散程度趋同，其中百度网页和谷歌网页数值相对更大。

区域维度下绵阳军民融合指标搜索热度基础数据归一化处理后，得到绵阳军民融合度指标的权重分布表，如表 5-25～表 5-27 所示。

表 5-25 区域维度下绵阳军民融合指标(军转民)权重分布表

三级指标	权重值	三级指标	权重值
企业投入军转民项目的专项基金	0.000971	企业参与的军民融合项目总体数量	0.000129
企业投入民品研发资金	0.000174	军转民技术发明专利申请数量	0.000214
企业投入民品生产资金	0.000110	企业已取得的发明专利中民品专用项目	0.000329
企业从外吸纳的资金	0.000494	军民融合登记成果数量	0.000152
企业武器装备投入科研生产许可证获得单位数量	0.000617	企业民品年销售收入金额	0.001466
企业已投入生产的两用项目	0.000076	企业输出军民融合技术交易成交金额	0.000771
企业已投入民品生产的生产线	0.000078	企业 R&D 经费支出	0.000345
企业从合作企业引进军民融合人才数量	0.000301	企业工业增加值	0.000049
企业从事民品专项技术研究的团队	0.000324	成本费用总额	0.001008
企业已取得合作的民企数量	0.000132	企业投入民品生产后降低的成本	0.000013
企业已取得合作的研究机构数量	0.000098	企业新产品上市数量	0.000084

表 5-26 区域维度下绵阳军民融合指标(民参军)权重分布表

三级指标	权重值	三级指标	权重值
产品发明专利申请数量	0.001229	军民融合新产品上市数量	0.000414
国内军民融合论文发表数量	0.001177	军民融合成本降低率	0.000099
军民融合技术发明专利授权数量	0.000132	微博关注	0.000016
获得军民融合科技成果奖项数	0.000126	微信公众号关注	0.000048
出版军民融合科技著作数量	0.000031	互联网其他媒体关注	0.000095
军民融合产业科研经费所占比例	0.000056	博客关注	0.000009
军民融合登记成果数量	0.000078	新闻关注	0.000093
应用军民融合项目数量	0.000077	民企军品科研投入金额	0.001486
合作军企数量	0.000033	民参军企业军民融合年销售收入金额占企年总收入比例	0.000392
军民融合高管人员占比	0.000037	军民融合企业盈利能力	0.000798
引进国外军民融合人才数量	0.000203	军民融合领域高新技术企业占比	0.000284
合作军企专家人数	0.000063	民参军企业军品销售收入占比	0.000015
产品销量占同类产品总量的比例	0.000035	中介机构促成民参军企业数量	0.001986

表 5-27　区域维度下绵阳军民融合指标(军民融合)权重分布表

三级指标	权重数	三级指标	权重数
区域军民融合领域年投资额	0.000405	民参军企业军民两用产品研发投入比率	0.001832
区域军民融合研究专项经费占比	0.000273	区域民参军企业参与的军民融合项目比率	0.000268
区域军民融合工作公务员人数	0.000071	区域可动员的物流力量	0.000046
区域军民融合工作领导人数	0.000033	区域可动员的机场数量	0.000022
区域军民融合科研项目数量	0.000347	区域可动员的卫生机构数量	0.000080
区域军民融合军民通用基础设施新建项目数量	0.000013	军队以救援为重点的专业人才数量	0.000089
区域军民融合中介机构数量	0.000098	军队执行应急抢险的任务数量	0.000199
区域军民融合产业基地数量	0.000156	军民融合相关主导产业增加值占区域经济增长比例	0.000040
区域军民融合企业数量	0.000090	军民融合工业产值占区域经济增长比例	0.000024
区域军民融合线上热度	0.000074	区域因军民融合培养的人才数量	0.000085
区域军民融合线下热度	0.000074	军民融合创造的科研成果数量	0.000048
区域军民融合政策热度	0.000236	军民融合领域高新技术企业占比	0.000189
军工企业合作研究机构数量	0.000485	政府促成军民融合企业数量	0.000159
军工企业军品设备参与民品生产的比率	0.000331	军工企业 R&D 经费支出占工业增加值比例	0.001464
军工企业军民两用产品占比	0.000007	军工企业民品产值占比	0.000340
军工企业军民通用知识产权占比	0.000110	军工企业两用产品年销售收入金额增加比率	0.000251
国有独资军工企业占军工企业改制比例	0.000149	军民两用技术输出成交金额	0.000144
军工企业军转民项目专项资金投入量	0.000207	军工企业技术进入“军用技术转民推广目录”数量	0.000145
军工企业科研人员参与民品研究情况	0.000110	民参军企业 R&D 经费支出占工业增加值比例	0.002498
军工企业民品研发投入比率	0.000116	民参军企业军民两用产品销售额占比	0.000184
军工企业生产民品数量市场占有率	0.000065	民参军企业成本效益	0.000054
区域民参军企业年销售收入	0.000092	民参军企业技术进入“民参军技术与产品推荐目录”数量	0.000056

对绵阳军民融合度进行分析，其中“军民融合”中的民参军企业 R&D 经费支出占工业增加值比例、“民参军”中的中介机构促成民参军企业数量和“军转民”中的企业民品年销售收入金额，这三项指标的权重值相对更大，展现出这些指标对绵阳军民融合度的影响更大。“军转民”的三级指标企业投入民品生产后降低的成本，“民参军”的三级指标博客关注，“军民融合”的三级指标军工企业军民两用产品占比、区域军民融合军民通用基础设施新建项目数量，这四项权重值相对靠后，对绵阳的军民融合度的影响比较小，虽然这几项均是弱势，但亦需要加强以免军民融合整体发展不平衡、两极分化等问题。

绵阳市在四川地市州军民融合度排名第二，表现较好。但是作为科技城，需要更加努力，力争前沿，充分发挥科技城的相关优势。

5.3 行业层面的军民融合度评价研究

5.3.1 基于行业维度的军民融合度分析

经历了前期的数据收集和筛选过程，对于此过程和收集到的数据结果也有了一定的感受。针对不同指标的内在含义，我们认为其各自的权重也应该有所差异。这时利用 yaahp 软件采用多层次模糊综合评价法得到各个指标相应的权重。

首先，根据筛选好的指标体系表对指标进行整理。然后，根据划分的层次进行绘图。

从行业维度下“军转民”指标搜索热度值表和运用 yaahp 软件绘制的行业维度下“军转民”指标层次结构图如表 5-28 和图 5-7 所示。

表 5-28 行业维度下“军转民”指标搜索热度值表

一级指标	三级指标	行业热度值			
		节能环保产业	新一代信息技术	…	新能源汽车
军转民	企业投入军转民项目的专项基金	424353	335220	…	2440180
	企业投入民品研发资金	73295	22734	…	2410286
	企业投入民品生产资金	46703	24537	…	2620466
	企业从外吸纳的资金	24029	22195	…	759466
	企业投入民用生产领域的军品设备的数量	70716	317	…	2017185
	企业用于民品生产的军用特殊材料的数量	217	209	…	584173
	企业已投入生产的两用项目	44758	26084	…	245534
	企业产品线宽度	102	4061	…	2830086
	企业已转向民品研发的人员	40573	169	…	3130753
	企业已转向民品生产的人员	43187	222	…	3520278
	企业从合作企业引进军民融合人才数量	185614	138402	…	1970382
	企业从事民品专项技术研究的团队	190	129	…	215165
	企业已取得合作的民企数量	39596	245	…	225195
	企业参与的军民融合项目总体数量	1380569	421	…	2250542
	企业已取得的发明专利中民品专用项目	44390	165	…	215129
	军转民科技成果获奖数	60701	32965	…	966511

续表

一级指标	三级指标	行业热度值			
		节能环保产业	新一代信息技术	…	新能源汽车
军转民	企业出版军民融合科技著作数量	198455	261	…	558184
	企业民品年销售收入金额	43032	104	…	909530
	企业输出军民融合技术交易成交金额	161220	243	…	806120
	企业民品利润金额	33334	106	…	172048
	企业 R&D 经费支出	207074	5432	…	2390254
	企业工业增加值	36326	23209	…	1050566
	成本费用总额	81653	15827	…	487259
	企业投入民品生产后降低的成本	6250106	213	…	218159
	企业新产品上市数量	22640	12732	…	1080433

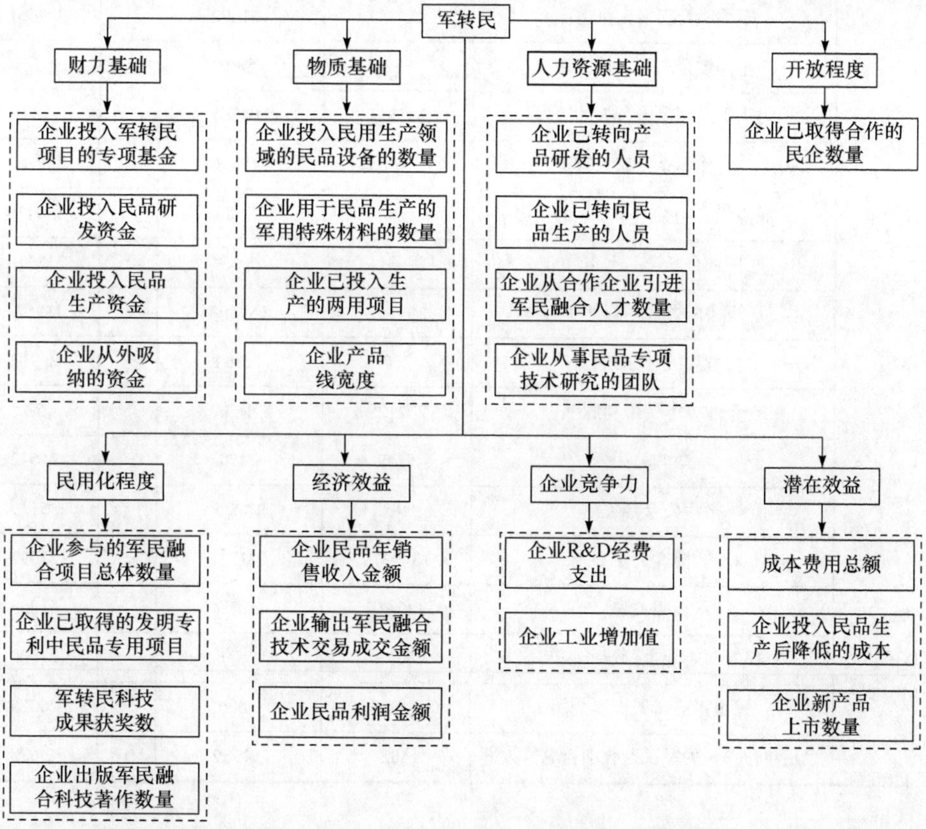

图 5-7　行业维度下“军转民”指标层次结构图

行业维度下“民参军”指标搜索热度值表和运用 yaahp 软件绘制的行业维度下“民参军”指标层次结构图如表 5-29 和图 5-8 所示。

表 5-29　行业维度下“民参军”指标搜索热度值表

一级指标	三级指标	行业热度值			
		节能环保产业	新一代信息技术	…	新能源汽车
民参军	产品发明专利申请数量	7840117	10926	…	158128
	国内军民融合论文发表数量	582402	160262	…	12093
	军民融合技术发明专利授权数量	236746	282	…	140589
	获得军民融合科技成果奖项数	374399	221464	…	278161
	输出军民融合技术交易成交金额	521	492	…	117120
	军民融合产业科研经费所占比例	251250	597	…	13956
	应用军民融合项目数量	581667	210154	…	23942
	军民融合研发人员占比	255785	161692	…	329061
	军民融合高管人员占比	662	586	…	96731
	引进国外军民融合人才数量	241551	164561	…	17881
	合作军企专家人数	169065	40368	…	258163
	产品销量占同类产品总量的比例	108	13984	…	350426
	军民融合新产品上市数量	276311	200331	…	218416
	军民融合成本降低率	259552	169398	…	419672
	产品迭代周期	200	14864	…	27917
	企业成本费用利润率	232129	163	…	52
	微博关注	5149	3470	…	24642
	微信公众号关注	94832	18225	…	35129
	博客关注	1840374	3122	…	24992
	新闻关注	142416	29177	…	41055
	民参军企业主营业务收入	6073	9521	…	27800
	民企军品科研投入金额	76912	3006	…	20059
	民用单位参与的军民融合项目总体数量	402	14569	…	14498

续表

一级指标	三级指标	行业热度值			
		节能环保产业	新一代信息技术	…	新能源汽车
民参军	军民融合企业盈利能力	360751	157825	…	425756
	军民融合领域高新技术企业占比	217911	148429	…	172040
	民参军企业军品销售收入占比	77491	46560	…	2749
	民用企业军品产值数量	54755	224	…	62838
	中介机构促成民参军企业数量	7840117	10926	…	158128

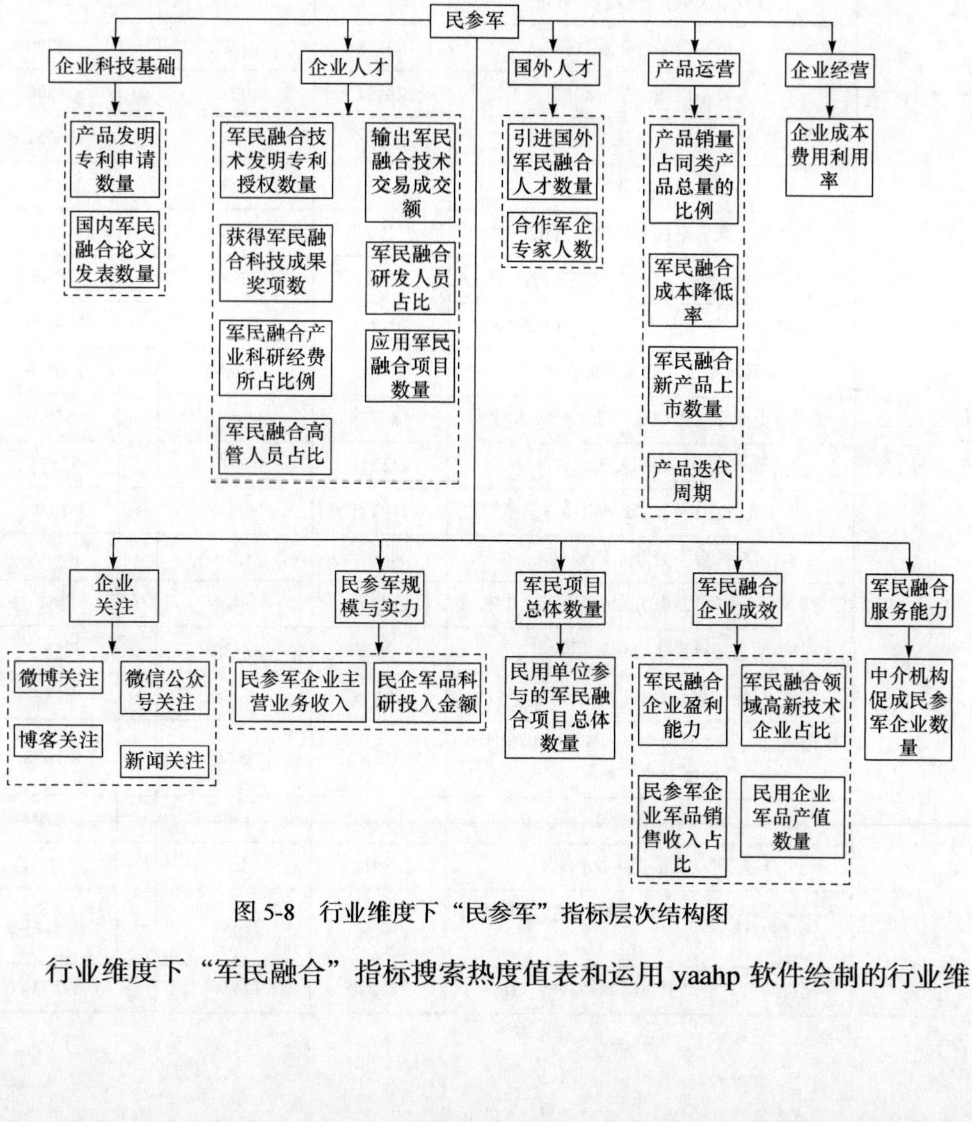

图 5-8　行业维度下“民参军”指标层次结构图

行业维度下“军民融合”指标搜索热度值表和运用 yaahp 软件绘制的行业维

度下“军民融合”指标层次结构图分别如表 5-30 和图 5-9 所示。

表 5-30 行业维度下“军民融合”指标搜索热度值表

一级指标	三级指标	行业热度值			
		节能环保产业	新一代信息技术	…	新能源汽车
军民融合	区域军民融合领域年投资额	527704	1582366	…	1601951
	区域军民融合研究专项经费占比	1671229	1550382	…	394663
	区域军民融合工作公务员人数	49303	329	…	372143
	区域军民融合科研项目数量	1691116	1540936	…	363441
	区域军民融合军民通用基础设施新建项目数量	1650411	1600277	…	1580276
	区域军民融合产业基地数量	1681213	1601347	…	382812
	区域军民融合企业数量	1693789	316901	…	402790
	区域军民融合线上热度	28494	10075	…	321700
	区域军民融合线下热度	20145	538	…	255061
	区域军民融合政策热度	62433	11230	…	348885
	军工企业军民两用产品占比	7111098	152633	…	152046
	军工企业军民通用知识产权占比	1451044	1350436	…	1370485
	国有独资军工企业占军工企业改制比例	797707	735688	…	749179
	区域军工企业年销售收入	537041	762493	…	770330
	军工企业军转民项目专项资金投入量	180358	157516	…	155918
	军工企业民品研发投入比率	111341	341	…	85574
	军工企业生产民品数量市场占有率	113771	89339	…	91059
	区域民参军企业年销售收入	446028	213757	…	217193
	民参军企业军民两用产品研发投入比率	215292	485	…	364
	信息基础设施合建共用数量	4170272	273753	…	374377
	军地信息融合共享平台数量	10815	9404	…	8989
	民用网络安全资源与成果用于国防满足军队网络安全的数量	61670	55726	…	337698
	区域可动员的物流力量	97345	1904	…	308207
	区域可动员的卫生机构数量	391	251	…	216
	军民融合相关主导产业增加值占区域经济增长比例	362900	336845	…	352187
	军民融合工业产值占区域经济增长比例	185240	174344	…	341724

续表

一级指标	三级指标	行业热度值			
		节能环保产业	新一代信息技术	…	新能源汽车
军民融合	军民融合领域高新技术企业占比	1593047	1361895	…	317251
	政府促成军民融合企业数量	1712230	1640630	…	1680890
	军民两用技术输出成交金额	173724	103413	…	125506
	单位工业增加值专利比率	111510	63494	…	275421

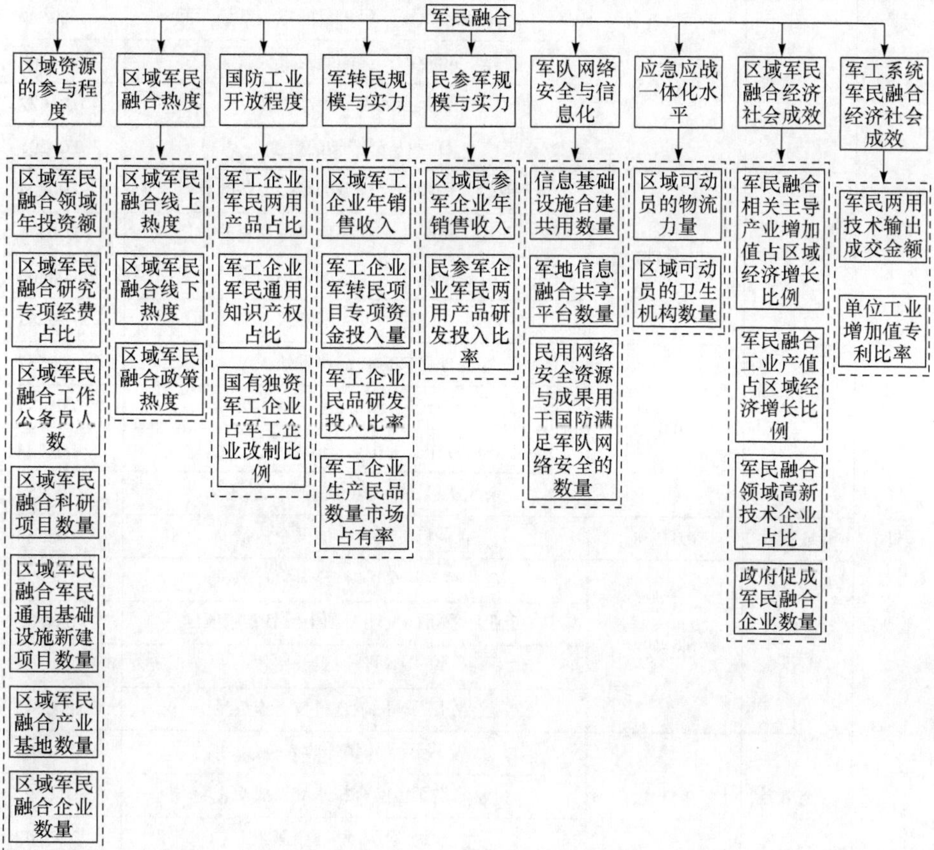

图 5-9 行业维度下“军民融合”指标层次结构图

从以上图表中的数据不难看出，将七个战略性新兴行业所收集到的所有数据进行合并将是很复杂、很庞大的工程。同时，表格的缺陷逐渐暴露，即不能直观地反映各个三级指标之间的数据差异，因此不容易对数据进行分析和处理。所以，为了更直观地比较分析所得到的初始数据，我们必须将这七个战略性新兴行业的数据进行处理。我们选择利用图表转换的 Tableau 软件，把所有表格数据绘制成图形，以便直观分析。再对每个一级指标进行打分，打分如下：军转民占 30%，民参军占 32%，军民融合占 38%。在上述步骤中运用 yaahp 软件得到二级指标、三级指标的相关数据，将一级指标的打分乘以二级指标的打分，得出二级指标的权重，然后将一级指标的打分乘以三级指标的打分，得出三级指标的权重，如表 5-31～表 5-33 所示。

表 5-31　行业维度下“军转民”指标权重分布表

一级指标	二级指标	二级指标权重	三级指标	三级指标权重
军转民	财力基础	0.04035	企业投入军转民项目的专项基金	0.00687
			企业投入民品研发资金	0.0138
			企业投入民品生产资金	0.01677
			企业从外吸纳的资金	0.00291
	物质基础	0.01473	企业投入民用生产领域的军品设备的数量	0.00204
			企业用于民品生产的军用特殊材料的数量	0.00576
			企业已投入生产的两用项目	0.00408
			企业产品线宽度	0.00288
	人力资源基础	0.05805	企业已转向民品研发的人员	0.00657
			企业已转向民品生产的人员	0.01494
			企业从合作企业引进军民融合人才数量	0.02802
			企业从事民品专项技术研究的团队	0.00852
	开放程度	0.02568	企业已取得合作的民企数量	0.02568
	民用化程度	0.01692	企业参与的军民融合项目总体数量	0.00879
			企业已取得的发明专利中民品专用项目	0.0012
			军转民科技成果获奖数	0.00252
			企业出版军民融合科技著作数量	0.00441
	经济效益	0.03219	企业民品年销售收入金额	0.01206
			企业输出军民融合技术交易成交金额	0.069
			企业民品利润金额	0.03162
	企业竞争力	0.10254	企业 R&D 经费支出	0.02199
			企业工业增加值	0.06594
	潜在效益	0.00951	成本费用总额	0.0015
			企业投入民品生产后降低的成本	0.00564
			企业新产品上市数量	0.00237

表 5-32　行业维度下"民参军"指标权重分布表

一级指标	二级指标	二级指标权重	三级指标	三级指标权重
民参军	企业科技基础	0.06219	产品发明专利申请数量	0.00888
			国内军民融合论文发表数量	0.05331
	企业人才	0.017888	军民融合技术发明专利授权数量	0.00459
			获得军民融合科技成果奖项数	0.00165
			输出军民融合技术交易成交金额	0.00066
			军民融合产业科研经费所占比例	0.00519
			应用军民融合项目数量	0.00066
			军民融合研发人员占比	0.00138
			军民融合高管人员占比	0.00267
	国外人才	0.056704	引进国外军民融合人才数量	0.03987
			合作军企专家人数	0.01329
	产品运营	0.010752	产品销量占同类产品总量的比例	0.00168
			军民融合新产品上市数量	0.00078
			军民融合成本降低率	0.00504
			产品迭代周期	0.00258
	企业经营	0.009344	企业成本费用利润率	0.00876
	企业关注	0.017888	微博关注	0.00912
			微信公众号关注	0.001344
			博客关注	0.002048
			新闻关注	0.005408
	民参军规模与实力	0.01664	民参军企业主营业务收入	0.005536
			民企军品科研投入金额	0.011072
	军民项目总体数量	0.057536	民用单位参与的军民融合项目总体数量	0.057536
	企业融合成效	0.06688	军民融合企业盈利能力	0.00576
			军民融合领域高新技术企业占比	0.00912
			民参军企业军品销售收入占比	0.042496
			民用企业军品产值数量	0.009472
	军民融合服务能力	0.004178	中介机构促成民参军企业数量	0.004178

表 5-33 行业维度下“军民融合”指标权重分布表

一级指标	二级指标	二级指标权重	三级指标	三级指标权重
军民融合	区域资源的参与程度	0.107768	区域军民融合领域年投资额	0.027626
			区域军民融合研究专项经费占比	0.039368
			区域军民融合工作公务员人数	0.008588
			区域军民融合科研项目数量	0.012236
			区域军民融合军民通用基础设施新建项目数量	0.01254
			区域军民融合产业基地数量	0.004142
			区域军民融合企业数量	0.003306
	区域军民融合热度	0.05092	区域军民融合线上热度	0.026866
			区域军民融合线下热度	0.007106
			区域军民融合政策热度	0.016948
	国防工业开放程度	0.05529	军工企业军民两用产品占比	0.032832
			军工企业军民通用知识产权占比	0.008702
			国有独资军工企业占军工企业改制比例	0.013794
	军转民规模与实力	0.042484	区域军工企业年销售收入	0.01881
			军工企业军转民项目专项资金投入量	0.008018
			军工企业民品研发投入比率	0.010108
			军工企业生产民品数量市场占有率	0.001748
	民参军规模与实力	0.049476	区域民参军企业年销售收入	0.00988
			民参军企业军民两用产品研发投入比率	0.039596
	军队网络安全与信息化	0.031882	信息基础设施合建共用数量	0.017442
			军地信息融合共享平台数量	0.003458
			民用网络安全资源与成果用于国防满足军队网络安全的数量	0.010982
	应急应战一体化水平	0.013794	区域可动员的物流力量	0.009196
			区域可动员的卫生机构数量	0.004598
	区域军民融合经济社会成效	0.018126	军民融合相关主导产业增加值占区域经济增长比例	0.003382
			军民融合工业产值占区域经济增长比例	0.004218
			军民融合领域高新技术企业占比	0.001938
			政府促成军民融合企业数量	0.000722
	军工系统军民融合经济社会成效	0.018126	军民两用技术输出成交金额	0.00361
			单位工业增加值专利比率	0.014516

在二级指标权重中，“军转民”中占比最大的是“企业竞争力”。与此同时，根据数据的收集情况对三个一级指标进行权重附加，此处即“军转民”权重为 0.30、“民参军”权重为 0.32、“军民融合”权重为 0.38。例如，“军转民”下的“财力基础”“经济效益”“开放程度”等之和为 0.30。但是三级指标就有所不同了，它的权重是由 yaahp 软件(利用 1-9 利克特量表进行打分评价)导出的表上的数据乘以相应的一级指标的权重。例如，在“军转民”导出的表中“企业 R&D 经费支出”的权重为 0.0733，而“军转民”所附权重为 0.30，于是“企业 R&D 经费支出”的最终权重为 0.0733×0.30=0.02199，其他亦然。

“民参军”下的三级指标权重值最大的是“军民项目总体数量”下唯一的指标“民用单位参与的军民融合项目总体数量”，达到了 0.057536。但是从上述的二级指标权重中可以看出，在“民参军”下占比最大的是“企业融合成效”。

“军民融合”下的二级指标、三级指标数量都较“军转民”“民参军”多，这也可以从侧面说明为何要将军民融合的权重为最大值 0.38。

按照“军民融合”下的三级指标的权重值大小可以将其分成几个区间。第一大区间内有民参军企业军民两用产品研发投入比率、区域军民融合研究专项经费占比、军工企业军民两用产品占比；第二大区间内有区域军民发展领域年投资额、区域军民融合线上热度；第三大区间内包含较多指标，分别是区域军工企业年销售收入、信息基础设施合建共用数量、区域军民融合政策热度、单位工业增加值专利比率、国有独资军工企业占军工企业改制比例、区域军民融合军民通用基础设施新建项目数量、区域军民融合科研项目数量、民用网络安全资源与成果用于国防满足军队网络安全的数量、军工企业民品研发投入比率、区域民参军企业年销售收入、区域可动员的物流力量、军工企业军民通用知识产权占比、区域军民融合工作公务员人数、军工企业军转民项目专项资金投入量、区域军民融合线下热度；最后一个区间内有区域可动员的卫生机构数量、军民融合工业产值占区域经济增长比例、区域军民融合产业基地数量、军民两用技术输出成交金额、军地信息融合共享平台数量、军民融合相关主导产业增加值占区域经济增长比例、区域军民融合企业数量、军民融合领域高新技术企业占比、军工企业生产民品数量市场占有率、政府促成军民融合企业数量。

但是二级指标权重大小还是显而易见的，权重最大的为“区域资源的参与程度”。在原始数据和权重都已知的情况下，要怎样运用它们进行合理评价呢？首先要确定评价的内容是七大战略性新兴产业军民融合度。再者现在已拥有的原始数据仍然是最初收集得到的结果，尚未进行处理。于是，对各个指标权重进行横向加总，然后求得每一行业的占比。紧接着，利用已经得到的每个三级指标的权重，用占比乘以相应的权重得到相应的结果。以新能源汽车的第一个指标“企业投入军转民项目的专项基金”为例，占比为 0.5286749732，权重为 0.544832，结果为 0.5286749732×0.544832=0.288039043。最后在最末列纵向求和得到结果并进行排序。结果如表 5-34 所示。

表 5-34 行业维度下军民融合度排序表

行业	军民融合度
新能源汽车	0.288039043
新能源产业	0.180772254
节能环保产业	0.167592621
新材料产业	0.131708978
高端装备制造业	0.116360671
生物产业	0.102645520
新一代信息技术	0.064938913

为了能够更加直观地展现结果，将得到的数据与 Tableau 软件结合，得到清晰的图像，结果如图 5-10 所示。

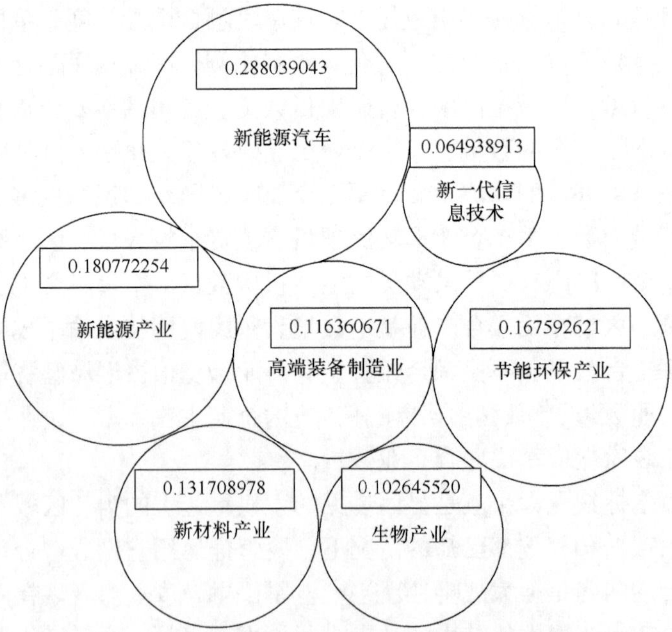

图 5-10 基于行业层面的军民融合度热度图

从形状大小出发，最大的圆是“新能源汽车”，第二大的圆是“新能源产业”，第三大的圆是“节能环保产业”，第四大的圆是“新材料产业”，第五大的圆是“高端装备制造业”，排名第六的圆是“生物产业”，最小的圆是“新一代信息技术”。

其实，这些排名分别代表了军民融合度的四个等级：优、良、中、差。这里运用的是强制分布法。该方法是根据正态分布原理，即俗称“中间大、两头小”的分布规律，预先确定评价等级及各等级在总数中所占的百分比。

由于占比是通过收集到的数据算出的，这是客观的事实；而权重是通过专家打分法得到的结果，但是打分的基础是建立在指标的内在含义、计算公式、构成部分等方面，也具有较强客观性。因此，最后得到的结果是符合客观的真实情况的。

5.3.2　新能源汽车军民融合度分析

针对前期的数据处理耗费了大量的精力，但是它也发挥着巨大的作用。下面将是对七大战略性新兴产业的原始数据进行分析。

首先将整个表内的每个工作表(共七个)按照一级指标拆分为三块，并且命名新的 excel 表格为“分块”。在“分块”表格内又分为 3×7=21 个工作表。接着将“分块”中的数据与 Tableau 软件结合起来，能够得到清晰明了的图和结果。

以战略新兴产业——新能源汽车为例，基于行业维度下四川省“军转民”指标、“民参军”指标和“军民融合”指标搜索热度基础数据，综合新闻、百度、微博和微信的搜索热度，我们可以得出微信和微博的搜索活跃度较小，波动也较小，而百度网页的搜索活跃度最大，其数值占比也是较大的。这就对数据起到了重要的影响。

对基于国家行业维度下新能源汽车军民融合指标搜索热度基础数据归一化处理后，得到新能源汽车军民融合度指标的权重分布表，如表 5-35～表 5-37 所示。

表 5-35　行业维度下新能源汽车军民融合指标(军转民)权重分布表

三级指标	权重值	三级指标	权重值
企业投入军转民项目的专项基金	0.544832	企业参与的军民融合项目总体数量	0.354595
企业投入民品研发资金	0.356032	企业已取得的发明专利中民品专用项目	0.031094
企业投入民品生产资金	0.913349	军转民科技成果获奖数	0.47994
企业从外吸纳的资金	0.80551	企业出版军民融合科技著作数量	0.409001
企业投入民用生产领域的军品设备的数量	0.440788	企业民品年销售收入金额	0.839924
企业用于民品生产的军用特殊材料的数量	0.156904	企业输出军民融合技术交易成交金额	0.510465

续表

三级指标	权重值	三级指标	权重值
企业已投入生产的两用项目	0.0705	企业民品利润金额	0.578101
企业产品线宽度	0.891033	企业 R&D 经费支出	0.910361
企业已转向民品研发的人员	0.855782	企业工业增加值	0.655652
企业已转向民品生产的人员	0.855069	成本费用总额	0.737839
企业从合作企业引进军民融合人才数量	0.690791	企业投入民品生产后降低的成本	0.02959
企业从事民品专项技术研究的团队	0.834963	企业新产品上市数量	0.913829
企业已取得合作的民企数量	0.077385		

表 5-36　行业维度下新能源汽车军民融合指标(民参军)权重分布表

三级指标	权重值	三级指标	权重值
产品发明专利申请数量	0.018759	产品迭代周期	0.233075
国内军民融合论文发表数量	0.007493	企业成本费用利润率	4.32E-05
军民融合技术发明专利授权数量	0.097886	微博关注	0.037446
获得军民融合科技成果奖项数	0.143228	微信公众号关注	0.125374
输出军民融合技术交易成交金额	0.123471	博客关注	0.013039
军民融合产业科研经费所占比例	0.009348	新闻关注	0.08059
应用军民融合项目数量	0.009991	民参军企业主营业务收入	0.046845
军民融合研发人员占比	0.119515	民企军品科研投入金额	0.005889
军民融合高管人员占比	0.258633	民用单位参与的军民融合项目总体数量	0.148636
引进国外军民融合人才数量	0.011112	军民融合企业盈利能力	0.23329
合作军企专家人数	0.14736	军民融合领域高新技术企业占比	0.109175
产品销量占同类产品总量的比例	0.925789	民参军企业军品销售收入占比	0.002624
军民融合新产品上市数量	0.089324	民用企业军品产值数量	0.053513
军民融合成本降低率	0.155805		

表 5-37　行业维度下新能源汽车军民融合指标(军民融合)权重分布表

三级指标	权重值	三级指标	权重值
区域军民融合领域年投资额	0.179101	军工企业民品研发投入比率	0.091147
区域军民融合研究专项经费占比	0.083987	军工企业生产民品数量市场占有率	0.157579
区域军民融合工作公务员人数	0.282813	区域民参军企业年销售收入	0.106796
区域军民融合科研项目数量	0.059143	民参军企业军民两用产品研发投入比率	0.000395
区域军民融合军民通用基础设施新建项目数量	0.180327	信息基础设施合建共用数量	0.062842
区域军民融合产业基地数量	0.061284	军地信息融合共享平台数量	0.055724
区域军民融合企业数量	0.086935	民用网络安全资源与成果用于国防满足军队网络安全的数量	0.109046
区域军民融合线上热度	0.307172	区域可动员的物流力量	0.535027
区域军民融合线下热度	0.350182	区域可动员的卫生机构数量	0.1046
区域军民融合政策热度	0.318585	军民融合相关主导产业增加值占区域经济增长比例	0.163303
军工企业军民两用产品占比	0.018269	军民融合工业产值占区域经济增长比例	0.116234
军工企业军民通用知识产权占比	0.14853	军民融合领域高新技术企业占比	0.059851
国有独资军工企业占军工企业改制比例	0.150458	政府促成军民融合企业数量	0.155203
区域军工企业年销售收入	0.1588	军民两用技术输出成交金额	0.096456
军工企业军转民项目专项资金投入量	0.138595	单位工业增加值专利比率	0.211084

对新能源汽车军民融合度进行分析，产品销量占同类产品总量的比例、企业新产品上市数量、企业投入民品生产资金、企业 R&D 经费支出、企业产品线宽度、企业已转向民品研发的人员、企业已转向民品生产的人员等指标排名前列，展现出这些指标在新能源汽车军民融合度中影响大；区域军民融合工作公务员人数、企业参与的军民融合项目总体数量、新闻关注、信息基础设施合建共用数量等指标数据处于中等，对军民融合度影响也处于中间层次；应用军民融合项目数量、军民融合产业科研经费所占比例、民参军企业军民两用产品研发投入比率、国内军民融合论文发表数量等指标对新能源汽车军民融合度影响较小，处于数据末端。

新能源汽车军民融合度在七大战略性新兴产业中排名第一。我们身处于高新技术时代，追求绿色环保发展，该情况也符合社会发展的需要，符合新时代提出的五大发展理念，但是我们还是要继续努力，向欧美国家看齐，追赶上世界水平。

5.4 企业层面的军民融合度评价研究

由于不同指标反映内容不同，为了保证赋权的科学性，我们对某些企业进行了调研，结论显示在“军转民”的指标体系下，“国防工业开放程度”占了接近一半的比例，“国防工业开放程度”是一个企业是否有发展潜力的重要前提。只有一个开放程度高的民营企业才能很好地融入军民融合发展进程中。

5.4.1 基于企业维度的军民融合度分析

有些指标与企业的相关性更大，如果我们将所有指标都按“一”进行计算，将会因为忽略这种指标与主题相关性的差异导致最终计算的结果不准确，所以我们将对每一个指标进行系统科学的赋权。本研究访谈了各企业中不同职位的员工，并得到了比较全面的信息，另外还制作了调查问卷，能针对不同职业、不同年龄阶段的人进行调查，最终得到比较系统化的指标，对其进行比较及排序。

应用 yaahp 软件对每个二级指标和三级指标进行权重计算。首先完成层次结构模型。将“军转民”“民参军”“军民融合”这三个一级指标作为“决策方案”，二级指标作为“中间层要素”，三级指标作为“备选方案”。然后应用判断矩阵根据每个指标的相对重要性进行评分，当判断矩阵达到一致通过时就大致完成了权重的计算。最后我们能得到的是每个二级指标和三级指标的权重。

企业维度下“军转民”指标搜索热度值表和运用 yaahp 软件绘制的企业维度下“军转民”指标层次结构图如表 5-38 和图 5-11 所示。

表 5-38 企业维度下“军转民”指标搜索热度值表

一级指标	三级指标	企业热度值		
		中国重汽集团绵阳专用汽车有限公司	四川九洲光电科技股份有限责任公司	太极集团四川天诚制药有限公司
军转民	企业投入军转民项目的专项基金	2762	2551	54
	企业投入民品研发资金	1320	2364	20410
	企业投入民品研发资金占研发总资金的比例	1407	1922	84
	企业投入民品生产资金	1351	2389	21608
	企业投入民品生产资金占生产总资金的比例	1622	2107	27604
	企业从外吸纳的资金	1542	2725	27234
	企业武器装备投入科研生产许可证获得单位数量	1269	2331	23401

续表

一级指标	三级指标	企业热度值		
		中国重汽集团绵阳专用汽车有限公司	四川九洲光电科技股份有限责任公司	太极集团四川天诚制药有限公司
军转民	企业投入民用生产领域的军品设备的数量	1274	2618	18101
	企业用于民品生产的军用特殊材料的数量	1869	2674	34100
	企业已投入生产的两用项目	1665	2789	26026
	企业已投入民品生产的生产线	1927	1621	20115
	企业产品线宽度	171	2179	21705
	企业已转向民品研发的人员	115	1744	17615
	企业已转向民品生产的人员	147	1979	21015
	企业从合作企业引进军民融合人才数量	3188	7083	17801
	企业从事民品专项技术研究的团队	1094	1983	18009
	企业已取得合作的民企数量	1496	2522	4359
	企业已取得合作的研究机构数量	1582	2168	55432
	企业参与的军民融合项目总体数量	82	4859	72
	军转民技术发明专利申请数量	115	2314	13719
	企业已取得的发明专利中民品专用项目	119	2786	43006
	军民融合登记成果数量	1937	6748	14607
	军转民科技成果获奖数	109	2740	14513
	企业出版军民融合科技著作数量	117	7060	12800
	企业发表论文数量	1147	2651	25413
	经济效益	1541	3156	28102
	企业民品年销售收入金额	84	2275	23627
	企业输出军民融合技术交易成交金额	48	272	11201
	企业民品利润金额	229	1805	22213
	企业 R&D 经费支出	106	149	18211
	企业工业增加值	1629	2806	27112
	成本费用总额	1077	1809	23224
	企业投入民品生产后降低的成本	37	2602	23400
	企业新产品上市数量	1634	3218	7679
	民参军产品迭代周期	47	2273	32
	民参军产品迭代次数	1032	1736	34

注：数据截止时间为 2018 年 1 月 2 日。

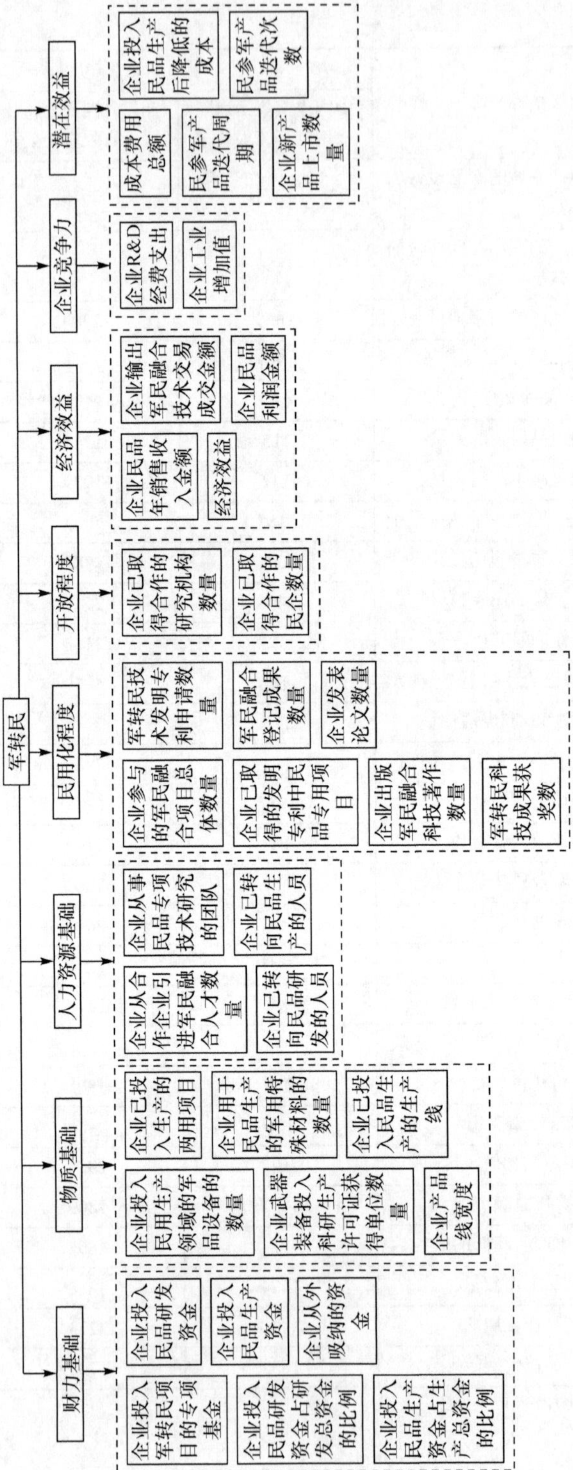

图5-11　企业维度下“军转民”指标层次结构图

企业维度下“民参军”指标搜索热度值表和运用 yaahp 软件绘制的企业维度下“民参军”指标层次结构图如表 5-39 和图 5-12 所示。

表 5-39　企业维度下“民参军”指标搜索热度值表

一级指标	三级指标	企业热度值		
		中国重汽集团绵阳专用汽车有限公司	四川九洲光电科技股份有限责任公司	太极集团四川天诚制药有限公司
民参军	军民融合技术发明专利授权数量	17	4085	6
	获得军民融合科技成果奖项数	25	4409	2
	输出军民融合技术交易成交金额	6	255	5
	产品销量占同类产品总量的比例	65	2943	15412
	军民融合新产品上市数量	8	4882	25
	军民融合成本降低率	6	4608	16
	产品迭代周期	112	3580	396
	产品迭代次数	101	3176	79
	民参军企业主营业务收入	7	8008	7
	民企军品科研投入金额	45	2151	35
	民参军企业军民融合年销售收入金额占企年总收入比例	33	14186	20
	民用单位参与的军民融合项目总体数量	55	306	2
	军民融合企业主营业务收入	30	4728	33
	军民融合企业盈利能力	14	4901	42
	军民融合领域高新技术企业占比	11	3697	7
	民参军企业军品销售收入占比	63	4589	13
	民用企业军品产值数量	93	143	31

注：数据截止时间为 2018 年 1 月 2 日。

企业维度下“军民融合”指标搜索热度值表和运用 yaahp 软件绘制的企业维度下“军民融合”指标层次结构图如表 5-40 和图 5-13 所示。

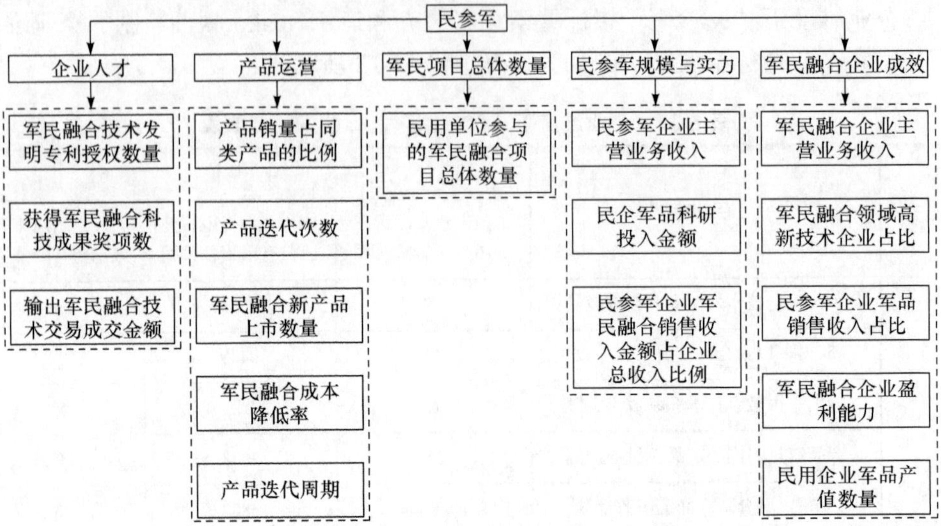

图 5-12　企业维度下“民参军”指标层次结构图

表 5-40　企业维度下“军民融合”指标搜索热度值表

一级指标	三级指标	企业热度值		
		中国重汽集团绵阳专用汽车有限公司	四川九洲光电科技股份有限责任公司	太极集团四川天诚制药有限公司
军民融合	区域军民融合领域年投资额	112	10779	1567
	区域军民融合研究专项经费占比	106	9225	1194
	区域军民融合工作公务员人数	3158	7604	7239
	区域军民融合工作领导人数	87	9092	9537
	区域军民融合领域新增公务员比率	18	146	86
	区域军民融合科研项目数量	95	10297	11413
	区域军民融合军民通用基础设施新建项目数量	560040	30247	6
	军工企业合作研究机构数量	4221	11677	18107
	军工企业军品设备参与民品生产的比率	49	7107	47
	军工企业军民两用产品占比	122	10587	12909
	军工企业军民通用知识产权占比	86	30295	8
	国有独资军工企业占军工企业改制比例	55	10494	46
	军工企业军转民项目专项资金投入量	76	3045	10
	军工企业科研人员参与民品研究情况	3153	8872	84

续表

一级指标	三级指标	企业热度值		
		中国重汽集团绵阳专用汽车有限公司	四川九洲光电科技股份有限责任公司	太极集团四川天诚制药有限公司
军民融合	军工企业民品研发投入比率	2265	7492	8422
	军工企业生产民品数量市场占有率	2896	256	87
	区域民参军企业年销售收入	12	4908	10
	民参军企业军民两用产品研发投入比率	10	3470	5
	区域民参军企业参与的军民融合项目比率	93	14530	8
	信息基础设施合建共用数量	3626	149	15901
	军地信息融合共享平台数量	1291	188	5908
	军民融合相关主导产业增加值占区域经济增长比例	59	8674	68
	军民融合工业产值占区域经济增长比例	4628	9057	92
	军民融合创造的科研成果数量	127	8814	112
	军民融合领域高新技术企业占比	78	8157	7591
	政府促成军民融合企业数量	75	9307	19505
	军工企业 R&D 经费支出占工业增加值比例	3091	210	104
	军工企业民品产值占比	2039	7152	7882
	军工企业两用产品年销售收入金额增加比率	67	10081	18485
	军民两用技术输出成交金额	1546	287	9413
	单位工业增加值专利比率	68	238	101
	军工企业技术进入“军用技术转民推广目录”数量	56	25631	21800
	民参军企业 R&D 经费支出占工业增加值比例	5	171	8784
	民参军企业军民两用产品销售额占比	21	10613	80
	民参军企业成本效益	22	5196	31
	民参军企业技术进入“民参军技术与产品推荐目录”数量	8434	23977	15701
	单位工业增加值专利比率	54	238	101

注：数据截止时间为 2018 年 1 月 2 日。

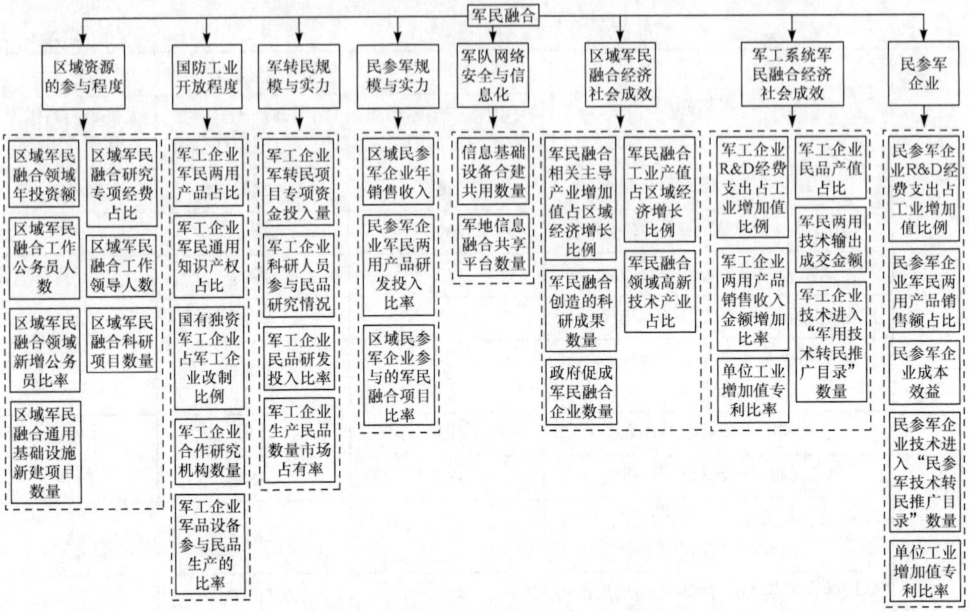

图 5-13　企业维度下“军民融合”指标层次结构图

我们运用 yaahp 软件对每个三级指标进行了打分之后，有了每个指标的权重系数。根据每个一级指标下二级指标所占权重及二级指标的数量，对三个一级指标进行了权重打分，其中占有优势的“军转民”为 0.45，然后是二、三级指标个数更多的“军民融合”，但是该指标的搜索热度不及“军转民”，所以打分为 0.3，最后是民参军，该指标虽然得分比较高，但是与之相关的指标条数与前两者相比，有很大的劣势，所以得分稍低，为 0.25。根据打分可以得出三级指标的权重数据结果，如表 5-41～表 5-43 所示。

表 5-41　企业维度下“军转民”指标权重分布表

一级指标	二级指标	二级指标权重	三级指标	三级指标权重
军转民	民用化程度	0.0084645	企业参与的军民融合项目总体数量	0.01494
			军转民技术发明专利申请数量	0.020025
			企业已取得的发明专利中民品专用项目	0.01269
			企业出版军民融合科技著作数量	0.008775
			军转民科技成果获奖数	0.006255
			企业发表论文数量	0.00936
			军民融合登记成果数量	0.013275

续表

一级指标	二级指标	二级指标权重	三级指标	三级指标权重
军转民	人力资源基础	0.02541375	企业已转向民品研发的人员	0.0144
			企业已转向民品生产的人员	0.0135
			企业从合作企业引进军民融合人才数量	0.01917
			企业从事民品专项技术研究的团队	0.035235
	开放程度	0.018144	企业已取得合作的民企数量	0.01881
			企业已取得合作的研究机构数量	0.056475
	企业竞争力	0.009072	企业 R&D 经费支出	0.04032
			企业工业增加值	0.02016
	经济效益	0.0074925	经济效益	0.01665
			企业民品年销售收入金额	0.01764
			企业输出军民融合技术交易成交金额	0.01458
			企业民品利润金额	0.01044
	物质基础	0.007938	企业武器装备投入科研生产许可证获得单位数量	0.005985
			企业投入民用生产领域的军品设备的数量	0.00567
			企业用于民品生产的军用特殊材料的数量	0.004545
			企业已投入生产的两用项目	0.008595
			企业已投入民品生产的生产线	0.007695
			企业产品线宽度	0.00261
	财力基础	0.006561	企业投入军转民项目的专项基金	0.004365
			企业投入民品研发资金	0.00324
			企业投入民品研发资金占研发总资金的比例	0.00783
			企业投入民品生产资金	0.004185
			企业投入民品生产资金占生产总资金的比例	0.00693
			企业从外吸纳的资金	0.002205
	潜在效益	0.004698	民参军产品迭代次数	0.006165
			企业新产品上市数量	0.005175
			民参军产品迭代周期	0.00504
			成本费用总额	0.00396
			企业投入民品生产后降低的成本	0.003105

表 5-42　企业维度下“民参军”指标权重分布表

一级指标	二级指标	二级指标权重	三级指标	三级指标权重
民参军	军民项目总体数量	0.00720625	民用单位参与的军民融合项目总体数量	0.062275
	军民融合企业成效	0.00218125	军民融合企业主营业务收入	0.0064
			军民融合企业盈利能力	0.008475
			军民融合领域高新技术企业占比	0.022625
			民参军企业军品销售收入占比	0.01015
			民用企业军品产值数量	0.009825
	民参军规模与实力	0.00396875	民参军企业主营业务收入	0.028825
			民企军品科研投入金额	0.008725
			民参军企业军民融合年销售收入金额占企业年总收入比例	0.015875
	产品运营	0.0009875	产品销量占同类产品总量的比例	0.00395
			军民融合新产品上市数量	0.01225
			军民融合成本降低率	0.005775
			产品迭代周期	0.009775
			产品迭代次数	0.008425
	企业人才	0.0030625	军民融合技术发明专利授权数量	0.01975
			获得军民融合科技成果奖项数	0.010875
			输出军民融合技术交易成交金额	0.005975

表 5-43　企业维度下“军民融合”指标权重分布表

一级指标	二级指标	二级指标权重	三级指标	三级指标权重
军民融合	国防工业开放程度	0.05739	军工企业合作研究机构数量	0.01527
			军工企业军品设备参与民品生产的比率	0.00732
			军工企业军民两用产品占比	0.00954
			军工企业军民通用知识产权占比	0.01806
			国有独资军工企业占军工企业改制比例	0.00723

续表

一级指标	二级指标	二级指标权重	三级指标	三级指标权重
军民融合	军工系统军民融合经济社会成效	0.04911	军工企业 R&D 经费支出占工业增加值比例	0.01005
			军工企业民品产值占比	0.0054
			军工企业两用产品年销售收入金额增加比率	0.00564
			军民两用技术输出成交金额	0.01356
			军工企业技术进入“军用技术转民推广目录”数量	0.00834
			单位工业增加值专利比率	0.00612
	区域军民融合经济社会成效	0.04467	军民融合工业产值占区域经济增长比例	0.00786
			军民融合相关主导产业增加值占区域经济增长比例	0.00726
			军民融合创造的科研成果数量	0.01497
			军民融合领域高新技术企业占比	0.01065
			政府促成军民融合企业数量	0.00393
	军转民规模与实力	0.03708	军工企业军转民项目专项资金投入量	0.01029
			军工企业科研人员参与民品研究情况	0.00459
			军工企业民品研发投入比率	0.0081
			军工企业生产民品数量市场占有率	0.00864
	区域资源的参与程度	0.03213	区域军民融合领域年投资额	0.00396
			区域军民融合研究专项经费占比	0.00585
			区域军民融合工作公务员人数	0.00327
			区域军民融合领域新增公务员比率	0.00318
			区域军民融合科研项目数量	0.00924
			区域军民融合军民通用基础设施新建项目数量	0.00432
			区域军民融合工作领导人数	0.00231
	军队网络安全与信息化	0.02943	信息基础设施合建共用数量	0.00981
			军地信息融合共享平台数量	0.01962
	民参军规模与实力	0.02724	区域民参军企业年销售收入	0.00444
			民参军企业军民两用研发投入比率	0.01356
			区域民参军企业参与的军民融合项目比率	0.0147

续表

一级指标	二级指标	二级指标权重	三级指标	三级指标权重
军民融合	非军工企业军民融合经济社会成效	0.02298	民参军企业技术进入“民参军技术与产品推荐目录”数量	0.00564
			民参军企业 R&D 经费支出占工业增加值比例	0.00447
			民参军企业军民两用产品销售额占比	0.00318
			单位工业增加值专利比率	0.00696
			民参军企业成本效益	0.00276

由表 5-41 所示，可以分析得出在“军转民”的指标体系下，“开放程度”是权重第二大的二级指标，“开放程度”是一个企业是否有发展潜力的重要前提。只有一个开放程度高的民营企业才能很好地融入军民融合发展进程中，才有发展创新力，才有发展生命力；而军工企业只有拥有高的开放程度，才能很好地融入民间力量，吸收民间资源，才能改变陈旧、呆板的机械式经营发展模式，才能更好地服务于人民。而在“民参军”部分，“军民项目总体数量”占了最大权重，原因是考察了企业的军民融合的数量，就能了解企业的实力和能力，了解企业的军民融合参与度，也能了解现如今军民融合发展的覆盖面，包括它涵盖的行业、产业、机构等。最后的“军民融合”部分，“国防工业开放程度”占了最大的权重，国防工业涉及我国的军事机密，这是与我国国家安全紧密相关的一个行业。国防工业的开放，象征我国军民融合发展的决心和毅力，国防工业的开放能使军工企业民用化，把好的技术、好的经验用于民品的制造与生产，对这个指标的考察，能真正意义上了解我国军民融合正处于的发展阶段，了解军民融合发展的进程，从而制定出及时的、有针对性的方案与政策。

根据企业维度下军民融合度中“民参军”三级指标权重分布结果，“民参军”在整个权重打分中占有 0.25，和另外两个一级指标有着不小的差距，这和“民参军”下的三级指标与企业军民融合度相关性比较小有着直接的关系，结果虽然有波动但是总体差异比较小，只是“军民项目总体数量”这个二级指标所包含唯一一个三级指标“民用单位参与的军民融合项目总体数量”凭借着压倒性的优势成为“民参军”之下最重要的指标。由此可以看出民用单位参与的军民融合项目对军民融合度有着很大的影响。

我们对企业维度下军民融合度中“军民融合”三级指标权重分布进行了分析，根据结果我们可以很清楚地了解在“军民融合”这一指标下的二级指标权重差异存在着波动但是相差都不是很大，总体趋于平稳。二级指标中领先的是“国防开放程度”“军工系统军民融合经济社会成效”“区域军民融合经济社会成效”，说明这三项指标对于军民融合度的影响力更强。而其他二级指标的重要性大致都在同一水平上。而三级指标中的“军地信息融合共享平台数量”和“军用企业军民通用知识产权占比”遥遥领先。

在搜集完数据，建立新的准确指标体系后完成了各级指标的权重计算，最后一步便是以新的指标体系数据库为基础对各个企业的各个三级指标进行归一处理，然后乘上指标权重进一步得到企业在某一指标下的军民融合度，最后将所有指标的军民融合度加起来作为该企业的军民融合度的最终水平。绵阳市重点龙头企业的最终军民融合度的结果和排序如表 5-44 所示。

表 5-44　企业维度下绵阳市重点龙头企业军民融合度排序表

序号	绵阳市重点龙头企业	军民融合度值	序号	绵阳市重点龙头企业	军民融合度值
1	四川九洲线缆有限责任公司	0.17836396	16	四川梓冠光电科技有限公司	0.01196890
2	中国电子科技集团公司第九研究所	0.12705126	17	中视迪威激光显示技术有限公司	0.00831331
3	四川长虹电子科技有限公司	0.12506305	18	中国重汽集团绵阳专用汽车有限公司	0.00773123
4	太极集团四川天诚制药有限公司	0.09154340	19	四川聚能核技术工程有限公司	0.00560490
5	四川长虹电器股份有限公司	0.07449058	20	四川科莱信息技术有限公司	0.00503396
6	四川九洲光电科技股份有限责任公司	0.07204308	21	四川绵阳华元航升环保科技有限公司	0.00463627
7	四川长虹空调有限公司	0.04932525	22	四川神工精密机械科技有限公司	0.00412229
8	四川海格恒通专网科技有限公司	0.04236008	23	四川荣丰电子有限公司	0.00392249
9	攀钢集团江油长城特殊钢有限公司	0.03914994	24	四川久安芯电子科技有限公司	0.00316915
10	四川久远特种高分子材料技术有限公司	0.03158780	25	绵阳启明星电力设备有限公司	0.00245382
11	四川长虹技佳精工有限公司	0.02727328	26	绵阳万众汽配有限责任公司	0.00211617
12	四川九洲空管科技有限责任公司	0.02404848	27	四川省三台水晶电子有限公司	0.00209136
13	四川长虹佳华数字技术有限公司	0.02377594	28	四川中物裕邦科技有限公司	0.00184677
14	四川东材科技集团股份有限公司	0.01560503	29	四川神龙粮油有限公司	0.00170739
15	华核电气股份有限公司	0.01199808	30	四川豪特实业集团有限公司	0.00164281

表 5-44 用数据说明了每个企业军民融合度的高低，其中，排在第一的是四川九洲线缆有限责任公司，其与排在第二的中国电子科技集团公司第九研究所的数

据约有 0.05 的差距，纵观前三融合度值均大于 0.1，且分布差距不算太大，后面的所有企业融合度差距和梯度都不那么明显，相邻项排名的融合度差距比较小，这说明了有几个绵阳市重点龙头企业的军民融合度特别优秀，其他企业则差异不是特别明显。这其实在我们用于计算的指标体系数据库中就可以体现出来。反观排名处于倒数的几个企业，它们的融合度值均在 0.001 左右，与排名靠前的企业非常大的差距。这样看来，绵阳市重点龙头企业的军民融合度虽然分布相对均匀，但是极差很大。

5.4.2　龙头企业的军民融合度分析

在原始数据库中，包含着 30 个企业，每个企业都由 100 多个指标来衡量，衡量的标准来自百度网页、百度新闻、微信、微博的搜索数据。对企业维度下四川长虹技佳精工有限公司军民融合指标搜索热度基础数据归一化处理后，得到四川长虹技佳精工有限公司军民融合度指标的权重分布表，如表 5-45～表 5-47 所示。

表 5-45　企业维度下四川长虹技佳精工有限公司军民融合指标(军转民)权重分布表

三级指标	权重值	三级指标	权重值
企业投入军转民项目的专项基金	0.00009871	企业参与的军民融合项目总体数量	0.00000724
企业投入民品研发资金	0.00094397	军转民技术发明专利申请数量	0.00010260
企业投入民品研发资金占研发总资金的比例	0.00129794	企业已取得的发明专利中民品专用项目	0.00000462
企业投入民品生产资金	0.00043980	军民融合登记成果数量	0.00001975
企业投入民品生产资金占生产总资金的比例	0.00003840	军转民科技成果获奖数	0.00003577
企业从外吸纳的资金	0.00039796	企业出版军民融合科技著作数量	0.00000735
企业武器装备投入科研生产许可证获得单位数量	0.00050874	企业发表论文数量	0.00003296
企业投入民用生产领域的军品设备的数量	0.00067905	经济效益	0.00017260
企业用于民品生产的军用特殊材料的数量	0.00012285	企业民品年销售收入金额	0.00014422
企业已投入生产的两用项目	0.00085955	企业输出军民融合技术交易成交金额	0.00008510
企业已投入民品生产的生产线	0.00148065	企业民品利润金额	0.00264238
企业产品线宽度	0.00085870	企业 R&D 经费支出	0.00007323
企业已转向民品研发的人员	0.00274834	企业工业增加值	0.00008306

续表

三级指标	权重值	三级指标	权重值
企业已转向民品生产的人员	0.00135418	成本费用总额	0.00026914
企业从合作企业引进军民融合人才数量	0.00012966	企业投入民品生产后降低的成本	0.00026669
企业从事民品专项技术研究的团队	0.00084808	企业新产品上市数量	0.00005508
企业已取得合作的民企数量	0.00029468	民参军产品迭代周期	0.00001079
企业已取得合作的研究机构数量	0.00016906	民参军产品迭代次数	0.00004254

表 5-46　企业维度下四川长虹技佳精工有限公司军民融合指标(民参军)权重分布表

三级指标	权重值	三级指标	权重值
军民融合技术发明专利授权数量	0.00548198	民企军品科研投入金额	0.00027168
获得军民融合科技成果奖项数	0.00000966	民参军企业军民融合年销售收入金额占企年总收入比例	0.00000189
输出军民融合技术交易成交金额	0.00006047	民用单位参与的军民融合项目总体数量	0.00000733
产品销量占同类产品总量的比例	0.00033076	军民融合企业主营业务收入	0.00002250
军民融合新产品上市数量	0.00002376	军民融合企业盈利能力	0.00001640
军民融合成本降低率	0.00001680	军民融合领域高新技术企业占比	0.00010348
产品迭代周期	0.00051180	民参军企业军品销售收入占比	0.00000046
产品迭代次数	0.00042884	民用企业军品产值数量	0.00034795
民参军企业主营业务收入	0.00001602		

表 5-47　企业维度下四川长虹技佳精工有限公司军民融合指标(军民融合)权重分布表

三级指标	权重值	三级指标	权重值
区域军民融合领域年投资额	0.00009783	信息基础设施合建共用数量	0.00002219
区域军民融合研究专项经费占比	0.00006549	军地信息融合共享平台数量	0.00005324
区域军民融合工作公务员人数	0.00000644	军民融合相关主导产业增加值占区域经济增长比例	0.00006415
区域军民融合工作领导人数	0.00009458	军民融合工业产值占区域经济增长比例	0.00000321
区域军民融合领域新增公务员比率	0.00010737	军民融合创造的科研成果数量	0.00003598
区域军民融合科研项目数量	0.00008447	军民融合领域高新技术企业占比	0.00009739

续表

三级指标	权重值	三级指标	权重值
区域军民融合军民通用基础设施新建项目数量	0.00000004	政府促成军民融合企业数量	0.00000241
军工企业合作研究机构数量	0.00003862	军工企业 R&D 经费支出占工业增加值比例	0.00019495
军工企业军品设备参与民品生产的比率	0.00017995	军工企业民品产值占比	0.00008150
军工企业军民两用产品占比	0.00006789	军工企业两用产品年销售收入金额增加比率	0.00001561
军工企业军民通用知识产权占比	0.00000018	军民两用技术输出成交金额	0.00005868
国有独资军工企业占军工企业改制比例	0.00005257	单位工业增加值专利比率	0.00016410
军工企业军转民项目专项资金投入量	0.00002662	军工企业技术进入“军用技术转民推广目录”数量	0.00003616
军工企业科研人员参与民品研究情况	0.00001725	民参军企业 R&D 经费支出占工业增加值比例	0.00030389
军工企业民品研发投入比率	0.00011014	民参军企业军民两用产品销售额占比	0.00001258
军工企业生产民品数量市场占有率	0.00005418	民参军企业成本效益	0.00000043
区域民参军企业年销售收入	0.00009341	民参军企业技术进入“民参军技术与产品推荐目录”数量	0.00001129
民参军企业军民两用产品研发投入比率	0.00000012	单位工业增加值专利比率	0.00003431
区域民参军企业参与的军民融合项目比率	0.00000687		

通过对龙头企业的军民融合度分析发现长虹技佳精工有限公司权重排名位居第 11，排名第 1 的龙头企业为四川九洲线缆有限责任公司。通过比较，我们发现四川九洲线缆有限责任公司各项网络数据都显得十分可观，与四川长虹技佳精工有限公司相比，前者的数据显得丰满许多，另外在“民参军”和“军民融合”同样具有一样的优势，所以在最终的军民融合度上才有这么大的优势。

再来看排在靠后的企业，无论是单个数据的数值还是每一个指标的总和与排在前面的企业都有很明显的差距。另外，虽然每个企业在每个指标的数值不是很一致，但是从大体来看在相同平台的数据的波动及分散程度都是趋同的，这就说明，不仅是“军转民”这一个板块是这种情况，这种数值的差异同样在“民参军”和“军民融合”上得到表现。

最后，我们用强制分布法将这 30 个企业分成融合度高、较高、一般、较差这四个水平，其中排名 1～7 的企业为融合度高，排名 8～15 的企业融合度较高，排名 16～23 的企业融合度比较一般，排名 24～30 的企业则表现较差。

5.5 本 章 小 结

本章从国家层面、区域层面、行业层面、企业层面分析了军民融合度的情况。国家层面是以省(区、市)为基础、以四川省为实例来展开的；区域层面是以八大改革试验区、四川省地市州为依据，再分别以成德绵、绵阳市为例来分析；行业层面是以七大战略性新兴产业为根本、以新能源汽车技术为例证来陈述；企业层面是以 30 个绵阳市重点龙头企业为研究对象，对这 30 个企业的军民融合度进行排序，再以四川长虹技佳精工有限公司为例，分析其军民融合度指标的权重分布。

本章首先根据收集的原始数据表中的指标等级，在 yaahp 软件中做出层次结构图；其次为邀请的专家提供数据，方便其打分，得到各级指标的权重；再次对原始数据表进行汇总，算出每个三级指标下各个省(区、市)、改革试验区、四川省地市州、战略性新兴产业、绵阳市龙头企业分别在各个层面下的占比；最后根据占比与权重的乘积进行评价。

第 6 章　军民融合发展态势分析

军民融合的发展是一项综合性强的工程，它的影响范围广，速度快，同时军民融合过程又涉及多个层面、多个领域。综合当前世情、国情，本章选择了国家层面、省(区、市)层面、企业层面三个层面对军民融合发展态势进行分析。

6.1　我国军民融合发展态势

我国军民融合正处于一个过渡阶段，这和我国现如今的发展步伐是一致的，都正处于一个不断改变、由初步到深化的阶段，因此军民融合在国家层面是具有代表性的。下面将围绕军民融合发展局面的现状、问题、原因进行讨论，从我国军民融合发展态势的不同角度、方向进行全面的分析。

6.1.1　我国军民融合发展的现状

军民融合是我国走向富国强兵之路的重要一步，更是我国双拥工作在新的基点上转型发展的崭新形式和突出标志。全国军民在贯彻军民融合政策时由被动变主动，由“要我融”向“我要融”转变，更加积极主动地投入军民融合的实践中，努力实现战斗力和生产力双提升。同时，军工部门、企业要深度贯彻落实党的重要指示，要从宏观着眼，微观入手，做好周密的战略统筹，要有明确的方向，正确的措施。同时，信息要互通互达，军地需求要无缝对接，这样才能保证融合的流畅与高效，保证重点领域发展有亮点、有特色，积极加快军民融合深度发展格局的形成。

1. 军民融合发展进入新阶段

宏观来说，如今我国军民一体化发展进程正处在由初步建设向深度发展的过渡阶段，展现出了许多新亮点，在这一过程中我们也得到了许多新成果。一是中央经过多次开会研讨、调研，推出了深化军民融合发展的总纲领。2013 年 11 月 12 日，党的十八届三中全会通过的《中共中央关于全面深化改革若干重大问题的决定》，决定把深化军队改革纳入国家总体改革方案，把推动军民融合深度发展作为深化军队和国防改革的三大任务之一，并就如何推进军民融合深度发展做出了详细的阐述和部署。这是第一次在我党的文件中如此明确、系统、全面地阐述军民融合问题、部署军民融合改革工作，由此观之，国家层面对推动军民融合发展的决心与毅力。二是我国的军民融合正处于一个向深度发展的过渡时期，通过对一些发达国家和发展中国家推进军民融合进程的分析和研究，我们了解到军民一体化进程往往要经历由初步融合到深度融合两个阶段。经过科学的计算和相关专业部门的测算，我国如今的军民融合度大致在 30%。而这 30%正标志着我国的军民融合发展走上了新的台阶。

党的十八大以来，军民融合发展出现了一系列新亮点、新特色。尤其“进一步做好军民融合式发展这篇大文章，坚持需求牵引、国家主导，努力形成基础设施和重要领域军民深度融合的发展格局”这一倡导的提出，在军队总部机关、各军兵种积极参与、主动作为下，军民融合发展慢慢展现出了一个“需求牵引，军队和政府共同主导”的崭新局面，这就深刻地表明了军民深度融合并不仅仅是一句空话，这是正在进行的、真正付出了实践的。

我国的军民融合是不断变化发展的，是由浅入深的。从 20 世纪 70 年代末到 2012 年,我们所讲的军民融合发展,都是指国防科技工业要实行军民结合。到 2018 年，全国已有 33 家军民结合产业基地被命名，这个数字正在不断加大，它们的一个共同特点是园区基本上没有军队参与。

从 2012 年开始，随着全党、全军对军民融合发展认识的加深，军委各总部、各军兵种总部纷纷提出了与地方经济融合发展的需求。北京市委、市政府认为，北京经济，特别是中关村科技创新示范基地要想进一步发展，必须进军国防和军队现代化建设的高科技领域，只有超越国外高新技术，掌握自己的核心科技，才能继续引领国内高科技的发展。在这种思想的指导下，北京市委、市政府重抓推进军民融合发展，以此为支点来推动北京经济社会发展，并陆续与军委各总部、各军兵种、各军工集团总部签订了军民融合发展战略合作协定，以此为突破口来推动北京经济转型升级。我国海军提出了共建创新园，火箭军提出了需要北京市解决的 17 个关键的技术问题。在此之前,空军直接支持江苏丹阳经济技术开发区,开发了碳纤维等空军急需的高新技术产品，满足空军现代化建设的需求，取得了良好的经济社会效益和军事效益，其开发区的年销售额达 200 亿以上，2013 年被评为“国家级军民结合示范基地”，并且迎来了时任总装备部部长张又侠的亲自考察。在考察中，张部长了解到民营企业中航智科技有限公司自主研发的高性能陆上和舰载多用型无人直升机，是目前国内最先进、载荷最大的无人直升机之一，除了在军事领域有重要的应用前景，还可以广泛用于空中侦察、森林防火、农业喷洒、航拍、电力巡航、抗震救灾及测绘等多个领域后，非常兴奋，当即订购并予以开发上的支持。

军队在主动参与经济建设后，给军民融合发展带来了勃勃生机，拉动了国民经济各领域，为各行业参与国防和军队现代化建设打开了大门。

2. 军民融合体制机制建设加快步伐

2013年，党的十八届三中全会对军民融合体制机制改革进行了全面部署和修改，这是军民融合改革发展的最为突出之处。会上讨论通过的《中共中央关于全面深化改革若干重大问题的决定》明确指出，在国家层面建立推动军民融合发展的统一领导、军地协调、需求对接、资源共享机制。同时指出要健全国防工业体系，完善国防科技协同创新体制，改革国防科研生产管理和武器装备采购体制机制，引导优势民营企业进入军品科研生产和维修领域。改革完善依托国民教育培养军事人才的政策制度。拓展军队保障社会化领域。深化国防教育改革。健全国防动员体制机制，完善平时征用和战时动员法规制度。深化民兵预备役体制改革。调整理顺边海空防管理体制机制。这一系列重大改革举措的制定和落实将使带有中国军民融合发展的工业基础和国防体系基础更加厚实，运行将更加顺畅，中国的军民深度融合的步伐将会因此而更加稳健。此外，一些地方性军民融合领导机构、军地协调机构也积极响应号召。2013年6月，湖南省委、省政府成立专业小组，负责领导工作；同年8月，福建省宁德市与驻闽海军成立专项小组。把军民融合纳入政府定编制、定岗位、定职责方案，做到领导有责任、部署工作有重点、工作有内容、考核评比有标准、解决难题有投入、成员工作有信心。继2012年北京市政府和海军创建的蓝鲸军民融合创新园后，军地战略合作再取得新进展。2013年军地战略交流合作再度谱写新篇章：工业和信息化部与河北省政府签订《关于共同推进军民融合发展的战略合作协议》，中国航天科工集团公司与中国电信集团公司签署《全面业务合作框架协议》，中国航天科技集团公司和黑龙江省人民政府签署《黑龙江省人民政府中国航天科技集团公司战略合作框架协议》，中国兵器工业集团与清华大学签署战略合作协议等。军民合作的持续深入及覆盖面的不断扩大，不仅推进了我国的国防建设和军队的发展，更促进了地方工业结构转型升级，使我国的经济结构不断优化。

3. 军民融合政策法规建设逐步健全

随着军民融合的不断深化、发展，与之相关的法律体系、政策方针也相继出台。其目的不言而喻，都是为军民融合的进一步深化保驾护航。2013年，各种相关法律的立、改、废的步伐明显加快，这也预示着军民融合发展正慢慢驶入了法制化快车道。“民参军”政策法律法规进程不断加快。在继2010年国务院、中央军委颁布《关于建立和完善军民结合寓军于民武器装备科研生产体系的若干意见》，工业和信息化部、总装备部发布《武器装备科研生产许可实施办法》之后，2013年6月，国家国防科技工业局、总装备部随之出台了《武器装备科研生产许可退出管理规则》；同年8月，国家国防科技工业局又出台了《国防科技工业固定资产投资项目管理规定》和《国防科技工业固定资产投资项目竣工验收实施细则》两项规定。民营企业参与军工科研生产的政策法规体系日渐完善和地方推进军民融合发展的政策法规不断完善，将保证我国的军民融合发展大步向前迈进，我国将在军民一体化的进程中迈出一大步。继 2012 年底，多达 20 个省(区、市)相继出台军民结合产业发展或军民融合实施意见后，2013 年又有许多省和部委出台了推进军民融合发展的意见。例如，湖南省出台了《湖南省人民政府关于推进军民融合产业发展的意见》，江苏省制定了《关于加快推进军民融合式发展的意见》，河南省发布了《河南省人民政府关于加快军民结合产业发展的意见》，上海市规划了《关于深入推进上海军民融合深度发展的意见》，山西省印发了《关于加快推进军民结合产业发展的意见》，农业部、总后勤部联合发出了《关于军民融合推进部队科技兴农工作的通知》。与此同时，各地在制定发布相关军民融合专项政策规章的同时，在涉及科技创新、人才培养、基础设施建设等地方性法规中，都提及了军民结合发展、军民深度融合的相关内容。

1) 军民融合理论研究不断深入、完善

为了厘清发展思路、加强对军民融合的范围及深度的认识和为发展“扫清拦路虎”，一些理论研究人士掀起了研究军民深度融合理论的热潮，研讨会、座谈会、论坛等比比皆是，各种杂志、期刊上关于军民融合理论的文章也不胜枚举。2013 年，在国防经济理论研究部门和机构一如既往地推动军民融合理论创新之外，还加入了军民融合一线的一些专业机构，如一些相关的实践部门、管理机构也加入理论研究这个大家庭。同年 1 月，军民融合(北京)装备技术研究院、中船重工军民融合与国防动员发展研究中心、中国人工智能系统工程专业委员会，联合举办的国防信息化与战略管理论坛暨第五届中国军民融合年会在北京召开，会议顺利召开并取得了重大成果，会上深入研究探索了军民融合重大理论和现实问题，并得出了重大结论。同年 6 月，国家发展和改革委员会、军队战略规划委员会在国防大学联合举办了贯彻落实《统筹经济建设和国防建设“十二五”规划》专题学习班，国务院有关部委和直属机构、军队四总部和军兵种机关及省军区、中央直属大中型企业等单位的 67 名重点岗位司(局、师)级领导干部参加了学习研究，该班就我国军民融合发展的现状、存在问题、原因和对策建议等进行了重点研讨。该学习班覆盖范围广，多部领导积极参与，可见军工部门对其重视程度。同年 7 月，工业和信息化部召开了军民融合发展研讨会，会上研究了军民融合式发展的现状和问题及其对策。同年 9 月，国防科技大学和美国马里兰大学联合主办军民融合与科技创新国际研讨会，会议围绕“军民融合促进军民双向高新技术转移”这个主题进行了深入探讨。同年 10 月，军民融合(北京)装备技术研究院举办深化军民融合战略思想高层论坛，以“推进军民深度融合、实现富国强军的统一”为主题进行了深度交流。同年 11 月，国防大学国防经济研究中心与南昌陆军学院联合举办了推动军民融合深度发展学术研讨会，会议在南昌顺利召开，与会人员包括国家部委、中央军委总部、各省市相关部门多名领导及军地有关院校近百名专家，该会议探讨了推进军民融合理论创新的具体措施和方案。同年 12 月，国防信息化与战略管理论坛、中船重工军民融合与国防动员发展研究中心等单位联合举办国防信息化与战略管理 2013 年论坛暨第六届中国军民融合年会，该会议围绕“加强国防信息化战略管理，发挥市场决定性作用，推进军民融合深度发展”进行了深入探讨，总结了前人的经验，学习了先进的理论、方法，为后续工作的开展打下了坚实的基础。理论和实践相辅相成，缺一不可，军队和地方两种资源、两股力量，只有军民同心，知行合一，才能共建中国军民融合发展新蓝图。

2) 军民融合的多角度、立体化发展

在十二届全国人大二次会议解放军代表团全体会议上，我国领导人对我们的军队建设提出了新的要求，指出我国军队要“能打仗、打胜仗”，更提出要将国防和军队建设纳入国家经济社会发展体系。在这种正确思想引领下，军委许其亮在军事科学院和国防大学调研时也指出，要着眼战争形态和作战样式的改变，着眼使命任务，着眼未来战场，深刻研究战争，揭示制胜机理。国防和军队现代化建设必须要正确践行此思想，要在作战指挥、政治工作、武器装备、后勤保障这四大现代军事环节中付出行动和实践，这样，我们才能在现代化战争中克敌制胜。

深度的军民融合对中国的意义深远，军队要高效率地作战，军民的深度融合是必然的。现代化的战争不同于以往，它是与各国之间综合国力的角力，所以我们的作战指挥也要向深度发展。我们不仅要能单纯地指挥军队作战，更要学会运用国家的各种力量、资源，全方位、多方面地将现代化的力量融入军队中。在战争策划、实施，再到战争的善后中，作战指挥贯穿于整个过程，它就像一根细线，将每个部分紧密地联系成一个整体，其中作战指挥的内容尤其重要，它不仅包括军队本身，还涉及国家的各个层面、各个机体。在实际战斗中，作战指挥系统就是一个司令部，它必须根据战争的环境变化和进程加快对各种战争手段、方式的使用做出决定，并发出明确指令，及时准确地收集战争信息，不断调整或改变原有的战争部署。战斗结束后，战争却并没终止，作战指挥也能发挥巨大作用，这时作战指挥的功能就主要体现在协调政府工作、帮助政府整理战局上。日新月异的作战方式、广阔充盈的作战资源和各式各样的战斗装备构成了我们的现代化战争。军队的进化也对我们的战争指挥者提出了更高的要求。战争指挥者必须充分掌握国内一切可用于战争的资源，了解它们的运行机制、运作渠道，并与资源的相关拥有者、管理者建立长效沟通机制，做到信息互通、协调灵活、步调一致。在国家层面上，要军政一致；在军地层面上，要军民同心，达到军民紧密联系、深度融合的新格局。国家相关部门要与军队形成良好的互动，军队的需求与国家发展相互促进，相互推动发展。

军民深度融合发展是军队政治工作的强大智力支持和源源不绝的动力。我国是人民当家做主的国家，我们的军队来自于人民，又服务于人民，是为了保护人民的利益而产生的。人民军队是我党宗旨最好的践行者，是人民利益最忠实的捍卫者，是人民最为坚实的靠山。

后勤保障就是军队的干细胞，自古以来，行军打仗最重要的就是后勤力量的支持。俗话说"万丈高楼平地起"，只有有了坚实的地基，才有高耸入云的大楼。只有拥有磅礴复杂的根茎，才有参天的大树。而军队的后勤保障，正是我们军队的根基所在。举个简单的例子，在解放战争的三大战役中，仅仅几十万作战部队，却有数百万人投入战役，这数百万人不是来作战的，他们的任务就是为前线部队提供各种需要的资源。拥有如此庞大的后勤保障系统，哪还有不打胜仗的道理？尤其在如今这个高新技术武器装备纵横的现代部队中，完备的后勤保障系统就显得更加重要了。我们现代的后勤保障必须要科技化、多样化、效率化、灵活化。战时需要的各种资源必须要有长期的储存，并且要不断地更新。我们的后勤保障必须要能对突发、急性事件的需求应对自如，游刃有余。国家的粮食部门、工业部门、交通运输部门等部门都应该联动起来形成一个有机的整体，把这个整体作为国家军队最大的后勤保障部门，整体联动，协调灵活。以此为基点来改革军队，发展军队，建设军队。21 世纪以来，随着后勤保障的建设和完善，军队的改革发展取得了显著的成效，军民融合发展也向前迈出了一大步。

4. 军民融合军队发展

1) 军民融合军队政治工作内容

中华人民共和国成立以来，世界范围内一直维持着一种和平的状态，战争极少发生，各国都在大力推动本国的经济建设。在这个特定时代背景下，中国在大力推动经济建设的同时，也把我军的建设拉上了正规化、现代化的快车道。在了解多国现代化军队的建设经验和上级领导人"精兵简政"的指示下，我军进行了大规模的裁剪和改编，2016 年我军拥有 230 万人。党的十一届三中全会以来，我国在经济全球化的浪潮中越行越远，中国的政治大国地位在稳固提升的同时，人民的生活水平也在不断提高，我国的综合实力也在不断增强，但随之而来的也有一些敌对势力的抵制和排挤，各种矛盾交织。在我党的正确领导下，怎样维护人民的利益和保障国家的权益？军民深度融合就是一把解决这些问题的"金钥匙"。

在军队政治工作领域的军民融合中，涵盖三大重点：

(1) 加强军队思想道德素养，提高思想政治觉悟。军队不是生活在真空中，军队也是人民的一部分，在中国特色社会主义前进的步伐中也会出现许多问题，因此，我们的军人必须要深刻践行马克思列宁主义、毛泽东思想、邓小平理论、“三个代表”重要思想、科学发展观、习近平新时代中国特色社会主义思想以及党中央、中央军委的重要指示，做到有能力、有责任、有方法去推动社会主义建设。军队只有解决了自身问题，才能更好地为老百姓解决困难，才能为百姓谋福利。

(2) 将部队的先进文化扩大到人民群众中，使军队文化与社会主义现代文化完美相融。建军以来，我们的军事文化不断继承，不断创新，不同时期有着不同的内涵，但始终秉承着一个宗旨，那就是一切服务于人民。这就决定了我军创造的独特军事文化的性质。我们的军队文化来自于群众，也应回归于群众，与人民共享。那么怎样才能做到与人民共享呢？我们可以利用多种形式的社会活动来宣扬军事文化，如现代化装备博物馆、影视剧、动画片等，让人民充分认识和理解人民军队文化，走进军队文化，关心人民军人，加强军队与人民之间的血肉联系，推进我国的军民一体化建设进程。

(3) 整合资源，高效运转，培育军队所需的先进的高科技人才。现代战争不同于以往，它对军人提出了更高的标准，尤其是高新技术武器装备配属部队后，军队对高技术、高含量人才的需求越来越大，所以我们要充分利用国家提供的各种资源、多方力量，来为军队的发展添砖加瓦。我们要合理利用地方院校、军工科研院所、军工企业的资源来培育优良军事人才，培养军人的基本操作技能，让军人掌握一般的生产过程和修复方法。采用军民融合式的培养方式既有利于军人熟练掌握武器装备使用方法，成为一名现代化的战士，又有利于军人学会工业生产的一般流程，为以后复员转业打好基础。

2) 军民融合军队武器装备发展

武器装备是军队的第二生命，先进的武器装备是克敌制胜的关键，所以在军民融合发展中必须要注重军队武器装备的建设。厚实的工业基础和高科技的国防科技工业体系是部队的基础支撑。所以在军队的建设中应加大对这些企业资源投入，同时也要推动科技的发展。军工企业的特殊性、保密性就决定了它们相对独立的工业体系。在军民发展的推进中，必须完善这个体系，在某些方面要加大军工企业的开放性，融入一些其他的力量，如一些民营企业的高科技技术、先进经验和优势产品等，要利用社会上各种有益的力量来推动国家军队的前进。

我军武器装备的发展经历了由刚开始的引进、仿制到如今的自主创新、自我发展的过程。如今我国自制的武器装备已经出口到世界各地，我国一些武器装备已经走在了世界前沿。如今我军武器装备的发展到了矛盾制胜的新阶段。“矛盾制胜”就是瞄准世界霸权主义国家和一些敌对势力，矛则以盾御之，盾则以矛戳之，从武器装备上取得优势，以战止战，谋求世界的和平稳定，为世界范围内的和平发展做出贡献。从我军军备发展的实情着眼，要在军备领域实现军民的深度融合发展，要从下面几个部分着手。

(1) 在武器装备需求研究上的深度融合。需求牵引，是军民融合发展的前提。在提出合理需求之前要充分了解学习外军武器装备的实情，知晓这些装备的技术、性能等，学习借鉴外国先进经验和有益成果。同时我国的军队、军工科研院所，包括一些大专院校、企业都要合理利用各自的优势，并把这些优势组织起来，把资源整合起来，还要区分不同专业委员会，对不同的发展需求要有多种解决方式。

(2) 在武器装备研制上的深度融合。在武器装备研制的过程中，要学会集思广益，集众人之力量办大事，融入军地双方的智慧，这才能事半功倍。而且，军地双方的深度融合既有利于打破行业壁垒，也能推动军民融合的进程融合。

(3) 在武器装备后勤保障上的深度融合。武器装备的后勤保障工作为军队持续的战力保驾护航。通过对外国先进经验进行借鉴以及对“精兵简政”政策的深刻理解，只保留些许精干的维修保障人员，将大量维修保障的任务以合同的方式委托于民营供应商。随着时代的变迁，不断更新的高新技术武器装备将会越来越重要。所以，将军民融合中维修保障工作进行深度融合就显得尤为重要。党的十六大以来，许多相关措施已被采用，如今的保障工作无论是在深度上还是在广度上都已步入正轨。

6.1.2　我国军民融合发展存在的问题

近年来的成果表明虽然军民融合发展极大地促进了我国国防建设和工业体系建设，但不可否认的，在其发展中仍然存在着一些明显的不足。例如，大量先进技术和经验只能在军工集团内部当“菩萨”，没有实现产业化；还有一些军工技术已被民用优势技术赶超，遗憾的是它们不能进入军队装备市场。然而这些现象出现的原因都是机制体制的呆板和固化。许多其他领域的军民融合和武器装备领域的情况一样，不容乐观。经过多方面的研究、调查，在我们看来、原因有如下几点。

1. 认识存在偏差，未能形成共识

如今，很多人对军民融合的广度和深度的认识还失之偏颇，甚至在一些军队和政府部门间还存在着狭窄和宽泛两种极端情况。再者部队因其机密性、特殊性而导致开放意识不够，军队的需求牵引一直不能发挥应有的作用，军队的需求得

不到外界的及时反馈，军地信息沟通不便。地方国防意识淡薄，对国防工业的发展不重视，缺乏主动性。军队和政府相关部门也缺乏相互合作精神，甚至存在着一些争权夺利现象。

2. 产业园区建设“重量轻质”现象突出

许多省市地方为了加快经济结构调整和工业结构转型升级而大力发展产业园区和面上项目。一些地方根本不从本地资源的实际情况和军地产业基础条件出发，大量花费人力、物力、财力在军民结合产业园区上，一味地发展高技术高附加值产业，导致军民融合互动效应难以形成，“同质化”“泡沫化”等不良现象层出不穷。除此之外，因为不同地区为发展本地经济纷纷争抢军工集团的军民融合项目，结果军工集团的碎片化现象加剧；一些军工企业主导建立的产业园区只能又成为新的生产制造基地，没有吸纳民间的优势力量，这样的产业园区对周边的经济没有半点带动作用。

3. 军工、地方“一头冷一头热”对比明显

军工企业有着两层含义，对于军队而言，是“地方”、是“民”，而对于民营企业等社会性质的团体来说，是“军工”、是“军”。所以军工企业有着与生俱来的优势，它天然带有军、民两种性质，所以军工企业必须充分发挥主动性，要积极作为，要作为军民融合“先行军”和“排头兵”。但期望与现实往往存在落差，部分军工企业“雷声大、雨点小”现象明显，这些企业口号响亮，却没有付诸实践。军工集团、地方政府、民间力量之间的对接不紧密，“一头冷一头热”现象十分明显。一方面，军工集团由于其长期的独立式体系、封闭式发展，导致发展方式很难从根本上改变，造成了优势民间资源“参军”的大门仍未打开；另一方面，部分军工企事业单位对拓展民品、引进民资的积极性普遍较低。与之相反，地方政府对以军工企业来抢抓军民融合发展机遇的工作积极投入，民间投资机构、民企等社会力量的参与热情也不示弱。这两种不同的态度就形成了这种“一头冷一头热”的极端现象，我们的军民融合发展也因此陷入了尴尬的境地。

4. 军民融合投资“概念股”推波助澜

投资机构对已上升为国家战略的军民融合进行推动，使其概念板块一度成为股市热点，但军工企业存在着高估值的明显特征。自 2011 年以来，国防军工板块净利润连续四年下滑，基本面表现并不突出，对板块估值预期的提高致使其股价上涨。基本面表现不佳还有部分被各大证券公司看好的民参军企业。例如，我国某上市军工民营企业 2015 年股价最高达到 119 元，但 2016 年一路下

跌至最低价 25 元。事实上，该公司 2015 年就亏损 5533 万元，2016 年三季报亏损 4913 万元。

5. 顶层设计不足，缺乏统一领导

军民融合的深度发展不仅只涉及国家军队、经济的发展，它更关系到了体制机制改变、武器装备科研生产、军队综合保障、人才培养等多个领域。由于涉及的内容面广、程度深，所以就必须做好顶层设计，设立专业的领导团队来统一规划和领导。但目前的状况不尽人意。各地不同部门职能存在交叉，权力分配不明确，多头管理现象较为严重。政府对国防科技工业的能力建设和产业发展采取的是按照其军民属性进行分线管理的方案，这对军、民两方面科研生产能力和两类产业的整体规划、统筹兼顾会产生不利影响。在国防科技的创新方面，多家国防科研力量都是由军工集团主导的，这样就造成军地科技资源和科研成果难以共享。

6. 主体法律缺乏，法规建设不完善

尽管近年来颁布了不少关于军民融合政策和法律法规，从宏观上看，现行的法律法规体系仍是不完善的，还存在下面几点问题：一是涵盖面较窄的法律法规体系已经不能够满足目前的需要，而且还缺乏促进融合的基本法律；二是整体层次较低的现有法律法规的权威性不够，而且其执行力度也不够大；三是先有的法律法规条文还存有冲突的地方，法律条文不准确；四是一些政策法规程序固化、呆板，执行困难。随着军民融合的不断深化，必须要有相应的完善健全的法律体系为其保驾护航。由此观之，军民融合体系的法律建设任务还很艰巨。

6.1.3　阻碍我国军民融合发展的原因

中国的军民融合发展存在一些问题，但这些问题并不是客观存在的，其出现的原因有三个：理论研究相对薄弱、民营企业和地方政府对困难认识不够深刻、军工单位主动革新力不够。本小节就这三大因素的形式进行论述。

1. 军民融合理论研究相对薄弱

军民融合研究大多将重点放在背景形势、经验做法分析等方面，对核心问题的论述、研究可谓是少之又少，而在解决办法方面更可谓是“凤毛麟角”。究其原因，一是基础研究体系薄弱。就军民融合产业而言，其统计分类体系尚未建立、权威统计口径未统一，各地军民融合产业规模、结构等测算工作举步维艰；与军民融合度相关的测算方法、表征指标等权威研究也是相当缺乏的。二是对重大利益的矛盾不够重视，导致研究不够深入。例如，目前，对民参军知识产权的保护、军转民知识产权的管理，以及军工企业专家参与军品定型的模式等重大问题，仍然没有系统的研究。三是敏感性政策研究在力度、广度上不够。例如，针对非国有企业申报军工固定资产投资项目时，依照现行规定国拨资金比例超过 50%，要采用资本金注入方式，投资形成的股权属于国有股权，导致大部分民企不愿接受这种投资方式。“不公平、不公正”是很多学者对该制度的看法，并且他们认为，该政策在极大程度上地打击了民营企业的积极性。

2. 民营企业和地方政府对困难认识不够深刻

众所周知，投资高、门槛高、批量小、品种多、限制多、周期长、需求方单一等都是军品科研生产的特点；而民品生产的特点是成本低、批量大、需求方多元、市场回报快等。单就两者的特点而言，截然不同的情况使地方政府和民营企业理解这些困难和挑战不够准确。部分地方的抓融合方式实在是不敢苟同。妄想仅通过抓民品和抓产业，更甚者竟采用传统的招商引资形式来进行融合。以编制军转民和民参军的技术推广目录，进而解决信息对接、成果转化等问题，这种做法在不少地方实践，但是真正落地的项目却很少。再者是建设、运营军民融合产业园区没有正确的方法，只是盲目地照搬其他工业园区经验和做法。军品科研生产、军民供需对接和成果转化这三个方面实践的复杂性，使得园区内配套的建设极度缺乏，进而导致许多园区运营困难。最后是很多民营企业仅利用已经熟悉的民品科研生产方式来对各种资源进行配置，但仅仅这样是不够的，是不能适应和达到军品立项、招标、采购等程序的要求的。个别企业的资金链紧张等问题的出现也就见怪不怪了。

3. 军工单位主动革新力不够

军工单位在主动革新方面表现过于冷淡，首先是集中出现在集团层面和二级单位的因动力不足而不想进行融合的现象。究其原因，一方面，受多年央企考核机制束缚、军民体制分割阻塞、路径依赖严重、利益固化等的影响，在集团内，军品任务的承接习惯于将任务从头包到底，导致优质的社会资源参与程度不高及参与动力不足。另一方面，集团的管理制度也存在一些问题。首先是缺乏激励制度，近些年军工企业承担的军品业务繁重，在这样动力、精力均不足的情况下，军工企业拓展民品市场的成绩平平。再者主要表现在因权限不足而不敢进行融合的二级以下的子公司身上。因为这些单位本身就缺乏自主决策权，如在业务拓展、对外投资、建立法人等方面，军工央企下属单位受到了严格限制。最后是表现在军工集团下属三级以下配套单位因能力不足而不能进行融合。这些单位几乎没有可供融合的技术、设施和人才，是由于自身的软实力和硬实力的不足——较低的承包层级、不强的研发能力、先进技术储备的欠缺、落后的设备设施。

6.2　四川省军民融合发展态势

自从军民融合发展上升为国家战略后，四川省全面创新改革的核心任务也包括军民融合。本节以四川省军民融合发展态势的现状、问题、原因进行论述，对四川省军民融合发展态势的不同方向进行深度分析。

6.2.1　四川省军民融合发展的现状

四川地区是整个军民融合过程中的先行者，但是每一个地方都拥有其各自的特点，融合情况也不一样。四川省省会成都市、中国科技城绵阳市在整个大的融合过程中效果显著，成都市军民融合状况更是有了飞跃式的发展。而在军民融合发展领域中，德阳市融合效果十分显著，南充市更是对军民融合交上了一份良好的答卷。军民融合在已有的基础上进一步发展，而融合的精准化、专业化及社会化等方面，不同城市在各自的细分领域精耕细作，更能满足市场的需求。

成都作为国家国防科技工业的重点区域，无论是在航空航天技术，还是在信息安全、军工电子方面，以及核能及核技术应用、机电装备和材料等工业领域，都具有较强实力，并且各方面较为完整的产业集群也已成形。再者，成都创建试点示范城市的三大创新试点之一是加快推进军民融合体制创新，因此成都具有较强的产业实力。

创新驱动和军民融合国家战略得以深入实施，同时国防科技工业成长为高端成长型产业的美好愿景也在路上，这些都得益于成都的自身优势。通过军民融合产业聚集园区的发展，带动军民融合机制体制改革创新，进而加速实现军民融合创新道路的通行，这些都将是成都按照军民融合产业发展规划具体实施的结果。发出全力构建“1+N”军民融合产业体系，旨在到 2025 年培育出千亿级集群。改革机制体制的地位毋庸置疑是极其重要的，这是由军品和民品本身的巨大差异决定的。所以产品造型、设计理念等方面的转变是必不可少的。要想加快促进体制机制改革，引入战略投资者组建股份公司是公司不二之选。

如何激发军民双方的内生活力是又一重要问题。不少人提出了通过打破体制机制的束缚，充分发挥市场作用的办法。工业、科技、军事和教育等诸多领域均被列入在军民融合的计划中,也就不难想象军民融合是一项多么复杂的系统工程。更棘手的是，军工企业和民用企业的管理体制机制和技术由于本身的差异，不能很好地融合。俗话说，治标不治本不管用，以根本源头作为出发点，想出解决办法，才能更好地推进军民融合发展。

成都市要想加快体制机制创新，就必须打开突破口——重点项目。军民融合重大项目的特点是投资大、带动力强、技术水平领先。首先筛选出重点项目，然后对其进行加强跟踪推进。项目引导的作用不容小觑，项目的签约落地需要积极地将军工集团的战略协议进行落实，使社会资源参与军工混合所有制改革，使决策迅速、资金实力雄厚及灵活性等民营企业体制机制的优势得以发挥。例如，民营企业所采用的参股、控股、收购等方式都是值得探索的、总结的、借鉴的。将这些方式应用于参与军工企业的改组改制中，进而逐渐形成军民融合发展模式。

对顶层设计的基本规律、根本目的、基本原则和方法途径的准确把握以及军民融合深度发展的落地，对加快推动军民融合深度发展是至关重要的。为了统筹全市军民融合产业发展，成都市于 2016 年 6 月成立军民融合发展推进领导小组；同年 9 月，出台《成都市军民融合产业发展“十三五”规划》，提出“1234”(实现一个目标、着力两个创新、构建三个体系和推进四个融合)总体发展思路。

在规划中，加快“民参军”机制创新和“军转民”开放创新是必经之路，在人才、技术、资本、产品等方面的军民融合将成为成都的着力点。成都已经定下目标：力争到“十三五”末，建成“成都军民融合创新产业园”，打造国家级军民融合创新示范区，产业主营业务收入突破 1500 亿元。以航空产业为核心，新一代信息技术、航天、核能及核技术应用、机电装备和新材料等产业联动发展的“1+N”产业发展体系在成都如火如荼地进行加快构建；以成都天府新区军民融合创新产业园为核心，成都的高新区、经开区、青羊区、新都区、双流区、彭州市等特色产业园(基地)为支撑的“1+N”空间布局体系也已经在成都拉开大幕；以“军民融合产业发展十条”为核心，科技创新、招商促进、金融服务、区县扶持等一批政策措施为配套的“1+N”政策保障体系也在同时下放。推进这四个融合刻不容缓。

为了调动军民融合企业参与混合所有制改革的积极性，提高其市场化资产证券化水平和“参军”能力，同时表达对军民融合的重大项目、完善的军工配套产业体系建设的支持，成都发布了若干以“两个创新”“四个融合”为中心的有关于促进军民融合产业加快发展的政策措施。这些政策措施展现了成都对军民融合企业进行市场开拓、建设公共服务平台、产学研用协同创新平台的支持。尤其在军民融合产业人才融合方面，成都市欲专门设立军民融合产业基金来达到促进人才融合的目的。德阳作为国家全面创新改革试验区之一，同时也是中国科协创新驱动示范市。早在 2016 年，德阳市的高新技术产业产值就已突破千亿大关。由于国家重大技术装备制造业基地落户德阳，德阳又有了新的标签“重装之都”。全国 60%的核电产品由德阳制造；全国 50%的大型电站铸锻件和大型轧钢设备出自德阳之手；全国 40%的水电机组来自德阳；30%的火电机组和汽轮机是在德阳成型。德阳的装备制造企业超过 1500 家。成都正处在既需加快发展又在转型发展的关键时期，全面创新改革和成德同城化“两个一号工程”的加快实施迫在眉睫，旨在打造“两张名片、两个示范”，加快德阳进入快速转型行列的步伐。身负重任的德阳——全面创新改革的先行区，将军民融合定为改革试验的重要内容。通过加大装备制造企业的“民参军”力度，来加快军工企业“军转民”的进程，再进一步加快全要素、多领域、高效益的军民深度融合发展格局的构建。全力打造“两张名片、两个示范”，即将重大装备智能制造核心技术和职业教育打造成面向全国、走向世界的强有力的名片；将建设国家创新驱动发展示范市、职业教育促进经济社会发展综合示范市提上日程。

6.2.2 四川省军民融合发展存在的问题

我国经济市场化的不断进步、国际政治外交环境的千变万化及我国国家军事战略方针的调整，导致本就存在一定不足的传统军工产业的运作模式与现代国防科技工业发展的需求相符度不断下滑，渐渐越来越多的体制机制问题暴露出来。

1. 调整优化军工企业的产权制度、治理结构和激励机制必不可少

第一，国家独资企业占军工企业投资主体的大部分，从而导致产权结构和投资主体单一，然而这种不太完美的所有权配置方式对维护国家安全存在必要性。但如何在国家控制范围内,使国有资本在国防科技产权中的配置方式更加多元化，特别是军工企业的股权组织方式相当值得探索。第二，大部分军工企业在管理制度上缺乏有效的现代法人治理结构，例如，相当多的企业没有设立股东会和董事会；但在拥有股东会和董事会的企业，其作用也无法发挥，换言之其形同虚设。第三，军工企业内部的员工激励机制欠缺、员工福利待遇提高缓慢，导致员工积极性低，这一点也是由军工企业内部沿袭计划经济模式导致。再加上大部分企业管理者均是行政派遣而来，使企业内部晋升通道堵塞，打击人才积极性，导致人才流失，也因为对企业的不了解致使团队建设受阻。企业的人力资源也存在着不大不小的阻碍。

2. 垄断制约着国防科技工业的发展活力

由于国防用品的特殊性质形成了高度垄断的军工产品市场，其后果是长期缺乏必要的竞争、产品单一、资金利用效率低、企业内部冗员以及行政管理不合理。供给市场和需求市场均为高度垄断的市场，是极度缺乏竞争的，使得各种政治、经济和文化问题一一暴露出来，导致军工企业发展困难重重。首先，军工行业具有较高的行业壁垒及军工产品市场进入的潜在压力，均需要进行行政审批和产品计划报备等相关工作。长期如此，必然导致军工产品的供给市场垄断加剧，缺乏竞争对手，效率持续低下。其次，以国家政府为主的需求市场也处于垄断状态，军工企业完全失去了应有的自主权——生产什么产品、生产多少、什么时候生产

及产品价格等全由政府决定。长期如此，必然会导致技术停滞不前、资金浪费严重、人才极度缺失，这些都会制约军工企业的发展。

3. 军工企业发展与地方经济发展无法协同进行

军工企业与地方经济在管理体制上严重脱节，究其原因是我国大部分军工企业都是中央直属企业，直接归国务院相关部门管理。受某些陈旧法律政策法规的限制，军工企业与地方经济缺乏应有的沟通、交流、协作与合作，形成了两方各自为营的局面。其最严重的后果具体表现在重复建设、重复引进等资源严重浪费现象上，同时这也制约着资源的合理配置，影响着经济的健康发展。其原因主要体现在：军工企业对某些信息的独占，造成地方经济实体对军工企业了解甚少，不能分享其各种优势；军工企业发展民用品尽管得到了地方政府和企业(地方非军工国企、民企、混合所有制企业)的支持，但投入渠道仍然受到限制；社会总资源的浪费，相当一部分是因军工企业独占研发资金和先进技术，导致其不能有效进入地方实体经济；各种行业封锁和地方保护政策，造成军工企业发展民用品受到限制，极易形成同行业间的无用竞争，对经济的发展有不利影响。

6.2.3 阻碍四川省军民融合发展的原因

要想军民融合开展得全面且有深度，就需要从以下五个方面发力：一是要解放思想转变观念；二是体制创新，释放融合主体；三是充分发挥机制市场化的作用，激发出科技创新的活力；四是对要素市场进行培育，以便协同军民体系的构建；五是聚焦新型战略，为产业的转型升级添砖加瓦。然而四川在以下方面还存在不足。

1. 顶层设计

以“民参军”为主的军民融合企业，仅对零部件和结构件进行加工制造，是无法将目前较低的产品层次提高的，更无法充分利用和发挥德阳强大的装备制造能力。军工项目落地困难是由于到目前为止中央军工集团从来没有与市、州一级建立战略合作关系。军用科技成果转化困难重重，而“军转民”也受到这个薄弱的中间环节的制约。一是能直接用的不能转——相关保密规定、知识产权等制约致使具有民用发展前景的军用科技成果不能转；二是可以用的还要等——必须对可转化的军用科技成果进行再研发才能实现产业化。与此同时，“民参军”上面也困难重重，问题大多集中在资质问题上。据介绍，只有拥有军工“四证”的民营企业才能进入军队采购渠道，而“四证”具有办理难度大、时间周期长等不利于工作开展的特点，客观上还存在一个矛盾：军品许可证和军品产值同时互为前提条件。再者，合作渠道不畅、信息不对称、利益分配机制不完善等问题都将成为军民融合路上的拦路虎。

2. 载体建设

综观全省，一个不争的事实是：成德绵地区覆盖了全省 7 个国家工程实验室；一共 34 个国家地方联合工程实验室，就有 30 个建设在成德绵地区；总共 66 家国家企业技术中心，成德绵地区就将 46 家收入囊中，超过了三分之二；成德绵地区还享有超过 70%的 101 个省级工程实验室布局建设的独家优势。不得不说，成德绵地区可谓是“得天独厚”。然而，当深入这一区域内部，就会发现，在军民融合进行期间，成德绵并不是表面上的一体化。成德绵及其相关政府部门之间的政策实施离协同创新共同体政策的真正贯彻落实还相差甚远。目前三地军民融合各有所长，要想将各自优势的作用发挥到最大化就必须进一步破除在地区、产学研、军民、行业上的各种壁垒，使成德绵地区不仅能进行一体发展，也能进行错位发展，更能融合发展。绕不开在成德绵统筹布局重大项目这一事件，就需要对军民融合产业链配置进一步完善，那么顶层设计的加强，人才培养的重视，产业园、科技金融、科技服务业等创新要素平台的构建，就显得至关重要。

3. 市场主导

机制障碍和军工标准与民品不同。军工标准在设计、造型、材料、理念上没有以市场为主导，所以在军民融合过程中，军工企业就需要转变思维和观念，以便更好地适应市场。调动“军转民”的热情是推进军民深度融合发展的关键，从源头出发，迫切需要出台一部类似《拜杜法案》的法律，使在进行协同与融合过程中的核心问题——利益分配，能够通过市场的作用得以解决。

6.3　绵阳企业军民融合发展态势

四川省在军民融合发展这一国家战略上做出了显著的贡献。而绵阳市作为四川省第二大城市，并且又是中国唯一的科技城，绵阳市企业军民融合发展在企业层面是具有代表性的。本节就将对绵阳企业军民融合深度发展的现状、问题及原因进行论述，通过从不同方向对绵阳企业军民融合发展态势进行深度分析。

6.3.1　绵阳企业军民融合发展的现状

根据绵阳科技城建设的经验，绵阳市军民深度融合的五大体系(创新转化体系、产业培育体系、人才集聚体系、开发合作体系和服务保障体系)是将军民融合重点领域和关键环节作为关注点，以找出破解制约军民深度融合的体制性障碍、结构性矛盾和政策性问题的方法作为目标。

例如,就军民深度融合创新转化体系而言,第一个是如何破解军地二元结构?该问题一旦解决，相关科研资源积极性的调动就会迎刃而解，使相关科研资源参与到创新发展中，推进军民融合发展；第二个是如何将相关科研机构的军民两用技术成果转换为现实的产品，进而成长为产业？对于第一个问题，是通过绵阳军民融合制度的“顶层设计”来解决。其内容为：军民融合深度发展统筹机制的构建，“省、部、军”军民融合创新改革组织体系建设的积极参与，军地协调、顺畅高效的军民融合深度发展推进机制的助推作用。而第二个难题是关于技术转化的，对此，绵阳市提出了 9 条工作任务的核心内容是实施军民两用技术再研发和转化计划、推进军民两用技术双向交易转移。国家军民两用技术交易中心，相关技术成果发布、评估、拍卖等平台均在绵阳落户，技术落地产业化的推动，使西部乃至全国重要的科技成果集散地的目标离绵阳越来越近。

落实到具体工作任务上，绵阳是想通过对具有紧迫性、影响性、可实现性的重大改革举措进行精准发力，希望将重点改革事项的推动措施做好，方便后续项目借鉴经验举措。苦心钻研和耐心等待得到了回应：一批经再研发后的军民两用技术即将进入产业化阶段。与此同时，《绵阳市系统推进全面创新改革试验方案》中的军民深度融合产业培育体系项目开始同步建设。一方面，为了将形成军民融合产业承载能力的计划尽早提上日程，就必须加快 100 平方公里的科技城集中发展区建设。同时，已有高世代面板、智能制造、新材料新能源、军民两用电缆等项目的实施也在如火如荼地进行着；而在产业和科研储备方面，核医学、北斗卫星导航、飞行棋气动研究等已被绵阳列入军民融合重点产业方向。

目前，绵阳市已有 238 户企业通过了在《军民融合企业认定管理办法(试行)》中明确提出的三类共十项认定标准。而关于军民融合企业的大数据库的建立、针对军民融合企业发展需求的配套政策的制定都将在后续工作中展开。就军民融合资源而言，哪里最有优势？当然是我国唯一的科技城(绵阳)。富集的军民融合资源，最坚实的基础，使绵阳抢占了不少先机。2015 年，7.4 亿元投入到科技城集中发展区的基础设施建设，31 亿元完成了 50 个入区产业项目的投资。十大军民融合产业园也在紧追慢赶地建设。2017 年，全市 446 家军民融合企业的销售收入达到 1720 亿元，工业比重也名列前茅，这些无不体现绵阳军民融合的蓬勃发展。作为推动军民融合战略的重要载体，产业的作用不容小觑。

已经正式开工的京东方六代线项目投资高达 465 亿元，而已建成投产的有天津力神锂电池的装配生产线、永年 3D 打印、华正电子等重点项目。这些指标证明了科技城集中发展区的产业承载能力。当下，市场的竞争愈发强劲，对民企来说，进入军品供应领域既是挑战也是机遇。因为一旦成功，又一个新的市场就打开了，产品质量得以提升，进而品牌也就更具有价值。

兴绵之要，人才为先。虽然这 6 个国家人才服务专项和重点引智项目的争取来之不易，但这 6000 万元的年度人才发展专项资金也要能大胆地使用。为创新人才提供项目经费，在培养人才的同时也收获了其成果；建设四川省军民融合研究院，为军民融合指明方向；建设四川军民融合产业高技术人才培训基地，为人才提供交流合作平台。这三项工作实施起来也是不易的。

2006 年，国防科学技术工业委员会与四川省政府共建高校计划付诸行动，西南科技大学通过充分利用资源，取得了不错的成绩，例如，在转化孵化科技成果、培养国防军工人才、建设区域特色高端智库、协同创新国防科技等方面取得了一定的成绩，尤其是在核应急处置与核辐射防护、国家点火工程、含能材料与智能制造等方面取得了突出的创新成果,并且部分优秀成果的转化孵化也顺利实现了。2016 年 1 月 18 日，西南科技大学和绵阳市共同建设的“四川省军民融合研究院”举行了挂牌仪式,方便借鉴使用西南科技大学在军民融合领域所积累的丰富经验，进而全面落实军民融合国家战略，加快推进全面创新改革试验。在双方的协同合作下，在注重人才的培养、技术的转移与协同的同时，将研究院打造成为全省军民深度融合发展的战略库、思想库。

近年来，绵阳市军民融合全面创新改革试验不断推陈出新，这得归功于以长虹(四川长虹电子科技有限公司)、九洲(四川九洲光电科技股份有限责任公司)为代表的绵阳军民融合特色产业的快速发展，军民融合创新平台的快速搭建。“三新城”建设向纵深推进，绵阳军民融合发展取得了巨大成就。“十二五”期间，绵阳军民融合产业取得硕果，总投资规模超过 500 亿元，产业规模增长超过整整一倍；从 2010 年到 2015 年军民融合企业数量由 120 家上升为 446 家，翻了近两番，军民融合总产值以从 687 亿元增长到 1690 亿元的高调姿态增长了 1.46 倍；与同期相比，国内生产总值和工业增加值增长刷新了增长纪录。2015 年，446 家绵阳军民融合企业实现军民融合企业总产值 1690 亿元，销售收入高达 1720 亿元，军民融合产业占全市工业比重 70%，在全国名列前茅。

6.3.2　绵阳企业军民融合发展存在的问题

作为我国唯一的科技城，绵阳市的龙头企业在军民融合发展中也有不俗的表现。在我国经济市场化进程的快速运行中，绵阳市的企业也暴露出一些问题，归纳为以下九个方面。

1. 银行信贷管理机制的约束因素仍较突出

由于“整贷整还”“先还后贷”的银行还款模式普遍存在，造成军民融合企业的资金调度出现困难、到期流动性压力加剧。具体影响还表现在部分处在成长初期的军民融合企业上，它们提前较长时间筹集还款资金，甚至通过民间借贷等渠道高息借入还贷资金，这样的做法使得生产经营投资良机白白错失，也导致企业的财务成本上升。

2. 银行贷款种类少，品种较单一

对军民融合企业来说，较单一的融资抵押(质押)制度已经不能适应新时期的需要。目前多采用的是以房屋、土地、机器设备、存货等有形资产作为抵押(质押)物，而知识产权、商誉等无形资产质押贷款尚未得到认可。

获得期限较长(一般 5 年)的固定资产贷款(项目贷款)的企业很少，而获得期限较短(一般在 1 年，不超过 3 年)的流动资金贷款的企业占大多数。所以企业出现资金周转困难的现象也就不奇怪了。

3. 军民融合企业融资渠道不足，融资成本较高

大多数军民融合企业要进行直接债务融资的阻力较大，而银行贷款融资是它们可取的途径。但银行信贷调控的影响较大，同时融资利率在贷款基准利率基础上上浮了 20%～30%，导致融资成本普遍上涨。

4. 服务意识有待进一步提高

我市去年设立的企业应急转贷资金共为 69 户企业办理银行转贷 5.3 亿元，其中军民融合企业占比约为 20%。但是，部分银行积极性不高，除了华夏银行外，其余所有股份制银行以及中国银行、交通银行至今还没有开展这项业务。

5. 军民融合建设体制障碍

2017 年的四川省《政府工作报告》提出，推进军民深度融合发展。努力消除军民融合体制障碍，突出“军转民”“民参军”双向转化，加快创建成德绵军民深度融合发展示范区，建成绵阳科技城军民两用技术交易中心。加快实施 150 个军民融合技改升级项目，推进商业卫星产业发展和北斗导航商业化运用。抓好航空、航天、核动力等十大军民融合高技术产业基地建设，启动实施 90 项军工技术成果再研发转民用，打造一批军民融合拳头产品。

6. 推动产业发展困难重重

整体来看，已现雏形的绵阳军民融合发展产业，却面临着政策缺失、人才不足、经费缺乏等问题，无法将自身的特色和优势发挥出来，更别提通过军工带动民企、通过民企壮大军工，进而全力推动产业发展这一美好愿景了。

7. 动力不足阻碍成果转化

虽然拥有众多成果，但市场意识薄弱、受保密制度约束较多的工科研院，无

法将之利用；技术创新的成果转化具有周期长、投入高等特点，致使尽管有需求的企业投入意愿不强；由于政府关注的主导意识不强，所以产业发展要想跟上军民融合建设发展规模尚且有些吃力。

8. 法规不健全

目前，滞后的广度窄的相关法律法规具有强制性、执行力都有欠缺的劣势。而“军转民”门槛高的问题一直悬而不决，终会造成在绵阳的军民深度融合发展路上的绊脚石。绵阳还欠缺有效的法规制度这是毋庸置疑的。

9. 通用标准体系尚未建立

我国国防工业采用军标和民标二元建设维护的模式，不仅造成了标准体系基础无关联性，存在一定程度的标准重复设立；而且给标准贯彻实施增添了阻力——标准内容交叉甚至矛盾，难以抉择标准实施主体，影响着军工产品的标准化进程。

6.3.3 阻碍绵阳企业军民融合发展的原因

绵阳市企业军民融合发展过程中的问题与其体制性、结构性、政策性有关系。

1. 体制性障碍

“二元体制”仍然存在于经济建设与国防建设之间以及军地之间。目前，已经形成了多龙治水的格局，这是源于对各融合领域缺乏统筹整合，造成发展资源并未向现代体系作战能力进行转化。总之，军民深度融合的实际情况与总体要求相比，还存在着一定的差距。

2. 结构性矛盾

军工行业壁垒持续居高不下，我国的军标与民标的建设维护体系尚未得到解决。在体制上，民企仍遭受着“上军下民”等不顺不协调的待遇，这也制约其军民融合发展潜力。

3. 政策性问题

第一，军民融合发展的法制化水平较低，落后的军民融合法规建设已经不能适应目前的需要。第二，针对军民融合的组织领导、运行机制、责任义务、配套保障等问题，仍需进行严格的规划，出台相关的法规。第三，出台政策的执行力较差，需要各部门的协调配合。

6.4 本章小结

本章主要从国家、省市等层面探讨了军民融合发展的现实格局与基本态势，按照现状—问题—原因的研究范式，对我国、四川省和绵阳市等不同层次维度的军民融合发展的现状、军民融合发展存在的问题和阻碍四川省军民融合发展的原因等方面进行了系统的分析与研究，为军民融合发展新道路和军民融合新举措的提出奠定了坚实的理论与实践基础。

第 7 章　军民融合发展新道路

本章从国家层面、省级层面、行业层面、城市层面四个层次阐述军民融合突破传统思路，从技术、人才、政策、市场、创新等方面开创军民融合发展新道路。

7.1　从国家层面开创军民融合发展的新道路

从军民融合创新体系的组成和其彼此作用联系可了解到，这一创新治理体系是要素间共同作用实现自我发展的科学创新治理体系。其中，以科技创新企业为创新主体，国家目标和市场需求为导向，促进企业与高等院校和科研机构的产学研联合，形成需求对接、资源共享、科技成果成功转化的局面。利用政策手段，激发创新主体的积极性，从而达到各种资源的优化配置，建设高利用率的基础设施。国家从以下几个方面提出了新的发展思路。

7.1.1　军民融合发展的制度建设

(1) 建立健全领导决策制度。优化管理体制上的上层建筑、领导体制从中央到地方全国统一，完善中央、四川省、绵阳市三级联动机制，通过统一领导，上下级互帮互助的共建模式，构建军民融合创新发展新形式格局。以“新范围、新领域”的形式开展军民融合建设。通过行政手段来支配和调节资源，完善军地协调机制，确保地方政府落实工作运行机制，使军地之间、政府部门之间在军事需求上畅通交流。

(2) 建立全方位多角度的军民融合发展制度。按照优势互补、彼此兼容向纵深发展的要求，打破军地之间的壁垒，用科学的方法整合军民两大具有重大意义的产业。以实现军民融合的整体向前发展，建立起层次明晰的全国合作体系。协调军民技术提供资源条件。军工企业与民用企业生产的长期分离，使得资源利用率低甚至是浪费资源。政府建立军民协调的技术管理法律法规，完善知识产权，允许技术资源的转换，使得技术在军民之间得到双向转换与共享，使资源得到最大限度的利用，打破了经济建设与军事建设的壁垒。制度的建立不仅能用于军事领域，而且具有巨大的商业价值和市场潜力，为我国居民的生活带来了便利。

(3) 建立健全军民融合相关的法律法规。军民融合在由强制性模式向诱导性模式转换的过程中，要抓紧制定并发布相关的法律法规，完善风险控制体系，令军民融合一体化进程稳步前进。

7.1.2 军民融合发展的人才规划

(1) 建立和完善军地人才共享机制。把军队人才的培养与整个国民教育联系起来，把培养高素质人才作为核心，促进经济建设。健全和完善产学研协同创新产业发展支撑体系，以企业为中心，根据国家目标和市场需求，组合高等院校、科研机构和社会其他技术创新要素等科技创新要素。需要做到以下几点：一是要突出企业主体，为企业创新能力的运用提供政策和资金的支持，提升其创新能力和科技引领发展能力；二是要深化科学研究体制改革，不同类型的科研机构和职责要准确定位，扩大科研机构的自主权，建立现代的科研机构管理制度；三是要推进高校管理体制改革，加大人才培养力度以及对技术的投入资金，将人才培养放到重要位置，建立长期的人才培养战略，促进高校、科研机构之间人员流动和技术的共享，进行资源有效利用；四是提高科技成果转化效率，建立转化平台，推动技术成果快速高效应用到实践以符合国家目标满足市场需要，为企业开发新产品提供良好的平台；五是要发展高新技术产业园区，形成研究、生产、创新服务的产业链条，聚集高端产业。

(2) 培养科技人才提供智力支撑。优秀的人才是推动军民融合发展的有力保障，通过设立军民融合人才培养专项基金，培养科技型人才，鼓励企业、高等院校进行创新创业团队的建设，引进高层次的人才，注入新鲜的血液，培养、保护、使用、激励一批适应军民融合发展的优秀企业家队伍。通过军民融合人才培养政策的完善，逐步允许人才的转换，使得军民两方最大限度地发挥人力资本的作用。

(3) 建立产学研协同创新机制。军民融合一体化的深度发展离不开创新主体间知识流动与技术共享。建立产学研协同创新机制，鼓励科技创新型企业与科研机构和高等院校的技术、人才、资源的“强强联合”。将科研成果以实现国家目标和满足市场需求为基础进行市场化。在企业取得市场的同时，为科研机构和高等院校开展新项目、申请新专利提供资金的保障，推动科技成果的转化。完善产学研融合创新产业发展支撑体系，促使企业和其他技术机构之间的人才、资源的流动与共享。科技创新型企业通过吸收新技术、新知识，将科研成果产业化、市场化，最终达到整合科研力量，盘活现有资源，提高经济建设效益的作用，从而带动区域经济的创新发展。

(4) 推动军民融合信息交流，实现需求对接。为加快军民融合由初步向深度发展，促进资源的有效利用，减少重复建设，需要推动军民融合信息交流，实现需求对接。一是对于长期性的基础创新研究应给予相应的政策支持，在国家财政确保下进行长期性的基础研究工作，以敏锐的目光发现新的科技创新点，从而推动科技创新。二是应建立军工企业与民用企业的相互交流，加深相互理解，促使军方了解我国当前工业生产状况，避免重复建设、生产，从而使资源得到有效利用。另外，对以科技创新企业为主的创新主体提供相应的技术指导，改善需求不对接的状况。逐步建好用好创新中心、工业技术研究院、科技城软件产业园、孵化器等平台，发挥人才发展资金的引导作用，进行招才引智，促进创新、孵化、交易、转化的实现。建立面向企业促进企业发展的有效机制，聚拢资源，通过各类会展活动，提升对外开放水平和合作程度，为绵阳军民融合的深度发展提供机遇。突出军民融合特色优势，在军民资源共享、技术转化和产业结合等重点领域和环节实现突破，大力推进科技、经济、教育等领域创新发展，实现重点突破、以点带面、整体发展。

(5) 建设完善各类人才发展载体。通过完善搭建军民融合深度发展协同创新平台和资源共享平台，进一步建立人才发展机制，完善人才发展结构，提升人才素质，积极吸引大批专注于军民融合研究的高素质人员和团队。

7.1.3 军民融合发展的技术革新

(1) 依托国家级技术机构、国防科技工业在川计量站及地方专业计量技术机构资源，推动国家测量基准备份体系建设。重点围绕物联网、导航定位、无人机、制造业“四基”等领域制定新的军民通用标准。争取打破军民量值溯源二元分离架构，整合全省计量标准资源，构建全省军民共用标准计量体系，开展量值溯源军民融合服务的试点示范。推动标准化建设，围绕全省优势注重发展军民两用技术。争取建立省级标准验证检验监测点、省级技术标准创新基地及相关产品国家质检中心，建设全省统一的多种网络服务平台等，完善军民标准化服务体系。

(2) 统筹交通基础设施建设、建设测绘基础设施建设，集聚各种资源。

(3) 强化保密措施提供安全保障。军事秘密是国家秘密中非常重要的部分，关乎着国家利益与国家安全。明确相应的奖惩制度，建立保密制度，进行保密教育，强调保密意识，对违反保密协议的行为进行依法处置。在最大限度保护国家秘密的基础上开展军民融合，为军民融合向纵深发展营造有利的发展氛围。

(4) 健全技术双向转移机制。现代科技更新日益加快，将国防科技立足于国家科技实力，以军民技术发展武器，以民企推动军事建设，推动军民一体化，提高国防实力。在成德绵地区开展军民科技资源双向开放，扩大投资，深入研究军用技术，研究攻关重大科技项目，高度重视重大技术革新。

(5) 加强中央、省、市的交流合作。因地区的军事、教育、资源等方面的差异，各地区的军民融合方式有所不同。加强中央与地方科技力量的有机结合，对于有条件的地区可以加入重大科技项目的实施。要充分发挥自身的自主创新能力，通过科研机构以及高等院校体制改革，培养科研人才，提高区域的科技实力，促进科技成果向产业化转化，从而带动当地经济的发展，形成具有地方特点的军民融合一体化科技创新治理机制。力争在国防科研生产、科技协同创新、基础设施共建共享、国防动员等领域改革取得突破；创新“军愿不愿转民”“民能不能参军”机制，使军民融合政策制度环境更加优化。

(6) 搭建军民科技资源共享平台。建设国家重点实验室，鼓励民营科技创新平台参与军品开发研究，形成一批军民两用创新平台。分类推进具备开放条件的军工重大实验设施等对外开放。建设军民融合孵化创新平台。依托军民融合重点产业园区，打造一批国防科技工业创新中心、军民融合众创空间、创业苗圃。

7.2 从省级层面开创军民融合发展的新道路

军民融合创新发展是四川创新发展之路，也是中央赋予我省的重大任务。要加快构建军民融合一体化创新管理体系，推进科技成果转化，贯彻《关于经济建设和国防建设融合发展的意见》，深入推进军民融合改革创新发展。

7.2.1 军民融合发展的政策体制

打通军民双向转化通道，健全军品市场准入体制，鼓励四川军工企业与外部加强协作，建立认证机制和工作协调机制，推进资格审查工作。

7.2.2 军民融合发展的市场机制

(1) 对军工企业进行市场化改革。支持军工科研院所进行改革；支持国有军工企业做大做强；选择部分领域下放权限，选择满足条件的民营企业作为军工改革试点。

(2) 壮大产业集群。军民一体化的工业基础初步形成，产业产品军民共用性进一步提高；布局一批重大工程和项目；设立军民融合产业发展基金；加快发展核能与核技术应用、航空航天、军工电子、高端装备、新材料、民爆等产业集群；打造军民深度融合示范区；努力实现军工产值4000亿目标。

(3) 抓好园区建设。着重建设重点项目，构建高精端产业体系。

7.2.3 军民融合发展的改革创新

(1) 四川应加强自主创新能力，直面市场和国家的需求；大力发展科技，争取在重大科技领域上做出突破；着力于供给侧改革，增强企业竞争力和创新能力；延长产业链，增加附加值；注重服务业，改造传统行业。

(2) 大力鼓励互联网改革创新，促进互联网与多领域的融合，加大科技创新力度。

(3) 促进军民协同创新、产业技术创新。组织协调各类产业资源，提升企业自主科研创新能力和产业核心竞争力，推进高新技术企业发展，进一步深化产学研合作。

(4) 探索国防知识产权试点。定期清查国防知识产权。鼓励在川国防知识产权持有单位和个人向民用领域转移转化，完善利益分享机制等，建立健全科技创新的长效激励机制。

7.2.4　军民融合发展的服务体系

(1) 围绕强化国防和应急通信保障能力，加强通信和信息基础领域的军地共建共享。优化总体布局，推动军地通信基础设施建设，促进军地光缆线路共建，按照需求推进军地光纤通信站台联通。提升军地通信网络互联互通，促进信息共享，加强卫星通信合作，通过卫星传输电路提供通信、视频会议保障。聚拢通信资源，加快与军队短波电台测试，实现应急情况军地共享共用。加强信息基础设施保护。实施“光网四川”计划，依托成都国家级互联网骨干直连点，优化军民共用宽带信息网络布局。实施“无线四川”计划，加快推动军民两用移动通信网络升级，促进下一代广播电视网络、通信工程管网及相关产业的发展。

(2) 大力培养创新人才，以人为本，突破创新，健全激励机制，引进高端技术人才和管理人才，实施人才工程和人才培养计划，同时为人才提供必要的生活保障和支持。深化院校改革，扩大科研院所自主权；扩大科研人员利益分配比例；建设相关实验基地，提供经费支持，建设改革试点，稳步推进转型建设。

(3) 为支持科技创新，应该加快创新平台体系的建设。为中小型企业发展提供支持，完善保障机制，整合有用资源，推进创新资源向企业靠拢，建设科技成果转换平台。应急应战协同深化，基本建成军民兼容、平战一体的应急应战指挥体系、专业力量体系和综合保障体系；发挥国防动员体系在应对突发事件中的作用；完善供水供电、应急通道等设施，提高我省应急应战综合应对战争和灾害风险能力。

(4) 构建科技创新服务体系。探索科技成果转化系统服务模式，大力发展军民融合科技研发和转化应用服务；大力发展军民协同创新大数据应用服务平台；大力发展检验检测认证服务。重点提供原材料、产品质量、环境保护等检测服务。引进高端咨询机构开展军民融合科技战略、招投标等服务，提供集成化“一站式”综合服务，搭建军民融合技术交易综合服务平台。

7.3 从行业层面开创军民融合发展的新道路

7.3.1 军民融合服务科技成果产业化

(1) 打通军民融合成果产业化瓶颈。坚持以科技创新市场为导向，突破产业化瓶颈和障碍，打通科技创新与经济发展通道，引导创新资源向企业集聚，完善成果产业化的机制。把军民融合科技成果权属当作攻克点，健全军民融合科技成果资本化、产业化制度。激励满足条件的各类投资主体参与改革，扩大企业上市数量和规模，提高军工资产证券化率，支持组建混合所有制企业。

(2) 创新军民融合产业投融资机制。对满足条件的主体进入国防科技工业领域持鼓励的态度，建立政府投入与社会资本投入相协调的多元化投入机制。设立军用技术再研发专项资金，根据市场机制搭建技术再研发成果产业化体系和转化平台，以进行军用技术成果的流动和交易。积极吸引创投基金，完善投资政策制度。探索军民融合全链条金融服务模式，创新军民融合深度发展激励机制，完善军民融合金融服务中心功能，加大军民融合企业融资支持力度。

(3) 积极开拓国际国内市场。积极参与“构建丝绸之路经济带和海上丝绸之路”战略的实施，提高竞争力，增强全球化运营能力。大力拓展军贸出口，优化军贸产品结构，进一步提高出口军品的技术含量和扩大其规模。依托军工优势，以“军工+”模式开拓军民融合新产业领域，培育优质产品，开拓国内外市场。推进四川军民融合在线、四川云网、爱米盛等平台建设，在科博会、成都创交会等国际性知名会展中融入军民融合特色。

(4) 深化国有军工企业改革。除特殊敏感范畴外，重点推进长虹、九洲等骨干企业的股份制改造。鼓励支持符合条件的军工企业上市，建立军工独立董事制度。

(5) 开展国防科研院所非经营性资产转经营性资产改革。推动在绵国防科研生产单位改革内部资产管理体制，创新资产分线经营管理方式。推动在绵国防科研生产机构主管部门下放非经营性固定资产转经营性资产审批权限。

(6) 加强科技领域发展。整合运用军民科研力量和资源，充分发挥高等院校、科研院所的优势和潜力，广泛吸纳专家强化顶层规划设计，开展联合攻关。完善军民协同创新机制，加大国防科研平台向民营单位的开放力度。

7.3.2 军民融合促进两用技术双向化

(1) 推动军民两用技术交易转移。面向全国开展军民两用技术交易涉及的成果发布、评估等服务。率先实施军用技术再研发计划。设立“军用技术再研发专项基金”，鼓励和引导消化吸收再创新等创新能力突出的科技创新主体，在符合国防安全保密规定前提下，积极开展针对有应用前景的军用技术再研发活动，降低先进应用技术研发成本。

(2) 推进科技成果双向转移转化，完善技术转化评价制度，探索开展具有军用前景的民用技术，鼓励军队、军工单位优先利用先进的民用技术和产品。深入贯彻落实科技成果改革。

(3) 鼓励军队科研单位或机构科研人员职务发明成果的转化。率先放宽驻绵军队科研单位科技人员参与科技成果转化并取得收益的相关限制，积极推动军工科研院所分类改革，鼓励从事生产经营活动等军工科研院所的非经营性资产向经营性资产转变，开展混合所有制、员工持股、选聘职业经理人等改革试验。

(4) 加强产业领域统筹转化。推进军工企业专业化重组；扩大引入社会资本，积极稳妥推进混合所有制改革试点；民营企业推动军工技术向国民经济领域的转移转化，实现产业化发展；积极参与发展战略性新兴产业和高技术产业，建立融合工作协调机制。建立军工保密资格认证、军工产品质量体系认证、武器装备科研生产许可审查和装备承制单位资格审查工作协调机制。

7.3.3　军民融合加强社会安全统筹化

(1) 推进军队和国防科研院所后勤社会化改革。深化落实在绵军队和国防科研院所饮食、住行、交通等改革，积极推动在绵军队和国防科研院所的干休所、疗养院、学校、医院等移交地方的规模扩展。探索依托具备等级资质。

(2) 强化应急和公共安全统筹。在军地应急保障装备设施建设方面，统筹推进军地应急保障装备设施建设,明确军地应急保障装备设施合作途径及任务分工，改善军地应急力量训练条件，加强人才队伍、科技研发能力建设。

(3) 加强社会服务统筹。地方党委和政府要积极支持军队建设和改革，进一步发挥双拥工作服务保障作用；统筹军地文化建设，加强资源共建共享；提高军队各项保障水平，深入推进军队饮食保障、商业服务和油料保障社会化。

(4) 加强教育资源统筹，提升军事人才质量。健全依托社会开展的军事人才专业评价制度，评价结果纳入国家职业资格管理体系。加强军地教育资源统筹，充分依托普通高等院校、武器装备研制单位储备新兴专业人才，对承担军事人才培养任务的地方单位给予支持。

7.4　从城市层面开创军民融合发展的新道路

各城市之间要切实支持推动国家全面创新改革试验区建设，不断深化对科研院所和军工企业的改革，极大地推动军民融合科技成果转化，努力做到支持城市建设和释放科研潜能、服务地方经济建设和服务国防建设有机结合。

7.4.1 绵阳的军民融合发展道路探索

建立军民融合企业财税支持体制机制。一是设立军民结合发展专项资金，提高军民融合企业竞争力。二是在绵阳科技城开展军民融合企业国家认定试点工作。研究制定认定标准和管理办法，率先在绵阳科技城开展军民融合企业和军民融合产业园区国家认定试点工作。三是建立军民融合发展基金。按照政府引导、专业化管理、市场化运作的模式，由国家、四川省、绵阳市财政共同出资，吸引社会资本投入，建立绵阳科技城军民融合发展基金，重点支持军民两用科技研发孵化和转化、产业发展、重大项目实施、重大基础设施建设等。四是出台积极的财税支持政策。对军民融合企业给予政策扶持，被绵阳市人民政府认定为军民融合企业的，企业所得税减按15%征收。整合资源建立综合保税区。根据绵阳外向型经济发展需求，推动将绵阳出口加工区优化整合为综合保税区，积极发展报税加工、报税物流、报税服务等业务。

(1) 探索设立军民融合银行。争取国家批准在绵组建全国性股份制商业银行——绵阳科技城军民融合银行。推进国防知识产权解密和建立转移转化试点。探索建立国防知识产权定期清查制度，审查决定绵阳市范围内国防科研生产单位尚在保密期内的国防知识产权提前解密事项。在符合安全保密规定、明确责任主体前提下，鼓励在绵国防知识产权持有单位和个人向民用领域转移转化，并获得收益。在绵阳市范围内，放宽武器装备科研生产许可目录的限制，对于创新性研制的资格审查由前置审查调整为后置审查。鼓励民营单位在通过预审、预评、登记备案后，可开展除战略武器总体、核武器等特殊敏感领域外的武器装备预研工作。

(2) 培育壮大军民融合企业群体。通过实施国防知识产权解密和转移转化试点、军民融合企业认定试点及建设军民融合科技企业孵化器。运用先进国防科技提升军工企业核心竞争力，争取长虹、九洲等公司享受与十大军工集团同等优惠政策，推动更多在绵企业获得军工科研生产资质，提高其参与国防科研生产的市场份额，壮大军民融合骨干企业。坚持规划引领，突出项目支撑，强化单列土地指标等要素保障，建设一批技术领域突出、产业特色鲜明、聚合效应明显的军民融合产业发展载体。重点是加快建设绵阳军民融合集中开发建设区。

(3) 建立军民融合人才双向流动机制。鼓励军工企事业单位管理人员、科研人员在原单位和协同创新平台间双向兼职，把在平台内取得的科技成果作为职称评定的重要依据。实行军工事业单位行政管理人员“去行政化”改革。率先放宽驻绵军工事业单位行政管理人员参与科技成果转化并取得收益的相关限制，军工事业单位行政管理人员可参与创办、领办科技型企业，可享受与科研人员同等的成果转化收益、分红等激励政策。

(4) 落实科技成果使用权、处置权、收益权的改革任务。绵阳全面落实好中央关于“加快下放科技成果使用权、处置权和收益权”的激励政策。探索建立军民融合工作考核机制。率先在绵阳建立军地双方推进军民融合创新改革试验工作目标体系和考核机制，对驻绵军工科研单位、军工企业和地方推进军民融合发展工作进行考核，促进军地双方同向合力推动改革任务落实。

(5) 建立军民融合创新试验平台。四川省主导，相关国家部委、军方和地方工作力量参与，联合搭建“军民融合深度发展创新改革试验协作平台”。

7.4.2　四川省城市军民融合发展道路探索

以绵阳国际科技博览会等为载体，搭建开放合作平台，加强区域、国际、国内交流合作，深化与国内经济发达地区及国家自主创新示范区合作，构建国际、国内、区域的多层次开放合作格局。

(1) 核能与核技术应用产业。充分发挥四川省核产业在全国占“半壁江山”的领先优势，依托我省大型装备制造基础，围绕核电“走出去”国家战略，积极参与核电标准化体系建设，突破第四代核电设计关键技术，全面提升核动力研究设计基础能力，推进核能资源勘探与开发，加快新型核材料及元件研发，加快新一代核电成套设备的两化(国产化与自主化)进程，完善核退役治理体系，推动核环保、核医学等核技术应用产业创新，完善应急体系和应急能力建设。发挥既有优势，加快核技术服务体系和能力建设，占领核技术服务和市场制高点。重点布局成都、绵阳、宜宾、乐山、广元、德阳、自贡、泸州、广安等地。

(2) 贯彻网络空间安全战略，充分发挥四川省军工电子企事业单位产品技术研发优势，加快发展信息安全、集成电路、电磁空间等产业，重点推进物联网、三网融合、“互联网+”、一体化智能制造发展，强化基础性、前沿性军工电子科学技术研究，提升基础元件、器件、组件、集成电路等的研发、设计、测试、封装、系统集成一体化能力，提高高端软件、软件集成等软件系统研发能力，着力延伸集成电路产业链条。大力发展安全网络系统及设备、安全信息产品研发和产业化，推动电磁安全、频谱安全系统及产品的发展，打造全方位网络信息安全系统。进一步推动 5G 安全虚拟专网建设，发展安全通信网络芯片、设备及系统的研发和产业化，安全物联网芯片、设备及系统的发展，打造高安全通信系统及应用。加强“互联网+”技术与研发设计、推动信息共享和业务协同，为智能制造和智慧城市建设等提供技术支持。重点布局成都、绵阳、广元、南充、广安、遂宁等地。

(3) 支持军工集团公司在川发展。支持军工集团在川承担重大科技与工程项目，支持与地方单位开展多形式合作。鼓励和引导具备条件和能力的单位进入国防科技工业领域，加快培育符合产业方向、技术优势明显、核心竞争力强的龙头企业和细分领域的“单打冠军”。

(4) 推动军民融合类企业集团品牌提升。鼓励和引导军民融合型大企业集团强化创新驱动意识、质量品牌意识，实施品牌发展战略，推动企业从产品、价格竞争向质量品牌竞争转变，打造高附加值产业链，走出一条适应市场需求的质量效益型可持续发展之路，提高军民融合产业竞争力。建立军民融合型大企业大集团协调服务机制，实现“点对点”式的对口服务。积极帮助军民融合型大企业大集团争取国家和地方专项资金支持，落实各项优惠政策。按照军民融合型大企业大集团发展战略和需求，优先保障培育企业发展用地，从运行保障、资源配置、融资协调、项目建设等方面予以条件保障。

(5) 争创成德绵军民深度融合创新示范区。成都市重点推进军民融合纵深发展，德阳市重点推进重大装备制造领域军民融合，打造国家高端设备产业创新示范基地。加快成都军民融合创新示范区、绵阳科技城等建设。建设核动力、核燃料、核燃料元件、“银河·596 科技园”、航空整机、航空发动机、信息安全、航天、激光、创新驱动核心示范区十大军民融合产业基地。

(6) 培育特色产业园区建设。加快建设通用航空产业园、航空电子产业园(二期)、连接器产业园、龙泉汽车产业园、纤维素产业基地、爆炸物品整体搬迁改造建设等特色项目。推进绵阳科技城集中核心区建设，加快建设泸州、乐山、广元、南充等区域军民融合产业基地。

7.5 本章小结

本章主要从国家、省级、行业和城市等不同层面探讨了军民融合发展的新道路，主要包括制度建设、人才规划、技术革新、政策体制、市场机制、改革创新、服务体系、科技成果产业化、军民融合促进两用技术双向化和社会安全统筹化等方面，全面系统地从不同层面所涉及的军民融合发展的体制机制和政策等视角总结出军民融合发展的新道路，为提出具有针对性的军民融合发展新举措提供指引。

第 8 章　军民融合发展新举措

为了推动军民融合的多方面发展，有效避免“短板效应”，协助实现强军目标，就必须要做到全方位推进，多领域融合，发挥系统优势。从今往后的一个阶段，都要根据党的十八届三中全会的部署，持续扎根推动军队人才培养、武器装备科研生产、保障军队社会化和国防动员四大重要领域军民融合向深处发展。与此同时，也需要关注世情、军情和国情的变动方向。通过军事需求，重点扩宽军民融合的范围和领域，积极推动以下新兴领域的军民融合：重大基础设施、海洋资源、航天航空资源、互联网资源。继续探索金融、保险、物流、通信等行业领域军民融合的途径和方法，探究华侨集中方向、主权高危方向、资源贫富方向、战略方向、国际责任方向及境外中资资源军民融合的存在性和可实施性，使我军“走出去”有技术和物资的保障。按照军民融合在不同领域、不同部门、不同职业的突出点、周期和现况，紧急制定各个方面推动军民融合向纵深发展的安排表、阶梯图，并确定负责单位，详细工作分配，健全监督评分机制，增大政策鼓励力度，务必把全方位、多领域军民融合的工作落实。

8.1　完善优化军民融合协同创新机制

创新水平的高低直接决定了军民融合是否能够取得成效以及取得成效收益的程度。《关于经济建设和国防建设融合发展的意见》多次提到“创新”需要实现经济建设和国防建设的稳定性、长远性的协同发展。归根到底，通过军民融合的方式来协同创新，使我国的经济建设和国防建设达到与世界一流水平相比肩的程度，建立起超越世界的先进经济技术力量和国防力量。富国和强军，就是通过这样的方式以便更快、更好地实现。

《关于经济建设和国防建设融合发展的意见》明确提出，要“加快军民融合式创新，整合运用军民科研力量和资源”“完善军民协同创新机制”。军事需求对科技创新有着巨大的牵引作用，如何将其充分地发挥出来是我们应该探索与思考的。“以军带民”采用的是通过率先突破军事领域，从而使更多的新技术、新产品、新业态出现，以助推经济转型升级。

推动军民融合发展的前提是协同创新，加快军民融合式协同创新机制是推动军民融合深度发展的重中之重。加快军民融合式协同创新机制主要包括两方面：

一是加快完善军民融合式协同创新机制；二是加快构建军民融合式协同创新机制。构建军民融合式协同创新机制包括：军民科研力量和资源都应该被合理充分地运用，高等院校、科研院所拥有巨大的优势和潜力被全部挖掘运用起来，广泛吸纳专家以强化顶层规划设计，开展联合攻关，加强基础技术、前沿技术、关键技术的研究，推进军民技术双向转移和转化应用等。完善军民融合式协同创新机制包括：国防科研单位工作方向应向人民靠近，促进军民结合、产学研一体化的科技协同创新平台的形成等。

1. 加快构建军民融合协同创新机制

(1) 施行军民融合协同创新奖励机制。以激发科技人员内在动力为重点，以促进成果转化为动力，最大范围地释放科技潜能，将科技人员的积极性和创造性调动达到最大程度，实行以军民融合发展为基础的各项政策激励机制。将科技成果的运用、解决、收益权、改革任务以及将提高科研人员转换收益占比的任务落到实处；实行军工事业单位行政管理职员“去行政化”改革；同时鼓励军队科研单位科技人员职务发明成果转化。

① 确切落实科技成果运用、解决收益权改革任务。在各省市全面落实好中央关于“科技成果运用和收益权加快下放”的激励政策。科技成果在境内的运用不再由财政部门和事业单位主管部门进行审批或备案，所有科技成果的收入与取得的成效全部留归单位，并且纳入单位预算，进行统一处置、管理，收入由科研单位负责，不上缴国库。

② 落实提高科研人员成果转化收益比例改革任务。在各省市全面落实中央关于“提高科研人员成果转化收益比例”“加大科研人员股权激励力度”的激励政策。原有的奖励只占团队总收益的 20%，而骨干技术人员、科研负责人贡献巨大，这样的奖励比例显然太低，就目前的情况来看，50%是最为合适的奖励比例；对国有企业的职务发明完成人、科技成果转化的重要贡献者都应该加大奖励力度，奖金应该计入工资总额，但不能作为工资基数来拉低实际工资基数。

③ 实行军工事业单位行政管理人员“去行政化”改革。将驻当地军工事业单位行政管理人员参与科技成果转化并取得收益的相关限制进行放宽，军工事业单位行政管理人员可参与创办、领办科技型企业，也可以与一般科研人员享受相同的成果，在形式上转化为股权、期权、收益、分红等。

④ 军队科研单位科技人员职务发明成果转化。将当地军队科研单位科技工作者参与科技成果转化并取得收入等激励政策尽量放宽，开发军队科研单位科技的潜力。

(2) 促进军标与国标的并轨。按照国家“推进实施军用标准通用化工程”的要求，与总装共同开展民标采取、军标转换、整合修订、通标制订和资源同享的试验。鼓励采用国际上通用的标准和规范进行军品研制，使军民通用标准体系逐步趋于完善，并成立军民融合标准化专题工作组，完成组织标准并轨工作。

(3) 开展军民人才互派。鼓励国防科研单位人才通过成果转变、咨询服务、人才培养、项目开发、科技突破等多种方式向地方各领域提供服务，实现国防科研单位人才到地方企事业单位兼职挂职、领办创办科技型企业制度常态化。建造绵阳科技城大学和在相关院校设立军民融合专业。把国防科研院所和企业建立成军地装备人才的训练基地。进行人才交换培养或设立联合研究机构，在省、市人才规划体系和人才工程中加上承担军工任务的民口单位人才建设。

(4) 建立军民融合基金。在军民融合产业发展基金中，联合保险、银行、融资租赁公司设立信贷风险资金池，对军转民项目给予融资支持和风险分担。根据技术不同的成熟程度及转化阶段，有针对性地开发创新金融产品，并与股权投资、风险投资、创业投资机构建立起投贷联动机制。鼓励有条件的市级财政建立军民融合发展专项资金。开展在购买军品时合同抵押、知识产权抵押等新的经济服务。

2. 加快完善军民融合协同创新体系

(1) 建立产学研协同创新的长效机制。军民融合一体化的发展离不开创新主体间知识流动与技术共享。鼓励科技创新型企业与科研机构和高等院校的技术、人才、资源的“强强联合”，将科研成果以实现国家目标和满足市场需求为基础，进行产业化、市场化。在企业取得市场的同时，为科研机构和高等院校开展新项目、申请新专利提供资金保障，进而推动科技成果的转化。引导地方科研单位与国防科研单位联合申报军工研发工程。实施军民两用专项计划，选择军民两用重点领域和关键技术设立专项。建立市场技术转移中心、交易中心、信息中心等，帮助科研机构和企业将两用技术推向市场。整理民用方面的优势和能力，实时更新具有潜在军用前景的民用技术发展动态，点评民用技术的成熟度，支持军工采用最新适用的民用技术。

(2) 突出企业在协同创新中的主体地位，整合运用军民科研力量和资源，建立军队、军工科研与民用科研机构和高等院校的协同创新、联合攻关机制。争取国家授权地方开展军用技术再研发降密、解密的工作，推动军用标准向民用标准的转化，落实国家武器装备及技术动态解密制度，推动地区科技和经济的发展。

(3) 统筹军民两用技术。统筹国防科技、军工科技、民用科技中的军民两用技术，面向武器装备应用和产业化等方向，全面研发若干具有重要引领作用的军民两用技术，并发挥对经济建设和国防建设两方面的效益。以军民融合重大工程和重大项目为牵引，突破核心关键技术和工业基础瓶颈，提高原始创新能力和自主可控能力。积极推进国家科技重大专项的实施，增强军民融合领域自主研发、系统集成和工程应用能力，构建前沿探索、钻研基础、应用开发互相连接的国防科技创新局势，建设可操控的军民融合技术创新体系。

(4) 健全和完善产学研协同创新产业发展支撑体系。以促进经济的发展为目的，就需要坚持以科技转化为焦点，以市场需求为引导，以科技创新企业为主体，以产学研联合的基本准则。健全和完善产学研协同创新产业发展支撑体系，以企业为中心，根据国家目标和市场需求，组合高等院校、科研机构和社会其他技术等科技创新要素，使之在不同阶段不同环节发挥不同的作用，以培养新的产业和增长点，使之不断引导产业结构的调整与升级。需要做到以下几点：一是要突出企业主体，为企业创新能力的运用提供政策上和资金上的支持，有效提升其创新能力和科技成果转化能力；二是要深化科研体制改革，并确定具有差别的科研机构和职责分工，扩大科研院所的管理自主权，建立现代化的科研院所管理制度；三是高档院校管理体制改革需要进一步优化，加大对人才的培养以及技术的投资，将人才培育与科技创新结合起来，从而建立长期的人才培养战略，促进科研院所与高等院校、企业之间人才活动和技术的改变，进行资源共享；四是建立科技成果转化平台，推进科技成果转化以达到国家目标与市场需要，为企业技术创新提供良好的平台；五是为了发展新兴技术产业园区，形成研究、开发、生产、技术服务的产业链条，齐聚高级产业，需要健全和完善产学研协同创新产业发展支撑体系，促使企业与科研机构和高等院校之间技术、人才、资源的流动和共享，科技创新型企业通过吸收新技术、新知识，将科研成果产业化、市场化，最终达到整合科研力量，盘活现有资源，提高经济建设效益的作用，从而带动区域经济的创新发展；在带动地区经济创新发展的同时，又促进了科技创新企业的发展。

(5) 构建军民融合一体化的科技创新治理新体系。可以从军民融合式协同创新机制的构成要素及其相互关系看出，军民融合式协同创新机制是一个持续优化并稳定上升的动态机制。其中，以科技创新企业为创新主体，国家目标和市场需求为导向，促进企业与高等院校和科研机构的产学研联合，形成需求对接、资源共享、科技成果成功转化的局面。利用政策手段，激发创新主体的积极性，从而达到各种资源的优化配置、高利用率的基础设施建设。为了进一步丰富军民融合发展模式，提升军民融合层次，形成全要素、多领域、高效益的军民融合深度发展格局，我们需要完善以下几个方面的内容。

① 推动军民融合信息交流，实现需求对接。为加快军民融合由初步向深度发展，促进资源的有效利用，减少不必要的重复建设，需推动军民融合信息交流，实现需求对接。一是对长期性的基础创新研究应给予相应的政策支持，在国家财政的确保下进行长期性的基础研究工作，以敏锐的目光发现新的科技创新点，从而推动科技创新。二是应建立军工企业与民用企业的相互交流，加深相互理解，促使军方了解我国当前工业生产状况，避免重复建设、生产，从而使资源得到有效利用；另外，对以科技创新企业为主的创新主体提供相应的技术指导，改善需

求不对接的状况。

② 加强中央、省、市的交流合作。因地区的军事、教育、资源等方面的差异，各地区的军民融合方式有所不同，各省市在吸取其他地区军民融合经验的同时，应该形成富有自身特色和优势的军民融合一体化的科技创新治理体系。此外，加强中央与地方科技力量的有机结合，对于有条件的地区可以加入重大科技项目的实施。各省市要充分发挥自身的自主创新能力，通过科研机构以及高等院校体制改革，培养科研方面的人才，提高地方区域的科技实力，促进科技成果均向产业化转化，从而带动当地经济的发展，形成具有浓厚地方特色的军民融合一体化的科技创新治理体系。

③ 全面搭建自主创新创业的新平台。逐步建好用好创新中心、工业技术研究院、科技城软件产业园、孵化器等平台，发挥人才发展资金的引导作用，进行招才引智，促进创新、孵化、交易、转化的实现。建立对企业开放共享的具体有效机制，整顿合并科技的资源，鼓励企业科技成果的转化；以各省市科技博览会为平台，打造全国性对外科技交流平台、科技成果展示平台、科技成果交易平台、军民两用技术对接转化平台。通过各类会展活动，提升对外开放水平和合作程度，为绵阳军民融合的深度发展提供机遇。

④ 建立和完善军地人才资源共享平台。只有高素质的军事人才才能迅速推进国防和军队现代化的实现和依托国民教育教学加大军事人才的力度，为了真正地提高人才的使用效率，可以把军队的人才培育和国民教学相糅合，实现在人才培育方面的军民融合，真正做到军地人才的共享共用。

8.2　积极营造军民科技资源共享生态系统

如何使民用技术和军用技术之间的联系更加紧密，增加军用技术标准与民用技术标准之间的共同点，加强军用产品和民用产品的互通性，让军用需求与民用需求互利共存，共享军用与民用设施，综上所述均是军民融合问题之中我们所需要面临的重大难题。军民融合发展离不开资源的支撑，这就得让所有的资源合并并且发挥其最大的作用，充分地实现军民互通互用，军地互利共存，将所有的资源投入军民之中，使其在两者之间充分流动，让所有的创新精神与创造力在军民融合的建设中相继迸发。各种所有制经济、各类经济主体都被鼓励着将其优势资源投入到国防建设领域，允许和支持工艺、资本、技术、人才等生产要素通过各种形式“参军”，这样便可以让每一个民众都为国防建设贡献出自己的一分力量；另外还要研究运用先进的军工技术、发展国防对于经济建设的引导与启示作用，使国防建设成为领导经济结构发展与经济转变发展的生力军。尽快完成军队之间的资源共享机制对于现在的中国来说是非常有必要的，着力解除军地之间、部门之间的利益隔阂。为了使国家的资源能够充分且有效地得到利用，在确保安全的前提下，加大军地之间设施、设备和实验室的开放力度。通过充分合理利用军地资源，努力形成整个国家和全部生产要素、全部资源在两大建设中“万类霜天竞自由”的生动局面。

1. 搭建军民科技资源共享平台

围绕航空航天、信息安全、核技术等优势领域，建设大型国家实验室。通过以市场需求为导向，竞争的优胜劣汰为手段，实现资源充分合理配制、效率最大化目标，尽可能地完善大型科学仪器资源共享服务平台，开放国防科技重点实验室、军工重大实验设施等；收集民口前沿先进技术、优质产品和军工科研生产需求等资源信息，以此来加强军民双方的信息共享；建立军民两用人才共享数据库，促进军民双方双向智力服务。建立产学研主体间资源共享有偿服务机制，军工科研生产单位资源共享所得收益可自行处置。

给予军地建设技术研发中心应有的支持，建设军民融合技术创新联盟和若干国防科技创新基地。建设国家重点实验室、工程实验室、国家工程(技术)研究中心和国防科技重点(学科)实验室，鼓励人民群众参与军品科研生产，组建一个军民两用的科研创新平台。建立军民科技需求信息对接平台，完善信息发布和共享制度。健全大型科学仪器资源共享服务平台，分类推进具备开放条件的军工重大实验设施、大型科研仪器等向社会开放。

2. 制定统一技术标准

为制定统一的技术标准，规范军民融合的市场，应该依据不同行业的特点，主导产业的发展状况及相关企业的实地调查，组建一批具有权威的专家技术评审组，制定相关的技术标准文件，为军工企业与民用企业之间搭建共享平台，促进两者之间科技技术的交流，减少浪费资源出现的可能性，使科技成效向可操纵的机器设备转化。

3. 协调军民技术资源供给

因为长期将军工企业与民用企业分隔开，使得资源未得到有效的利用甚至是浪费。政府建立军民协调的技术管理法律法规，完善知识产权，允许技术资源的转换，使得技术在军民之间得到双向转换与共享，最大限度地利用资源，解决经济建设与军事建设的壁垒。这样，不仅能造福于军事领域，还具有巨大的商业价值和市场潜力，为我国居民的生活带来了便利。增强前沿技术和应用基础研究，充分施展高等院校、科研院所在科技创新中的骨干作用，推进高校院所股份制改革，促进前沿技术补国防科技短板，鼓励支持企业积极参与支撑引领产业发展的重大科学技术研究，力图形成一批具有国际先进、海内领先的原创性成果。加强重大关键核心技术攻关，研究制定特色优势产业技术路线图，明确技术壁垒和知识产权风险，突破产业转型升级和新兴产业培育的技术瓶颈，组织开展军民融合科技攻关项目，开展军民融合科技成效转化专项。

4. 增强科技创新应用服务

探索科技成果转移转化系统服务平台模式，大力发展军民融合科技研发和转化应用服务，支持科研院所、高校、企业在川设立军民融合研制机构、中试基地。大力发展军民协同创新大数据应用服务平台，大力发展检验检测认证服务，重点提供原材料、产品质量、环境保护等检测服务。引进高端咨询机构，开展军民融合科技战略、招投标等服务，提供集成化“一站式”综合服务，搭建军民融合技术交易综合服务平台。建设省军民融合智库，为军民融合产业发展供应技术服务咨询。积极争取国家在各省市布局成立军民科技协同创新平台，搭建军民两用技术再研发和转移转化平台。

8.3　建设夯实军民融合基础设施体系

依托军民融合重点产业园区，打造一批国防科技工业创新中心，以及一批军民融合众创空间、创业苗圃，构建一批便利化、低本钱、开放式、全要素的众创空间。增强孵化器建设的支持程度，逐步形成“创业苗圃+孵化器+加速器+产业园”阶梯形军民融合产业孵化体系，建设国防科技创新基地体系。

基础设施共建共享。根据军用与民用一体化、平时与战时相接、经济与战备兼备的准则，全力支持我国国防重大基础设备项目在川落地、四川重大基础设施建设项目贯彻国防需求，突出重要战略方向、重要战场空间、关键支撑保障要素的重大基础设施共建共享，推进基础设施军民融合，加强对国防建设和经济建设的共同支持作用。

1. 完善军民融合交通运输网络

围绕加快构建西部战区作战力量能满足快速投送的需要以及四川经济社会发展的现代国防交通网络的整体要求，统一安排、协调推进全省交通运输与国防交通基础设施建设，在具有重要国防意义的国家交通基础设施建设上取得突破。以高速公路、城际铁路、国际机场、枢纽港口为骨干，普通国省干线公路、支线通用机场、重点港口为支撑，建设军民融合交通运输网络。配合国家完善以成都铁路枢纽为中心，融入“一带一路”的铁路运输网络，预留预设铁路军用专线军民连接点。合理沟通布局各战区方向的战略战役公路，着重推进城际高速公路、省际高速公路、机场高速通道建设。推动成都国家级国际航空枢纽和支线通用机场建设，构建以民航运输为主、战备需求兼顾的航空服务体系，加快建设军民合用机场。提升长江黄金水道四川段及主要支流通达条件和运输能力，加强港口建设，实现重要港口兼顾军用舰船停泊和补给的国防军事功能。

2. 支持空天空间基础设施建设

支持军地空间基础设施、空间信息系统融合发展，推动天地一体空间信息技术建设，同步开展地面系统建设和典型应用示范。引接通信广播、卫星遥感、导航定位和异地空间目标监测等技术资源的共享共用。协调推进通用航空低空领域开放试点，构建低空天网监视系统，推进低空空域监视管理和服务。推进遥感卫星数据接收四川地面站、四川省航空航天遥感影像快速处理中心及四川省全息影像通用服务平台建设。促进省内重大太空空间领域国防设施开放共享，提升军民共用水平。积极推动现代化空间定位基准建设，构建覆盖四川地区的北斗地基增强系统，实现基于北斗的实时、动态、高精度导航与位置服务全覆盖。

3. 推进信息基础设施共建共用

强化国防和应急通信保障能力，加强通信和信息基础领域的军地共建共享。优化总体布局，推动军地通信基础设施建设，促进军地光缆线路共建，按照需求推进军地光纤通信站台通联。提升军地通信互联网互联互通，增强卫星通信合作，通过卫星传输电路提供通信、视频会议保障。整合军地移动通信资源，加速与军队短波电台测试，逐步实现应急情况军地共享共用。加强信息基础设施保护，协调推动军地电磁频谱管理，建立军与民互相联系沟通、共享资源的电磁频谱监测和检测网系。实施“光网四川”计划，依托成都市国家级互联网骨干优势企业发展军民共用宽带信息网络布局工作。实施“无线四川”计划，加快推动军民两用移动通信网络升级，促进下一代广播电视网络、通信工程管网及相关设施建设。

4. 强化测绘地理基础设施建设

协调军地空间定位基准及数据资源，推进空间定位基准现代化和空、天、地、地下、水下地理信息资源一体化建设，实现基础地理信息资源全域覆盖，健全军地联合测绘工作机制，建设智慧四川时空大数据与云平台，推动建立新型基础测绘体系。完成北斗导航与位置服务基准站和北斗应急流动站建设，融合周边省市基准站，形成军地兼容、覆盖全省、辐射西南、互联互通的北斗导航与位置服务能力。实施正常化的地理国情监测，稳定地理信息数据根基。

创立跨部门、跨领域的军地地理信息资源成效按时汇交及协同管理机制。整合省级各行业部门专题数据，支持建设地理空间信息大数据，搭建四川地理空间信息互换共享平台，深化“互联网地理信息”在国防建设、防灾减灾、公共安全等领域应用。推动军地测绘规范标准衔接，实现军地地理信息快速融合。提升改造高精度基线场，争取建设四川省标准长度基线场，开展军用和民用国产北斗接收机、全站仪、测距仪等测绘仪器溯源与量值准确性检校。

5. 优化气象基础设施建设布局

推动创设军地气象综合观测站网，组建地区天气观测站网，补充建设关键区域监测盲区自动气象站等，推进云等天气现象观测项目自动化。优化完善全省天气雷达观测站网，建立完善交通、能源、环境等专业气象观测站网，提供气象应急保障服务。着力高气象的预报预测能力，健全精准化天气预报，推进气候监测业务成长。优化资源配置，完善公共气象服务网络，推动军民兼用人工影响天气和军地空间天气监测、预报预警、信息网络建设。实现各地区、各部门气象监测规范化、标准化，加强军地各部门间气象信息资源实时共享。

6. 加强标准计量基础设施建设

依托国家级、省级法定计量技术机构及国防科技工业在川计量站及地方专业计量技术机构资源，推动国家计量基准战略备份体系建设。重点围绕物联网、导航定位、无人机、制造业“四基”等领域研究建立高水平军民融合共用计量基准，研究制定新的技术标准。争取打破军民量值溯源二元分离架构，整合全省计量标准资源，构建全省军民共用标准计量体系，开展量值溯源军民融合服务的试点示范。为了促使军民标准化建设，围绕全省优势军民两用技术，加速技术标准制订和修订。争取建立标准验证检验检测点、技术标准创新基地、创新中心及相关产品国家级、省级质检中心，建设全省统一的标准信息网络办事平台、全省计量技术公共服务平台、检验检测认证公共服务平台等，完善军民标准通用化服务体系。

8.4 建立健全军民融合组织管理体系

为实现军队和国防建设与国家经济建设共同发展的目标，切实加强军民融合发展工作的运行体系建造，突破军民融合发展瓶颈，应该着重处理制约军民融合发展的体制机制这一难题，认真创建军地和谐、专一领导、高效流畅的组织管理体系。

建立健全组织管理体系，突破军民融合发展障碍，加强统筹规划和综合协调，促进军地建设全方位、多层次的有机融合，将从以下几个方面进行建设。

1. 建立全方位军民融合的领导决策制度

做好军民融合组织管理体制的顶层设计，创立起中国唯一的军民融合领导管理体制，健全中央、省、市三级联动机制，通过统一领导，上下级互帮互助的共建模式，构成多领域、全要素、高效益的军民融合深度发展局势，将军民融合纳入到地方发展计划，不断丰富军民融合形式，拓宽军民融合范围，提升军民融合档次，形成军地发展你中有我、我中有你的良好局面。

2. 建立健全领导体系

按照军地和谐、统一领导、顺畅高效的要求，建立健全军民融合发展组织管理体系。建立“省(省委、省政府)、部(国家有关部委)、军(军队有关部门、军工集团公司)”共同参与的军民融合领导机构和工作机构。充分发挥各省军民融合发展推动领导小组的作用，完善领导小组办公室管理体制，强化军民融合发展工作的宏观统筹和组织协调；创立军地军民融合发展需求双向提报机制；调整优化现有领域、行业中的军民融合议事机构和职能设置，建立若干军民融合发展专项小组，协调推动相关领域军民融合发展工作；在省委省政府决策咨询委员会下设军民融合发展专家咨询机构，支持各省军民融合新型智库建设，加快形成军民融合领导机构的“专家智库”。

3. 建立人才发展机制

通过加快和完善创建军民融合深度发展与创新平台和资源共享平台，进一步设立人才发展机制，完善人才培养结构，对科技城人才国际化水平全面提高，积极领进一批做最新科学技术研究、推进军民融合产业发展的高级人才和行家队伍。

(1) 建设完善各类人才发展载体。支持并鼓励高校、院所、企业继续建好用好研究生创新实践基地、大学生创业园、院士工作站、博士后工作站、留学生创业园、军队科技人才创新创业基地等人才培养基地。着重领进一批对最新科学技术进行研发、推动军民融合产业发展的高级人才和行家队伍，迅速创立中国国际人才市场在绵阳科技城的分市场。

(2) 创立军民融合人才双向流动机制。探索在绵军工和国防科研院所与企业、部分高校间双向沟通策略，突破人才流动在地区、等级、所有制等方面的障碍，鼓励各种优秀人才向企业研究生产一线流动。在摸索中，制定和完善军地干部相互沟通的长效政策，支持处级以上军地干部相互学习沟通；支持军工企事业单位负责人、科技人员在原来的单位和协同创新平台上同时工作，在平台上获得的科技成果作为职称评定的重要根据。

8.5　不断完善军民融合工作运行体系

以军队和国防建设与国家经济建设协调发展为目的，加强在军民融合发展的工作运行体系方面的建立，打破军民融合发展阶段的屏障，积极探索和认真创建国家领导、需求引导、市场运行相结合的工作体系，强化军地双向互动，推进科技成果与市场有效对接，引导多方面投资、多种类技术、多类型力量共同参与，共同推进军民融合深度发展，具体包括以下几个方面的内容。

1. 建立全方位军民融合的规划制度

按照优点互补、良性互动的要求，打破军地的壁垒，科学地整顿合并军民两大产业，将国防和国家经济发展规划与军队建设规划相互融合，将为军事斗争筹备的需求建立带入国家基础设施建立体系，将国防和军工信息化建立带入到国家信息化建立体系，因此推动军民融合整体的成长，建立起层次分明的全国大协作体系。

2. 完善军民融合发展的工作协调机制

通过行政手段来支配和调节资源，完善军地协调机制，科学构建地方政府紧抓落实的工作运行体系，使军地之间、政府部门之间在军事需求上拥有畅通交流渠道，使资源配置达到最优，提升军民融合向纵深进步的运行效率。

3. 科学构建工作运行体系

根据需要引导、国家主持、市场运行的方法，科学构建军民融合工作运行体系。健全军地协作机制，定期开展军地联席会议，“一事一议”解决重大问题；健全部门的协同机制，由省领导牵头、27 个省级部门参与，“一对一”跟踪推进军民融合重大合作项目落实；完善各省市建设部的协调机制，争取部际小组成员单位继续支持省市建设，支持军民融合发展；加大与军委、战区机关的沟通连接，创立省级层面军地需要连接机制，军队两边确定需求报送归口部门，规正对接详情和秩序；加大国防要求贯彻统筹的督导力度，建立军事需求论证、设计、检查和验收评估体系，完善军地联合工作机制。

8.6 积极构建军民融合政策制度体系

军民融合是我们长期在经济建设和国防建设领域的探索以及协调发展所形成的共识，军民融合战略是以国家安全和发展战略全局为基础的。因此，军民融合的深度发展，离不开军民融合的政策支持，强军目标离不开军民融合的深度发展。由于我国的军民融合政策法规尚处于初步发展阶段，仍有许多政策需要完善与制定，特别是微观的政策法规体系，如在融资政策、保密措施、合同纠纷、技术标准等方面的问题。

根据衔接配套、系统完备、有效激励的政策制度体系，创新完善军民融合政策制度体系。加强与国家国防科工局、中央军委装备发展部及中央隶属军工集团的协调交流，“军转民”等配套政策措施需要被重点关注以及支持，试点军品研制生产单位政策普惠；在各大高校试点设立国防特色学科点，强化军民融合型人才培养，研究制定军民融合型人才激励政策；按照中央和地方事权划分原则，加大对军民融合多领域的金融、财税支持政策力度。全力创建衔接配套、设备齐全、奖惩分明的政策制度体系，形成涉足多个领域、要素齐全、高收益的军民融合深度发展格局。

1. 建立健全军民融合发展的政策法规制度

军民融合在逐渐由强制性向诱导性的模式转换过程中，要赶紧制定出台有关的法律，完善风险把控体系，推进军民一体化的进步，为全方位军民融合成长的开展尤其是体制的融合提供强有力的法律保障。

2. 研究制定军民融合型人才激励政策

推进军民融合开展的主要原因之一是优秀的人才，通过在各省市设立军民融合人才培养专项基金，培养科技型人才，鼓励企业、高等院校进行创新创业团队的建立，引进高水平的人才，注入新鲜的血液，培养、保护、使用、激励一批适应军民融合发展的优秀企业家队伍。

3. 完善融资政策提供资金支持

在企业进行科技创新的过程中，投入大量的资金支持，可以减少资金方面对科技型企业创新的阻力，从而促进军民融合的发展。国家要增大对科技型中小企业的扶持力度，建立对企业的信贷风险补偿机制，鼓励企业融资进行税收，完善中小企业信用担保体系，确保资金充足，项目的高效进行，促使科技型创新企业的健康发展。

4. 建立军民融合企业财税金融支持系统

一是设立军民融合发展专项资金。参照省级军民融合成长专门资金设置方式，各市财政成立各市军民融合成长专门资金，为了支撑军民融合企业持续成长，做强做大军民融合企业。二是在各省市展开军民融合企业和军民融合产业园区国家指定地点工作。研究制定国家军民融合企业和军民融合产业园区制定标准和管理方法，率先在典型地区开展军民融合企业和军民融合产业园区国家指定地点工作。三是建立军民融合发展基金。按照专业化管理、政府引导、市场化运作的模式，由国家、省、市财政共同出资，吸引社会资本的投入，创建军民融合发展基金，着重支持军民两用科技研发孵化转化、产业发展、重大项目实施、重大基础设施建设等。四是出台积极的财税支持政策，对军民融合企业给予政府帮助，对企业所得税适当减税征收。

5. 加紧推进军民融合特色全面创新改革试验

持续走军民融合式的成长路程，尽可能地生产一批走军民融合成长路程的科技型企业，形成促进企业成长的良好态势，使得军民融合成长成果更为显著。各省市在创新实践当中，应找到自己独树一帜的军民融合成长路程。加紧全面推动特色的军民融合创新改革试验。研究制订全方位推进创新改革试验区创建实践计划，开启创新改革试验前期工作。绵阳市人民政府出台的如《军民融合企业认定管理暂行办法》等条例，开启军民融合企业指定任务；由各省市拟订《军民融合发展基金的组建方案》，上报到省及中央，待审定后立即实施；深化与中国工程物理研究院等科学研究院所的合作，开启市场化建设国家核医学基地前期工作；深化与国内各高校的合作，挂牌成立军民融合策略研究院；持续加强国家部委对接协调，踊跃推进军民融合筹建工作。

8.7　完善巩固军民融合后勤保障机制

为确保军民融合式协同创新机制能够正常运行，需要采取相应的保障措施，建立完善的保障机制，主要分为以下几个方面。

1. 建立军地统筹衔接的公共服务体系

创立健全的军地统一链接的公共服务体系，并逐渐成立富有我国传统色彩的军人保险保障系统，健全军工医疗卫生资源共享机制，促进军队住房制度变革。具体分为：建立军人保险保障体系、推进军队保障服务社会化以及推进军队和国防科研院所后勤社会化变革。

全面落实军队和国防科研院所营房保障、商业服务、饮食保障以及通勤班车保障等社会化改革工作，积极推动军队和国防科研院所的干休所、疗养院、学校、医院等移交地方的规模扩展。探索依托具备等级资质、信誉好的大中型企业和供应商，参与区域、集约化保障改革。提升军地各种保障程度，积极推动军地食品保障、商业服务和油料保障社会化，将营区供气、供(排)水、供热、供电算入城市基础设施建设和改造，调整出台相关配套政策。

饮食保障社会化，进一步优化模式，探索集约规模办法，将饮食保障提升到新的层次。商业服务社会化，扩大连锁经营，引进集团保障，为官兵提供物美价廉的优质商品；营房保障社会化，全面落实房屋维修、绿化保洁、水电气管理等物业管理项目；油料保障社会化，严格审核标准，规范核算手续，探索建立对加油末端环节的有效监管机制，确保所供经费全部用于应保障的车辆上；医疗保障社会化，注重发挥对小远散的单位医疗的补充保障作用，推广商业医疗保险模式，为官兵提供更加方便快捷的医疗服务；水电气保障社会化，将具备条件的营工水电气保障接入市政管网；公务用车社会化，形成适合我国实际情况的、具有鲜明特色的、平战结合的军队公务用本制变化。充分发挥好国务院、中央军委军队保障社会化工作带头小组和全军保障社会化工作带头小组的指导和统筹协调作用，在政策引导、制度激励等方面创造有利条件，探索推开军队人员自有住房、废旧军服资源再生利用，军人子女教育、军事科研、装备维修等保障。

军地生态环境建设。增强军地地区环境建设，增强军地地区管理污染基础设备建立和环境的维护，推动军队整体环境的建设。

2. 提高医疗保障能力

根据军工医疗场所纳入国家以及地方公立医院医疗场所的过程，设立军工医疗卫生资源共同使用机制。完善医疗卫生服务体系，设立公立医院、军工医院、专业公共卫生场所、基层医疗卫生机构和社会办医等不同种类、不同级别、不同举办主体的医疗卫生机构，使其拥有清楚的目标和明确的分工机制，整理总结不同医疗卫生机构之间的服务功能，给军地供应连续、系统、全方位的医疗卫生服务。支持军队医院和地方医院充分利用自身优势资源，开展卫生防病、伤病员救治与转运、演训活动，发展航空医学救援体系，提高西南边境、高原高寒地区应战特殊医疗保障能力。

3. 推动军地文化交流交融

统筹军地文化建设，加强建设国防教育和国防动员知识的军地教学资源、合作机制及信息传播体系，完善中小学、高等院校、国有企业、非公有制企业和新经济组织落实国防教育的措施办法。推动国防科技工业爱国主义教育基地建设，推进军地文化资源融合，加强资源共建共享。运用大数据技术和互联网，推进数字化图书馆、军队互联网。

4. 强化双拥和优抚安置服务

为了使双拥工作服务保障的作用发挥到极致，地方党委和政府必须全力鼓励军地的发展。加强双拥宣传，营造传统拥军浓厚氛围。支持随军家属自己创业、自己择业，支持用人单位优先录用随军家属。扎实推进教育拥军和社会拥军，积极做好“双拥在基层”的活动和涉军维稳工作，加大退役军人安置、随军家属就业、子女入学等方面的工作力度。

5. 加强军地网络空间安全建设

(1) 建立网络安全协作机制。军地有关单位及区域有关部门实行相互沟通确定并开展按时会商、信息通报、需求连接和共同攻研机制，实时获得海内外互联网安全最新动态和重大事件通报，一起处理网络紧急事件。统筹军队的专业力量、政府的专业力量、预备役的力量以及运用民间、企业专业人才资源，加强各种力量之间的行动协同，建立较为完善的网络安全联防联控机制，形成共同维护国家网络空间安全的整体合力。

(2) 加强网络信息技术合作。对积极推进军民技术、聚力打破重要网络信息技术、前沿创新的引领带头作用、推动军民共享的基本平台互相转化。深入发掘军工单位在互联网安全的技术方法、询问平台、数据资源等领域的长处，以需要连接和规划领导，增大网络安全力度；增强政府机关、军队部门、企事业单位互相的交流配合，大范围地展开军地信息互相沟通、成效共同享用、技术共同使用，使网络安全建设有更高的起点，迅速打破约束发展的资金、管理、技能等难题。

(3) 形成维护网络信息安全合力。设立军地双方网络空间安全席开会制度，及时举办政军企多单位出席的网络安全应急演练活动，对准国家主要信息基础设备安全保护等重大项目，练团队指挥、练团队协作、练技术救援，提升共同应对巨大突发网络安全事情能力。根据民用信息基本设备，提升和健全军队信息基本设备的思绪，理解统一建设信息传送网络、信息获取、安排设备和共管电磁频谱资源等军民融合建设的关键，促使军工和民用信息基础设施能够更好地融合，增强整体建设和运用成效。

6. 强化安全保密措施保障

军事机密是国家机密的主要成分，关乎着国家利益与国家安全。因此，根据军民融合项目的重要性进行等级划分，划分为绝密、机密、秘密，明确相应的奖惩制度，建立保密制度，进行保密教育，强化保密意识，对违反保密协议的行为进行依法处置，充分发挥法律法规的规范、引导、保障作用，增大军民融合向法治化发展的程度，为军民融合项目的开展提供安全保障，在保护国家秘密的基础上最大限度地开展军民融合，为军民融合创造有利的深度发展环境。

7. 搭建军地应急联动机制

(1) 实现应急信息互联互通。结合探查检测，合理联系部队、武警信息侦察和地方应急管制、灾情检测等手段，构建高低相连、左右衔接的情报告知系统。连接信息分享平台，使用信息栅格技术和路由拓展功能，连接军警民应急平台，构造联合应急指挥系统，达成基础数据共享、情报动态共用。促进军地信息共享机制建设，在应用“大情报”体系时，交流和按期会商为政府决定供应了凭证。

(2) 健全应急行动协调机制。省、市、县三级人民政府及各专项应急指挥机构与同级军事机关要建立联络员制度，在险情、灾情等特别紧急的情况下，应用“直通车”的方式使联络员能够与分管带头人直接联系。增强专业救援力量建设，对现存应急救援力量进行科学调整、合理分配，举行综合演练增强应急救援实战能力。

(3) 提高应急监控及反应力。省、市、县三级人民政府和各个专项应急控制机构与同级别的军工机关一起创立应急联训联演机制，及时组织军警民三方开展联训联演。坚持联席开会协商，创立军警民联合指挥机构，每季度开展一次三方会议，总结、评估、分析应急联动机制仍保留的难题。当遇有紧急突发事件立即启用应急预案，临时开展聚集商讨，迅速判断形势，提升应急处理成效。增强航空安全保障体系建设，健全联动机制，加大安全监控、技术装备、应急反应能力。

8. 加强应急应战的专业能力

(1) 优化应急专业力量布局。建立以省军区为统筹，以军分区为依托的编兵重组机制，按照“对口编”的原则，改进编组方式，在省内不同地区组建不同类型的民兵分队，将相关分队编组工作性质相通、装备器材兼容的气象、地震、交通、供电等单位，实现民兵编组“专而精”。紧紧围绕打仗、维稳、救灾等任务要求，深挖兵员潜力，整合现有应急专业力量资源，增强有效履行使命任务的能力。

(2) 加强专业应急力量建设。采用军民共建方式，新建一批设有各类模拟专业教室和多功能训练室等配套设施完善的训练基地，满足民兵预备役部队、当地紧急救援队伍等军地双方应急力量基地化训练需求。军地双方联合制定应急队伍“训、管、用”的能力指标体系，狠抓后备力量转型升级，做到常态训、常态管、常态用，提升应急能力素质，加强应急队伍建设，积极发展新型动员力量。

(3) 提升应急后备力量培养。在基础设施建立、征兵工作、关心服务军人上，大力支持国防后备力量发展，加强协调配合，着力支持国防建设，保证应急支援力量。着眼非传统安全威胁任务，充分利用现代先进科学技术，军地双方联合建设一支有效服务、发展稳定的应急骨干队伍，不断扩大后备力量。着眼军事职业教育，广泛开展岗位练兵，军地双方利用各自优势资源联合培养一批高素质应急后备力量，切实提高实战能力。

9. 建立军地应急应战联动机制

建立军地联动的应急应战联合指挥机构，推动国防动员系统、政府应急系统和军队作战(战备)系统资源融合共享。根据应急方案和国防动员方案，对接、指挥调度平台，并联合力量联建联用和联训联演，完善军地联席会议、需求提报、信息共用和情报会商等制度，增强军地之间的沟通与合作。探索建立军地应急应战联合决策、联合指挥、联合行动机制，建立省、市、县联合指挥信息系统，实现指挥体系有效对接、顺畅运行。建立健全应急应战动员响应机制，开展国防动员应急模拟训练和联合演练，编制军地协同应急应战保障预案，提升军地协同应急应战行动能力。

10. 优化国防动员力量的结构

坚持“战时应战、急时应急、平时服务”的总原则，进一步推进国防动员体制、军队指挥体制、应急管理体制有机衔接，加强国防后备力量、国防动员专业队伍和应急专业保障力量建设，使国防动员的应急力量充实发挥出来，着重提升维护公共安全和应急处理突发情况能力的水平。

增强国防动员精确能力建设，推动拥有条件的大中型企业建立国家级和省级经济动员中心，充实国民经济和武器装备动员力量。开展国防动员潜力精准调查，搭建军民融合、平战一体的国防动员“智慧云平台”；以中央直属和省级大型工程企业为骨干、地方交通战备力量为补充，编实国防交通专业队伍，大力实施民用运载工具分类登记制度，依托信息平台和现代物流，提升重大军事行动和紧急任务中的道路交通保障能力。优化人民防空专业队伍的结构布局，加强疏散力量建设，编建国防动员潜力重点建设成员单位，探索形成常态、规范有序的动员能力储备机制。

11. 提高专业应急动员保障能力

加强综合救援力量建设，建立健全装备技术、测绘导航、通信供电、气象水文、工程伪装、医药卫生、能源化工、网络信息安全、核生化救援等专业队伍和专家咨询团队。夯实基层国防动员专业队伍，发展社会应急救助能力，建立合适规模的灵巧队伍、对口专业的军民融合应急应战力量体系，合理配置区域应急救援资源，建立专业应急救援培训基地，提高装备保障水平和精准快速反应能力。促进北斗等新兴信息技术与应急救援服务融合。支持华西医院国家卫生应急移动医疗救治中心项目建设和紧急医学救助国际认证任务。完善各类突发事件应急预案体系，开展高精度地质灾害防治专用图和备灾地理信息数据库建设，增强应急测绘的保障，提高救助准预备、回应、处理和应急救助等方面的联动控场力量。加强现场急救和医疗救助能力建设，提高灾后疫病防控能力，推动基于突发事件应急分析测试平台建设。健全核应急能力和核应急体系。军地联合推进核与辐射防护安全技术、核应急技术研究，加速大型核应急装备和设备研发。建立核应急反应机制，提高应急指挥通信、救援力量的远程机动和独立保障能力。

专业应急动员的保障力量提升主要从三个方面入手。一是军队用地应急力量建设：加大军队用地紧急力量建设，调整国家级应急专业力量结构，完善军队用地应急行动协调机制，加强国家卫生应急防卫能力，提升紧急事件卫生应急军队用地协调联动机制。二是军队用地应急保护设备设施建设：兼顾推进军队用地应急保障设备设施建设，明白军队用地应急保障设备设施合作方式和任务划分，改善军队用地应急力量训练条件，加强人员队伍团队建设，完善科技研发能力建设。三是国防动员力量的应急作用：充分发挥国防动员的应急力量，建立并完善应急动员响应机制，加强综合防护措施建设。

12. 加强应急应战物资联合储备

探索重要物品军地联合储备方法，整合军队战备物资资源储备、应急物资储备、战略物资储备。在西部战区方向，应急维稳突出重点地区，综合交通战略枢纽，按照国家计划建设一批军民融合的物资储备仓库。依托军队和国家在川的物资储备设施，优化储备结构，新增适合高原地区使用的高压氧舱、高原药品、高原帐篷、高标号汽柴油等军用物资品种储备。建立战略物资收储动用轮换机制，探索生产力、技术和市场周转储备形式，搞好军民通用物资动态储备。研究制订战时或紧急状态下的特殊采购方案，建立完善重要储备物资补贴与奖励制度。

13. 加强对城市和重要经济目标的防护

优化对国计民生、战争潜力有重大影响的经济目标建设布局，落实城市水源、供电等目标联防要求，配套建立城市中央区、商业繁华区和重要经济目的毗邻区等重点区位人防程序设施。制订应对突发多变的外来打击的综合防护计划和方案预案，强化高技术防护和人力防卫能力建设，落实重要经济目标及设施的分级分类防护。健全人防综合防护体系，加强人防指挥机构、场所建设和信息化技术手段建设，推动人防战备资产资源服务经济社会发展。大力开展人民防空教育，增强公众防灾避险意识，抓实针对战争和突发公共事件的应急疏散演练、应急救援教育培训。加强军地隐蔽斗争协作，保证军事秘密与军事设备不外露。

14. 完善人才投入保障机制

驻川军工央企的科技人才进入地方政府的管理，能够享受当地科技人员相同的优待。由多所高校联合成立国防学院，建成军事训练场，普遍设有军事教研室，建立完善国防奖学金和招收选拔、军政训练、驻校办公等经费标准，满足国防生培养需要。依托民间资源大力培育岗位需求人才，将高等职业院校作为军队专业技术人才特别是士官队伍成长的重要源头，制订对应的依赖技术类院校结合式锻炼军队人才的方案计划。

15. 完善武器装备维修保障系统

新兴技术武器装备战斗力最主要的是要确保维护修理。从全球优秀国家的角度观察，精兵强将的重点是，在军队里使用限定的作战军人，尽可能降低非作战人民的参与率。因此，精练能干的维护修理军人大多都被国家留了下来，而将大把的维护修理工作，以双方签订合同的方法，交托给供给方。在伊拉克战争中，美国发动了数万人跟军保障，确保了武器设备战时有用。随着新兴技术军器持续配置军队，军器配置更换改进频率加大，更把维护修理任务的军民深度融合提到了议事日程。从党的十六大开始，军地在这些领域做了很多改革，一直在向更好的方面进步。

在军地后勤保障方面，实施军民一体化保证的策略，把军民深度融合简单化。军地后勤保障，从古至今都是战争的基本保证，在解放战争的三大战争中，数不胜数的军队共同战斗，各自发动了数百万人援助前方战线，这是人民抗争史上尤为壮阔的史诗画册。在新兴技术军器配置背景下，当代战争的形式、基础都产生了很大的改变。军地维护保证也出现了新鲜的话题。依赖国家的金融资源、交通运输资源，做出平常军民深度融合的保证策略和使用策略，战争时就能轻松应对。要把我国的食品单位、工业单位、交通运输单位、海洋安全等单位，都作为军地的后勤保障单位，与他们建立密切沟通和高效工作的机制。凡当地能解决的事情，应尽力由当地去解决，便于成立轻巧、有效、指挥灵活的军地后勤保障制度。自从步入新世纪开始，军地在此领域开展了认真、勇敢的探寻，取得了显著的成绩。

总体来讲，建立完善的保障机制主要有三点。第一要稳步推进军队社会化工作，其主要内容包括推进生活保障社会化、装备社会化和公用物资储备社会化。例如，新疆军区对全区地方餐饮业进行筛选审定和考察，对合格的餐厅授予合格资质。在乌鲁木齐成立了西北地区第一家“套餐制作配送动员中心”，这些餐厅可在两小时的时间内为周边两百里的部队配送六千人分量的食品；另一方面，第二炮兵后勤部与地方农业部在 2013 年签署了《绿色食品农副业生产全面发展框架协议》，这也是新疆实施军民一体化餐饮保障的重要措施。第二要不断扩大军队社会化保障的改革范围，我们不仅要做好后勤领域的军队社会化，还应该扩大到政治、经济、教育等其他许多方面，这样我们就可以单纯地针对军队建设和保障常态过渡到军民一体化，提高军队的应急应战能力。另外，国防动员也是至关重要的环节，我们也要完善国防动员的机制，提高全民国防思想，全面提升军民融合度，整体提升国防建设水平。我国的应急应战一体化建设在 2013 年正式启动，经过几年的努力，在国防动员与应急管理、信息系统建设、物资储备、专业队伍建设等方面都取得了十分可喜的成就。国务院开展的第三次全国经济普查结果显示我国境内的国防结合经济产业发展十分繁荣，在从事第二产业、第三产业的全部企事业单位和个体经营户中，国防动员结果显示非常好，这也进一步说明了我国国防动员潜力信息化建设成效显著。第三要加强建设对高新技术武器装备的专业保障队伍，国家可以加大能源、资金、人才等资源的投入，促进高新技术的发展；此外还应该多开展军事模拟演习。军民融合式的军事演习应尽可能让广大人民群众参与其中，提高全民的应急转化能力。加强基础设施保障，对交通基础设施、市政基础设施、海防边防基础设施、通信基础设施等都要定时检查，及时发现问题，及时解决问题。现在国家的基础设施建设都考虑了国防军事的需要，都保障了基本的军事需求，无论是军用还是民用，这些基础设施都可以满足。例如，上海市就把国防需求纳入了交通基础设施建设的计划中，在具体实施中建设完成了上百个军事达标的工程，加强了我国的军事防御能力。这些基础设施的正常运转是保障国防安全的重要前提，所以我们也必须要加强对基础设施的检测和维护。

8.8 提升巩固军民融合监管考核机制

国家的政治、经济、文化、科技等建设早已与国防军队建设融为一体，不可分割，没有任何一部分可以独立于其他部分之外，而军民融合，就是进一步发展这种不可分割的关系，把军队与整个社会融为一体，把人民军队融入人民之中，接受人民的考察监督，人民也是军队的重要力量，两者之间亲密结合，默契配合，永葆人民军队的本色，这样的军队才会军纪严明，人民拥护，战无不胜，这也是国家军事力量强大的根本。

1. 推动监管效能提升

推动由事后监督向事前防控机制转变，必须抓宣传、抓执法检查、抓质量监管、抓规范化建设和抓长效创新的监督机制建设，落实执法责任制，严格执行武器生产许可管理、国家保密制度管理、军工用品的生产质量管理、军工设备管理、竣工产品技术标准等管理办法和规定。强化保密措施，建设军地产品质量管控体系，知识产权保护制度，严格按照合同要求保证质量、保证数量，按时完成军地产品的生产工作。

2. 建立健全群众监督体系

我国是人民当家的国家，人民才是我国的主人。军队是保障人民权益、维护人民利益的产物，所以必须建立健全群众监督体系，发挥人民的主人翁意识，提高人民的参政意识，形成军护民、民爱军的“军民一家亲”的和谐画面。

3. 探索建立考核评估机制

我国率先在全国一些典型地区，如西安、重庆、绵阳等地建立军地双方推进军民融合创新改革试验工作目标体系和考核机制，对进驻当地的军工科研单位、军工企业和地方推进军民融合发展工作进行考核，促进军地双方同向合力推动改革任务落实。协调推动当地涉军非涉密经济指标完成情况纳入地方经济指标统计范围。

8.9 本章小结

本章基于前述所探讨的军民融合发展过程中的相关科学问题，从体制、机制与政策等方面提出了一系列具有中国特色的军民融合发展新举措，包括完善优化军民融合协同创新体制机制、积极营造军民科技资源共享生态系统、建设夯实军民融合基础设施体系、建立健全军民融合组织管理体系、不断完善军民融合工作运行体系、积极构建军民融合政策制度体系、完善巩固军民融合后勤保障机制和提升巩固军民融合监管考核机制等，对形成新时代我国军民融合深度发展的体制、机制与政策有着重要的指导借鉴价值。

第 9 章　结论与展望

新时代中国特色军民融合发展体制、机制和政策研究，立足我国军民融合由初步融合向深度融合过渡，进而实现跨越发展关键期的历史方位，针对目前军民融合深度发展已进入破解体制性障碍、结构性矛盾和政策性问题攻坚期的现实急迫需求，着眼新时代、新思想、新目标、新任务、新需求，坚持目标导向、问题导向、需求牵引、面向实际、以点带面、重点突破，突出理论与实践相结合，对新时代中国特色军民融合发展战略和发展规律进行深度剖析，系统梳理中国特色军民融合发展的体制机制改革可复制、可推广的重要经验做法和主要瓶颈，以及具体落实执行层面遇到的重点、堵点、难点问题。本书以四川省军民融合改革创新实践为实证案例，考虑全要素、多领域和高效益的军民融合发展主体，运用系统科学和系统思维、创新思维，抓重点、抓主要矛盾和矛盾主要方面，注重加强军地协同、注重凝聚系统合力、注重形成工作成效，打出改革措施“组合拳”，提出层次多元、系统完备、操作性强、切实可行的一揽子贯彻落实新时代中国特色军民融合发展战略的政策建议。

本书从提升军民融合发展绩效角度出发，对军民融合发展的成效进行深度剖析，提出军民融合度的表征量化概念，并结合决策评价的理论与方法，考虑全要素、多领域和高效益的军民融合发展主体，提出军民融合发展评价的理论模型，并通过对多层级政府和多类型企业的军民融合水平开展分析和研究，搭建军民融合发展的多层次评价及统计体系，最终形成多目标、多维度、多层次、多领域的军民融合发展评价的指标体系、评价方法和政策建议。本书遵循军民融合发展指标化、指标数据化、数据模型化和模型应用化的理论与实践相结合的原则，以问题为导向，研究军民融合发展绩效水平所蕴含的军民融合发展的体制、机制和政策这一核心科学问题，从而为实现构建军民融合发展评价的指标体系、评价方法及政策对策体系的以应用为导向的，尤其是军民融合发展政策决策问题解决这一科学目标，提高军民融合深度发展的科学性，为国家科学、高效、有序推进军民融合国家战略的落地提供决策参考。

未来研究将更加聚焦新时代军民融合在创新理念、创新模式、创新机制、改革举措等方面，凝练出新的现实问题或核心问题，并将其转化为关键科学问题，以问题为导向对体制、机制、政策改革举措等方面提出更好、更合理的建议，做到技术上可行、经济上合理、法律上允许、操作上可执行、进度上可实现、政治上各方可接受，进一步对典型区域和典型行业进行深度剖析，找出共性的机制、体制、政策改革举措，总结出具有全国性推广价值的创新模式。与此同时，开展“多情景下国防科技创新链的建构与共享模式研究”，系统全面考虑国际情景、经济情景、政策情景、军事情景、技术情景、法律情景和社会情景等多情景环境下，运用扎根理论、大数据技术与方法、可视化技术、问卷调查法及案例与实证研究等的多科学交叉理论与方法，广泛收集国内外线上线下数据，首先开展考虑不同的创新主体（国防军工单位、政府、企事业单位和高校及科研单位）的国防科技创新管理的目标、任务与能力研究；其次从“模块-结构-系统”范式下整体决定局部、目的决定结构、系统决定模块等视角的包括创新活动层、创新主体层和创新应用层的国防科技创新链构建；然后从“借鉴国外经验+适应中国特色”的创新主体和创新要素视角的共享模式及实施路径进行研究；最后以 1～2 个国防军工单位或大科学装置为具体研究场景，开展试点示范工作，提出有效解决理论研究的可执行和可操作性问题的实证与政策对策等一系列理论与实践研究，为形成新时代我国军民融合深度发展的理论、实践与应用研究体系添砖加瓦，为国家和中央军委科学、高效、有序开展国防科技事业提供决策参考。

参 考 文 献

[1]《中国电子科学研究院学报》编辑部. 大数据时代[J]. 中国电子科学研究院学报, 2013, 8(1): 27-31.

[2] Mmel R. Google's MapReduce programming model—Revisited[J]. Science of Computer Programming, 2008, 70(1): 1-30.

[3] Varma R. Query processing, approximation, and resource management in a data stream management system[J]. Proc. Cidr., 2002, 35(11): 245-256.

[4] Chen Y X, Dong G Z, Han J W, et al. Multi dimensional regression analysis of time-series data stream[C]. Proceedings of the 28th International Conference on Very Large Data Bases, Hong Kong, 2002: 323-324.

[5] Harmition J D. Time Series Analysis[M]. Princeton: Princeton University Press, 1994.

[6] 中华人民共和国国务院. 促进大数据发展行动纲要[J]. 成组技术与生产现代化, 2015, 32(3): 51-58.

[7] 赵国栋. 大数据思维[J]. 中国经济和信息化, 2014, (15): 88-90.

[8] 王德文, 周青. 一种电力设备状态监测大数据的分布式联机分析处理方法[J]. 中国电机工程学报, 2016, 36(19): 5111-5121.

[9] 刘泽照, 张谦. 国外大数据研究特征及趋势预测[J]. 图书馆论坛, 2014, (8): 103-108.

[10] 蔡庆丰, 郭春松, 陈诣之. 大数据思维在金融学研究中的运用[J]. 经济学动态, 2015, (3): 104-114.

[11] 陶雪娇, 胡晓峰, 刘洋. 大数据研究综述[J]. 系统仿真学报, 2013, 25(增刊): 142-146.

[12] 龚旭. 基于云计算的大数据处理技术探讨[J]. 电子技术与软件工程, 2015, (10): 198.

[13] 王东. 大数据技术在精准化营销中的应用[J]. 中国流通经济, 2014, (7): 90-93.

[14] 张焰, 李杨. 用大数据武装"云": 基于云计算的大数据处理技术[J]. 中国新通信, 2015, (4): 87-88.

[15] 叶宇, 魏宗财, 王海军. 大数据时代的城市规划响应[J]. 规划师, 2014, (8): 5-11.

[16] 王洪玲. 一种快速完成大数据处理的方法和报表系统: CN101183371[P]. [2008-05-21].

[17] 张迪. 大数据时代科研新方法研究[D]. 北京: 北京理工大学, 2015.

[18] 李贞强, 陈康, 武永卫, 等. 大数据处理模式——系统结构、方法以及发展趋势[J]. 小型微型计算机系统, 2015, 36(4): 641-647.

[19] 王晓慧, 覃京燕. 大数据处理技术在交互设计中的应用研究[J]. 包装工程, 2015, (22): 9-12.

[20] 赵澄谋, 姬鹏宏, 刘洁, 等. 世界典型国家推进军民融合的主要做法分析[J]. 科学学与科学技术管理, 2005, 26(10): 26-31.

[21] 严剑峰. 内外兼修培育军民融合型企业创新主体[J]. 中国军转民, 2006, (4): 52-57.

[22] 张晓天. 军民融合式发展的探索与实践[M]. 北京: 国防大学出版社, 2009.

[23] 伍青, 强雁. 对航天企业军民融合协调发展之思考[J]. 中国航天, 2009, (9): 30-33.

[24] 侯光明. 国防科技工业军民融合发展研究[M]. 北京: 科学出版社, 2009.

[25] 卞冀. 军民融合战略发展论[M]. 北京: 军事科学出版社, 2014.

[26] 高红卫. 关于军工企业军民融合式发展的认识[J]. 国防科技工业, 2009, (9): 45-48.

[27] 王慧岚, 郭源. 论基于目标中心战的军民融合式装备保障[J]. 军事经济研究, 2014, (1): 39-41.
[28] 杨忠民. 推进军工企业军民融合式发展[J]. 新湘评论, 2010, (19): 4-6.
[29] 孙延东. 中国特色军民融合式发展道路研究[J]. 军事经济研究, 2010, (11): 5-7.
[30] 游光荣, 赵林榜. 军民科技融合发展: 理论与实践[M]. 北京: 国防工业出版社, 2017.
[31] 任胜君. 中国军工企业军民融合发展路径探析[J]. 中国军转民, 2011, (4): 36-39.
[32] 武剑, 郑绍钰, 李子冉. 国防专利技术转移存在的问题及对策[J]. 军事经济研究, 2015, (4): 32-34.
[33] 董晓辉. 军民融合: 国家大学科技园发展模式的新探索[J]. 科技与经济, 2012, (4): 60-64.
[34] 刘明, 吴晓宇, 蒋明伟. 论军民融合式武器装备科研生产体系的构建[J]. 经济研究导刊, 2014, (19): 125-126.
[35] 魏岗, 金利民, 杨虎林. 军工企业怎样推进军民融合[J]. 经营与管理, 2012, (8): 49-50.
[36] 张纪海, 乔静杰. 军民融合深度发展模式研究[J]. 北京理工大学学报(社会科学版), 2016, 18(5): 111-116.
[37] 吕海军, 甘志霞. 我国军民两用高技术产业创新的现状问题及政策建议[J]. 科技进步与对策, 2005, 22(11): 97-99.
[38] 姜大立, 姚平, 姜玉宏, 等. 军民融合物流[M]. 北京: 国防工业出版社, 2015.
[39] 郭坚.我国军民两用技术产业链延伸研究[J]. 南京理工大学学报(社会科学版), 2011, (3): 18-22.
[40] 董晓辉, 夏磊. 军民融合视角下战略性新兴产业发展问题研究[J]. 军事经济研究, 2012, (7): 11-14.
[41] 范文洁, 李洪友, 刘照青, 等. 军民融合环境下空军装备保障大数据应用浅析[C]. 航空装备维修技术及应用研讨会, 北京, 2015.
[42] 冯林生, 张惠民. 大数据技术在装备保障决策中的应用浅析[J]. 中国管理信息化, 2017, 20(9): 151-152.
[43] 张慧, 郭伟. “互联网+”时代军民融合深度发展的路径选择[J]. 军事经济研究, 2016, (10): 13-15.
[44] 栾大龙. 栾大龙:大数据说“军民融合”深度发展[J]. 环球财经, 2016, (4): 54-55.
[45] 谢峰, 孙江生, 代东升, 等. 基于数据仓库的装备保障数据管理系统模型构建研究[J]. 价值工程, 2013, (26): 192-195.
[46] 江红玲. 基于大数据的国防科技情报知识管理体系[J]. 中国电子科学研究院学报, 2016, 11(3): 245-249.
[47] 李广建, 杨林. 大数据视角下的情报研究与情报研究技术[J]. 图书与情报, 2012, (6): 1-8.